경영자를 위한 손자병법

불패의 법칙

경영자를 위한 손자병법

불패의 법칙

유기현 지음

21세기북스

지식경영의 전략지침서,
손자병법

손자병법을 기원전 6세기경에 쓴 손무(孫武)는 오나라의 왕 합려 (闔閭)를 섬기며 '절제'와 '규율'로 무장된 군대를 조직하였고, 이를 통해 초(楚), 제(齊), 진(晋) 등의 나라를 통합하여 합려가 패자(覇者) 가 될 수 있는 기반을 만든 사람이다. 그가 남긴 손자병법을 통해 우 리가 배울 점을 한마디로 표현하라고 한다면, 이렇게 답할 수 있을 것이다. "출혈은 줄이되, 승리는 끝까지 쟁취하라." 손무가 제시하는 전략의 근본적인 인식의 근저에는 오늘날 각광받고 있는 지식경영의 모태가 숨겨져 있다. 출혈을 줄이기 위해서는 몸으로 때우기 이전에 머리를 써야함을 그는 정확하게 견지하고 있었던 것이다. 그는 전장 에 나가기 전에 가장 먼저 해야 할 일은 적군에 대한 정확한 파악과 아군의 전투력 분석이 가장 먼저 선행되어야 한다고 역설한다.

이 책은 이러한 손자병법이 가진 지식경영의 기본적인 전략 지침 서로서의 면모를 가장 잘 수록하고 있는 책이다. 원문 그 자체와 연 륜을 통해 얻은 저자의 해석을 함께 한 구절씩 읽어가다 보면 왜 손자병법이 그 오랜 세월동안 수많은 동양의 독자들에게서 사랑 받았는지 알 수 있다.

이 책에는 기본적인 전쟁전략 외에도 국가 경영의 요지와 싸움의 승패를 빠른 시간에 가늠해내는 통찰력, 그리고 인본주의적인 시각까지 보여준다. 또한 인간으로써 꼭 알아두어야 할 사람의 도리와 생활의 지혜까지도 배울 수 있기에 한 개인의 자기계발서로도 손색이 없다.

이 책을 통해 광활한 대평원에서 틈을 보이지 않는 적군의 틈새를 찾아내고, 하늘과 땅의 지엄한 힘까지 모아서 주도면밀한 승리를 일구어 낸 어느 장군의 체험이 녹록히 묻어나는 경영의 전략, 삶의 전략을 배우자!

전 전경련 상근 고문
손병두

불확실한 미래의 대안,
고전을 통해 찾는다

손무의 전략은 매우 현실적이고 생동감이 넘치는 내용이어서 수천 년 전의 '방법론'임에도 불구하고 현재를 사는 우리들에게 끊임없이 새로운 에너지를 불어넣어준다.

경영을 업으로 삼은 본인으로선 조직의 견고한 긴장감을 바탕으로 보다 발전적인 기업의 미래를 기획하기 위하여 매시간, 매순간 고심해야하는데 이를 위해서는 선인들의 지혜를 빌려야 할 상황에 종종 부딪히곤 한다. 그리고 그 지혜를 어떻게 현대적이고 세련된 방식으로 구사할 것인가를 치열하게 고민하고 구상하고자 노력한다.

그간 손자병법에 관련된 전략서들을 탐독해왔으나, 오랜 세월 동안 곁에 두고 나의 일상과 고락을 함께할만한 책을 찾지 못하여 안타까운 마음을 가지고 있던 차에, 이렇게 손자병법의 원문 전체를 고스란히 담고 친절한 해석과 현대 기업의 경영전략까지 접목시켜 놓은 책을 만나게 되어 반갑기 그지없다.

너무나 가깝고 익숙한 곳에 있어서 그동안 손자병법의 중요성을 잠시 잊고 있었던 경영자분들이라면 이 책을 통해 다시 한번 손자병법의 진가를 되새기시길 바란다.

불확실한 미래를 현명하게 예측할 줄 알아야 살아남을 수 있는 장기적 경제 불황의 현실 속에서 위기를 관리하고 희망적 제안을 도모해야할 이 땅의 모든 경제인들에게 이 책을 적극 권하는 바이다.

한국 경제의 학문적 혜안을 수십 년간 대학 강단에서 후학 양성을 위해 갈고 닦으신 저자의 한마디 한마디를 되새겨가다 보면, 누구든지 손자병법의 열혈 독자가 될 수 있을 것이며, 이를 통해 현대 경영의 기본적인 원칙과 아이디어를 부족함 없이 얻게 될 것이다.

삼성인력개발원 원장
손 욱

손자병법이 알려주는
전략경영의 지혜

손자병법은 중국고전문헌 중에서도 중국인들이 가장 즐겨 읽는 인기 서적으로 꼽힌다. 그뿐 아니라 근래에는 서양에서도 성서 다음으로 큰 관심을 갖고 연구하는 대상이 되고 있다. 이렇게 서양에서도 학문적으로 연구 가치를 인정받고 있는 이유는, 고전병법의 내용이기는 하나 경쟁적 사회구조 안에서 살아가야 하는 현대인들에게 사고와 행동의 범위를 넓혀 줄뿐 아니라 그 체계화 과정에도 도움이 되기 때문이다. 또한 행동이론을 포함한 응용과학분야의 기본 원리와 그 방향을 폭넓게 제시해준다. 기업 전략의 측면에서보자면, 경영전략의 설정방향과 그 기법 개발에 매우 흥미롭고 실행 가능한 기법들을 제시하고 기존 전략에 대한 발전 방향까지도 제시하고 있다. 즉 손자병법은 독자의 식견을 넓혀 주고, 사고를 체계화시켜 일상생활에서 실용성과 유용성을 극대화할 수 있는 내용을 갖추고 있는 책이다.

그런데 이러한 명서를 즐겨 읽는 우리나라의 독자 수는 의외로 적은 편이다. 그 이유는 내용 자체가 한문으로 구성되어 일정 수준의 한문실력을 갖추지 못하면 읽기가 어렵고, 또 내용의 심오한 뜻을 쉽게 이해하기 어렵기 때문이다. 더욱이 손자는 조직적이고 과학적인 체계를 먼저 갖춘 후, 전쟁 없이 승리하는 부전승(不戰勝)의 사상을 기본으로 삼고, 이와 동시에 기정일체(奇正一體)의 원리를 병법에 활용하였다는 점이 독자의 이해를 어렵게 하는 또다른 이유가 된다.

　이러한 손자병법은 선지(先知)·계획(計劃)·자연(自然)·구기(求己)·전존(全存)·주동(主動)·이동(利動)·신속(迅速)·비밀(秘密)·변화(變化) 등의 10대 원리를 주요 내용으로 하고 있으며, 이것은 경영학의 이론과 유사성을 보이고 있다. 특히 손자병법은 전략경영이론의 개발과 그 응용성을 확대시킬 수 있는 내용으로 구성되어 있다. 그래서 필자는 손자병법의 내용을 경영학의 전략경영이론과 접목시켜 『불패의 법칙』이라는 친근하고 쉬운 제목으로 펴내어 심오한 내용에 대한 독자 여러분들의 이해를 돕고, 동시에 기업이 전략경영이론을 다방면에서 연계·활용할 수 있는 방법을 제시하기 위하여 의욕적으로 저술을 시도하였다.

2,500년 전에 쓰여진 고대의 원문을 기초로 하여 그 내용을 경영학의 이론과 접목시키는 과정에서 필자 역시 어려움에 봉착한 것은 사실이다. 그러나 원문해석을 위한 참고문헌이 출판되어 있고, 또 다년간 대학에서 전략경영론을 강의한 경험과 전략경영론의 교재를 저술한 경력을 토대로 용기를 얻게 되었다.

이 책의 구성을 요약하면 첫째, 손자병법의 총 13편 6,109자 전문에 충실함과 동시에 이해하기 쉽게 해석하여 모든 일상생활에서 적자생존의 원칙과 방법을 이해하도록 하였고, 둘째, 해석된 내용이 뜻하는 의미를 요약·정리한 후, 경영학 측면에서 원문을 재해석함으로써 경영이론과 응용방향을 함께 소개하였으며, 원문과 일치되는 현대기업의 사례와 활용 가능한 세계초일류 기업의 전략사례를 함께 소개하였다. 그리고 이해를 돕기위해 부분적으로 내용을 요약·도시하였다.

특히 『불패의 법칙』은 일반 독자는 물론이고, 경영·경제와 관련된 분야에 종사하는 독자 여러분의 전략적 사고와 행동개발에 지침이 되고 기업의 연수교재나 대학의 교양참고도서로 이용될 수 있도록 계획하였다.

원문해석을 위해 한문학과 사학전공 교수의 자문과 중국유학생의 많은 도움을 받았다. 특히 원문은 손무의 원저, 주형상의 역주, 어농 편주의 손자병법을 기초로 하였고, 해석에는 『신역손자병법』(노태준 역해, 홍신문화사, 1995)와 『도해손자병법』(노병천 저, 도서출판 한원, 1990)을 인용 및 참고하였음을 밝힌다.

지금까지 많은 대학교재를 출판하였지만 가장 어려웠던 것이 『불패의 법칙』의 집필 과정이었던 것같다. 많은 노력을 경주하면서 이 책을 집필하였으나 아직 부족한 부분이 많다. 독자 여러분의 이해를 구한다. 이 책의 오류나 미숙한 부분은 여러분의 교시와 조언의 말씀을 기초로 재판시에 성실하게 보완 및 수정할 것을 다짐한다.

끝으로 『불패의 법칙』의 출판을 위해 중국의 관련자료를 수집해 주신 오점록 박사와 신형재 박사의 노고와 원고정리에 도움을 준 김규한 조교에게 고마움을 전하고, 아울러 출판을 허락해 주신 21세기북스 김영곤 사장과 임직원 여러분께 진심으로 감사를 드리는 바이다.

저자 유기현

불패의 법칙 _ **차례**

Contents

1

시계편 _始計篇_

경영철학과 초일류기업을 위한 의사결정

손자병법의 시계편(始計篇)은 전체 13편중 총론에 해당되는 내용으로, 기본병법을 정리하고 있다. 여기서 시계란 국가간에 전쟁을 하기 전에 기본대책으로 계획을 수립해야 한다는 뜻이다. 손자는 이 시계편에서 자신의 전력상황을 파악하는 방법과 승산여부를 확인하는 방법, 그리고 실행을 위한 용병술의 기법인 14가지 궤도(詭道)를 제시하고 있다. 손자는 자신의 조직력과 전력 상황을 파악하는 방법에 있어, 오사(五事)를 전쟁준비의 기준으로 삼도록 주장하고 있으며, 적국의 전력과 비교·판단하여 승산여부를 확인·검토하는 방법으로 칠계(七計)를 제시하고 있다. 그리고 전쟁 돌입 시의 계획과 실행차원에서 14가지 궤도를 제시하면서 용병술의 기법을 설명하고 있다.

손자는 시계편에서 총론에 해당되는 5사와 7계 그리고 각론에 해당되는 14궤도 등 3요소를 결합시켜 작전방법에 활용하여 병법의 기법을 설명하고 있다.

한 나라의 주인인 군주는 국민의 안전과 번영에 중점을 두고 통치하며, 기업의 주역인 경영자들은 내적으로는 종업원을, 외적으로는 고객의 안정과 성장을 전제로 경영철학을 실현하게 된다.

사람을 먼저 생각해야
기업경쟁에서 살아남는다

손자가 말하기를 병(兵), 즉 전쟁은 국가의 대사로서 사생(生死)의 땅이고 국가 존망의 길이니 살피지 않으면 안 된다.

*

孫子曰 : 兵者, 國之大事, 死生之地, 存亡之道, 不可不察也.

이 말은 전쟁은 국가의 중대한 일로, 국민의 생사와 국가의 존망을 가름하는 것이니 사전에 신중하게 검토해야 한다는 뜻이다. 즉, 전쟁에 관한 의사결정은 국가와 국민적 차원에서 사전에 충분한 검토와 신중한 분석과정을 거친 후 이루어져야 한다는 뜻으로 이해된다. 손자는 근본적으로 전쟁은 국가재정의 손실이고 국민의 생활을 불안과 고통에 빠지게 하는 원인이 되기 때문에 신중하게 생각해야 할 중대사이며, 따라서 전쟁은 최후의 수단이면서 최악의 상황이므로 싸우지 않고 이기는 것이 가장 효과적이라고 주장하고 있다.

기업경영도 국가의 전쟁과 마찬가지로 상대기업과의 경쟁이 불가피한 경우가 있다. 물론 기업경쟁은 경쟁기업 상호간의 이해관계로 시작될 수 있지만 궁극적인 목적은 이윤극대화로 집약된다. 그러나 경쟁이 격렬한 상황으로 확대되면 시장질서의 파괴는 물론이고 국민경제에 영향을 미쳐 사회경제를 불안하게 하는 원인이 될 수 있다. 그뿐 아니라 극렬한 경쟁은 기업을 파산위기로 몰고 가며, 종업원의 심리적 불안과 실업상황까지 초래하게 되므로, 결국 실업률의 증대로 사회불안과 국민경제는 물론, 종업원들의 가정경제에까지 영향을 미치게 된다.

따라서 국가나 기업 그리고 가정에 이르기까지 최악의 결과를 가져오는 전쟁이나 기업경쟁은 피하는 것이 원칙이며 부득이한 경우에는 신중한 의사결정이 요구된다. 이것이 국가원수와 기업 최고경영자의 책임과 의무이므로 사전에 정확한 예측과 분석과정을 거쳐 철저한 계획을 수립한 다음, 비교 분석과 타당성 분석을 통해 신중히 의사결정을 해야 한다. 결국 평화에 대치되는 국가의 전쟁행위와 공존공생에 상치되는 기업의 경쟁행위는 모두 바람직한 행동이 아니기 때문이다.

한 나라의 주인인 군주는 국민의 안전과 번영에 중점을 두고 통치하며, 기업의 주역인 경영자들은 내적으로는 종업원을, 외적으로는 고객의 안정과 성장을 전제로 경영철학을 실현하게 된다. 그러므로 군주나 경영자들은 백성과 종업원 그리고 고객의 소리를 경영목표에 반영시키고, 그 뜻에 따라 경영방침과 전략을 수립하고 시행해야 한다. 이는 국가나 기업 모두가 사람(국민 · 종업원 · 고객), 즉 인적요소(human factor)에 중요성을 두고 정책이나 전략을 정하고 실행하고 있음을 의미한다. 이러한 인적자원의 중요성은 현대 세계 초일류기업의 경우에도 확인할 수 있다.

세계적인 우편물 운송 · 배달업체 페더럴 익스프레스(Federal Express)사는 '사람–서비스–이익(people-service-profit)'을 경영철학으로 내세우고 있다. 다양한 경영요소 중에서 인적자원의 핵심인 종업원의 처우를 최상급으로 대우해주면, 고객에게 완벽한 감동 서비스를 제공하게 된다는 것이다. 결국, 기업의 이익창출과 극대화는 물론이고 인적요소가 기업의 미래를 보장할 수 있는 중요한 자원이 된다는 신념을 갖고 정책과 전략에 반영시키고, 실천에 옮긴 것이 세계 초일류기업으로 성장하게 된 원인이라고 볼 수 있다.

컴퓨터 업계에서 세계 일류기업으로 성장한 휴렛팩커드(Hewlett Packard)사 역시 인적자원에서 고객, 특히 고객의 소리(voice of consumer)를 기업의 정책과 전략에 적극 반영시키고 있다. 고객만족을 위한 설문지표를 통해 고객서비스 향상의 정도를 파악하고, 현장 방문을 통해 잠재된 고객의 욕구수준을 파악하며, 고객 피드백 시스템(consumer feedback system)을 이용해 고객과 관련된 문제를 파악해 이를 계획과 전략에 반영시켰다. 이러한 의사결정에 따라 고객중심의 의사결정(customer-centered decision making)을 하는 기업이라는 고객인식전략(customer-cognition strategy)을 확산시킨 것이 성장의 원동력이 되었다고 볼 수 있다.

먼저 내 기업의 상황을
정확히 살펴라

경영은 오사(五事)로써 하고, 비교는 칠계(七計)로써 하며,
그 실정을 파악해야 한다. 첫째는 도(道)이고, 둘째는 하늘
(天)이며, 셋째는 땅(地)이고, 넷째는 장(將)이며, 다섯째는
법(法)이다.

*

故經之以五事, 校之以計, 而索其情 : 一曰道, 二曰天, 三曰
地, 四曰將, 五曰法.

이 말은 전쟁의 신중한 검토를 위해 전력의 기본인 다섯 가지 요
건, 즉 오사(五事)를 검토하여 실정을 파악해야 한다는 뜻이
다. 손자는 계획의 기본요소로 도·천·지·장·법(道·天·地·
將·法)의 오사를 들고 있다. 오사 중에서 첫 번째 길(道)은 대의명분
과 상도를 뜻하고, 둘째 하늘(天)은 우주법칙에 따른 기상학을 기초로

하는 자연법칙을 의미하며, 셋째 땅(地)은 지정학과 지리학을 기초로 하는 지형조건의 고려 원칙을 강조하고, 넷째 장수(將)는 리더십을 갖춘 성공적 리더의 확보를 필수요건으로 제시하고 있다. 마지막으로 법(法)은 조직 활동력을 중시하는 차원에서 제반 법제와 규칙 및 질서를 비교·분석한 후 계획을 마련하면 성공할 수 있다는 것이다.

손자병법의 시계편은 '인생은 전쟁이고, 기업은 경쟁'이라는 개념에서 전쟁에서 승리하고 경쟁에서 유리한 위치를 차지해야 한다는 점을 강조하고 있다. 물론 전쟁과 경쟁은 공히 완벽한 승리가 목적이지만 전쟁은 국가 차원에서 국운을 결정하는 요소이고, 경쟁은 기업의 존재를 결정하는 요소이기 때문에 신중한 의사 결정이 선행되어야 한다.

결국 전쟁관이나 기업관에는 큰 차이가 없다. 특히 전쟁은 국가의 중대사이므로 국내적으로 다섯 항목에 관한 정확한 예측 행위가 선행되어야 하고, 대외적으로는 일곱 가지의 중요사항을 신중하게 계산하여 양쪽을 비교·검토함으로써 유리함과 불리함을 파악한 다음에 계획을 세워야 한다(여기서 일곱 가지 중요사항은 다음에 소개하기로 한다). 이는 기업이 세계화 시대에서 성장기업으로 발전해 가기 위해서는 기업의 내·외적 환경을 정확하게 예측하고 비교·분석한 후에 계획안이 마련되어야 한다는 현대 전략경영론의 예측과 세부 계획 내용의 수립과 동일하게 이해해도 좋을 것이다.

상도를 따르는 기업만이
인정받는다

도(道)란 백성들로 하여금 상(上)과 더불어 한 뜻이 되어, 이
와 더불어 죽고, 이와 더불어 가히 살게 하여 위험을 두려
워하지 않게 하는 것이다.

*

道者，令民與上同意也，故可以與之死，可以與之生，而
不畏危.

이말은 통치자와 피통치자가 신뢰를 바탕으로 한 뜻이 되면 생사
를 함께 할 수 있으므로 위험을 두려워하지 않는다는 뜻이다.
즉, 신뢰를 바탕으로 생사를 같이 하면 두려움을 모른다는 의미이다.

오사(五事)에서 길(道)은 국가의 운명을 결정하는 전쟁을 시작할 때
무엇보다 먼저 생각해야 할 도덕성이다. 기업의 경우에는 거래상의
공정성과 투명성을 전제로 하는 상도(商道)를 뜻한다. 전쟁은 상대국

과 주변 국가가 충분하게 이해될 수 있는 공감대를 형성할 만한 대의
명분이 있어야 한다. 자국의 이익만을 추구하는 행위와 인명을 존중
하지 않는 전쟁은 단지 평화를 깨는 행위일 뿐이므로 신중한 의사결
정이 요구된다는 것이다.

미국이 이라크의 후세인을 공격한 것도 전쟁에서는 승리하였지만
대의명분과 도덕성 측면에서 문제가 되고 있다. 모든 유엔회원국으
로부터 승리에 대한 공감대를 형성시키지 못해 전쟁에서 승리했음에
도 불구하고 패전의 멍에를 벗을 수 없는 상황에 있는 것이다.

기업의 도는 상도로 요약되며, 대기업이 거대 자본을 바탕으로 자
본력과 기술력이 떨어지는 빈약한 중소기업을 무분별하게 흡수·합
병하는 무력행위나 중소기업이 세계기업의 상품과 상호를 무자비하
게 생산하는 모방행위, 소비자를 기만하고 불량식품 등을 생산하는
악덕행위, 분식회계를 이용해서 고객을 우롱하고 회계의 투명성을
은폐하는 기만행위 등은 상도에 어긋난다고 할 수 있다. 기업의 상도
는 미래를 보증하는 계속기업이나 세계화를 지향하는 세계기업에서
는 필수적인 요건이다. 따라서 기업경쟁에 있어 전 세계를 대상으로
국제적이고 세계적인 상도를 준수하면서 세계경제 공동체를 이룰 수
있는 도덕성을 확보하도록 협력해야 한다. 이것이 바로 전쟁의 길이
요, 경쟁의 길이다. 이 길만이 지구촌을 평화와 바람직하고 건전한
세계 경제공동체로 만들 수 있다. 여기서 국가나 기업은 '길이 아니
면 가지 말고 뜻이 없으면 이루지 말라'는 명언을 다시 한번 생각해
볼 필요가 있다.

하늘과 땅의 뜻을 알면
못 이룰 것이 없다

하늘이란 음양(陰陽)과 한서(寒暑) 그리고 시제(時制) 등을 말한다. 그리고 땅이란 원근(遠近), 험이(險易), 광협(廣狹), 사생(死生) 등을 말한다.

*

天者, 陰陽, 寒暑, 時制也. 地者, 遠近, 險易, 廣狹, 死生也.

이 말은 전쟁에서 시간적인 조건과 지리적인 조건을 고려해야 한다는 뜻으로 이해된다. 오사 중에서 하늘(天)은 국가의 전쟁이나 기업이 경쟁을 시도할 때에 우주법칙과 자연법칙에 따른 기상이나 기후 및 지리적 조건을 필연적으로 고려해야 한다는 것이다.

미국이 이라크를 공격하기 전에 이라크의 기후 조건을 예측해서 공격의 시점을 계획하였고, 또 공격을 위한 기후조건에 적응하기 위해 미국 텍사스 주에서 훈련을 한 것도 하늘의 시·공간적 요소를 중시한 사례라고 할 수 있다.

기업에서도 경쟁 대상국으로 진출하기 전에 해당국가의 기후에 의한 온·난과 냉·한, 시제(時制)에 따른 음·양과 한·서, 시간적 제약 등 기후변화의 내용을 예측하고 분석하여 대책을 강구하는 것이 필수요건이다.

의류업계는 경쟁 대상국을 남방지역과 북방지역으로 구분해서 신소재를 개발하고 디자인하며, 또 가전제품 회사는 기후조건에 따라 냉·난방 시설과 기기의 핵심이 되는 판매시장을 선정한다. 특히 계절상품은 시간적 제약이 따르게 마련이며, 이를 효과적으로 해결하는 적시적기성 전략이 필요하다. 이처럼 국가의 전쟁이나 기업의 경쟁전략을 시도할 때에는 하늘의 뜻을 존중해야 한다.

한편 오사에서 땅(地)은 국가간의 전쟁이나 기업간의 경쟁을 시도할 때에 지형조건을 계획내용에 필히 반영시켜야 한다는 것이다. 여기서 땅은 지리학이나 지정학적 차원에서의 지리적 요건, 즉 동서남북의 방위 확인은 물론, 멀고 가까운 지역이나 거리, 산악과 구릉의 분포, 평지의 넓고 좁음, 하천이나 강 그리고 바다와의 관계 시설물의 위치와 크기, 상주하는 인구밀도, 지반의 강·약성, 지질과 토질 그리고 지정학적 교통조건 등의 내용을 포괄하고 있는 것으로 이해된다.

기업전략에서 지역의 원근에 따라 운송비 부담 절감을 위한 상대국 또는 지역의 현지 투자전략과 상주 인구밀도에 따른 시장점유전략을 시도하는 것도 땅의 요소를 계획에 반영시킨 것으로 볼 수 있다. 우리나라의 기업들이 미국과 멕시코, 말레이시아, 영국, 중국, 베트남 등의 현지 공장 설립에 투자를 하는 것도 무역장벽의 해소 효과뿐만 아니라 운송비 절감에 비중을 둔 현지 투자 전략이다.

리더는 지혜와 용기, 원칙과 타협을 조화시켜야 한다

장(將)은 지(智) · 신(信) · 인(仁) · 용(勇) · 엄(嚴)을 갖추어야 한다.

＊

將者, 智, 信, 仁, 勇, 嚴也.

이 말은 장수는 지모뿐만 아니라 신망과 신뢰가 있어야 하고, 인내와 끈기가 있어야 하며 용기와 용맹을 갖추면서 위엄을 보일 수 있어야 한다는 뜻으로, 이것은 기업 경영자의 요건과도 같다.

오사 중에서 장수는 전쟁에서 전군을 지휘 · 통솔하는 사람을 뜻하는 것으로, 전쟁에 대한 깊은 지식이 필요하고, 신의와 도덕과 오륜을 지키는 자비심을 가져야 하며, 장수로서의 투혼에 용맹심을 발휘하여 타협하거나 용서하지 않고 계율에 엄한 성품의 소유자여야 한다. 기업의 CEO는 맡은 직무에 대해 효율적으로 책임관리를 수행할 수 있는 폭넓은 전문지식을 갖추어야 하고, 직무의 목표관리와 책임관리를 위해 성실한 근무자세로 무한경쟁의 승리자가 되어야 하며, 기업가 정신을 바탕으로 상업의 도리와 경영의 윤리 그리고 경제질서와 상호 호혜적 관계성을 존중해야 한다. 그뿐 아니라 경영자로서의 원칙과 규범을 준수하면서 일시적인 이익과 타협하지 않고 불의와 사욕을 버리고 기업 경영의 정도를 걷는 사람이 되어야 한다.

경영자의 조건 중에 지와 용, 즉 무한경쟁시대의 전문지식(智)과 세계화로 나아가는 강력한 추진력(勇) 사이에는 모순이 되는 경영자의 행동이 나타날 수 있다. 전문지식의 부족은 무지에서 나오는 용기로 인해 경영을 일방적으로 지배할 수 있고, 반면에 너무 많이 알다보면 결단을 내려야 하는 의사 결정 과정에서 기회를 잃을 수 있다.

자비심(仁) 또는 도덕성이나 엄격성(嚴)도 경영활동 과정에서 양립하기 어려운 경우를 발생시킬 수 있다. 최선을 다하던 관리책임자가 실수로 기업에 좋지 않은 영향을 미쳤을 때 관대한 태도를 취하지 못하는 CEO는 올바르지 못하다. 왜냐하면 엄격성이란 넓은 의미에서 인(仁)과 상통하는 뜻이기 때문이다. 용기와 계율을 존중하는 것은 CEO의 기본원칙이다. 그러나 상황과 환경의 불규칙적인 변화요인에 따라 타협과 용서의 자비심을 베푸는 것은 미래에 더 큰 용기와 계율, 규범에 대한 강한 존중으로 나타날 수 있다는 기대에서 행동과 학적 개념으로 이해할 필요가 있다.

제도를 알고 규칙을 알면
승리가 보인다

법(法)이란 곡제(曲制), 관도(官道), 주용(主用)을 포함한다. 무릇 이것은 장수라면 다 알아야 한다. 이를 아는 자는 승리하고, 알지 못하는 자는 이기지 못한다.

*

法者, 曲制, 官道, 主用也. 凡此五者, 將莫不聞, 知之者 勝, 不知者不勝.

여기서 법(法)은 군의 편성과 규율 및 병참을 포함하는 것으로, 장수가 이것을 제대로 알지 못하면 승리할 수 없다는 뜻이다. 원래 법은 법제와 규칙을 뜻하는데, 곡제는 군대나 기업조직의 규모와 계층에 따른 명령계통을 의미하고, 관도는 조직의 복무규정이나 규율을 뜻하며, 주용은 조직이 필요로 하는 자재나 공구·기기 및 일반용품을 뜻한다.

세계화 시대의 기업 성장 동력으로는 기업의 조직 규모와 계층형태에 따른 명령체계(지시·명령·보고 등), 규정과 내규 및 사규에 따른 운영원칙, 그리고 조직의 목표달성을 위해 필요한 자재와 공구 및 기기·시설·일반용품 등이 필수적이다.

명령계통은 1인의 최고경영자가 전체 조직에 대한 책임을 지고, 부문별 또는 계층별로 권한과 책임을 위양해서 조직의 체계를 이루어야 하고, 이의 준수를 위한 규정과 사규를 마련해서 원칙 및 책임경영 체제에 따른 운영효과를 기대해야 하며, 이러한 조직이 실제로 필요한 시설과 기기·공구·자재 및 일반용품의 소요량과 그 시기를 예측해서 준비한 후 경쟁에 대비해야 한다.

이상과 같이 전쟁의 계획을 세울 때 도·천·지·장·법을 기본 요소로 하고 있는 것과 같이 기업전략에서도 전략계획 수립의 필수 요건으로 다섯 가지를 전제하고 경쟁에 대비해야 한다. 그러나 계획의 다섯 가지 요소를 알고 준비하는 것보다 경쟁 상대자의 다섯 가지 요소에 대한 정보를 수집하여 비교하는 비교·분석 과정이 더 중요하다는 사실을 알아야 한다.

과연 어느 기업이 세계화 과정에서 사업을 하는데 도의적인 기업 행위를 하고, 어느 기업의 CEO가 전문경영자로서 성장기업을 주도하는 창의력과 전문지식을 갖고 있으며, 세계시장의 확보율을 증대시키는 CEO는 누구인가, 또 그 CEO는 어떤 기준과 원칙을 준수하며, 세계적 전문경영자로서 효율을 극대화시키기 위해 어떠한 운영의 묘를 쓰고 있는가. 그뿐 아니라 경쟁력을 강화시킬 수 있는 유용한 구성을 어떤 방법으로 확보하고 있으며, 그러한 훈련방법과 평가

방법으로는 어떤 제도를 활용하고 있는가, 특히 어떠한 내용의 상벌 제도를 운영하여 직원들의 사기를 진작시키고 있는가를 정확히 파악해야 하는 것이다.

상대기업의 일곱 가지 조건을 파악하라

일곱 가지 기준인 칠계에 의거해 상대와 나를 비교하여 정확한 실정을 파악해야 한다. 말하자면 주(主)는 어느 쪽이 더 도의적이고, 장수는 누가 더 유능하며, 천지(天地)는 어느 편이 더 유리하고, 법령은 누가 더 철저하게 시행하고 있는가, 그리고 군대는 어느 편이 더 강하고, 사졸은 어느 편이 더 잘 훈련되어 있으며 상벌은 어느 쪽이 더 공명한가? 이상의 일곱 가지 조건(七計)을 비교 검토함으로써 어느 편이 이기고 질지 미리 알 수 있다.

＊

故校之以計而索其情, 曰：主孰有道？ 將孰有能？ 天地孰得？ 法令孰行？ 兵衆孰强？ 士卒孰練？ 賞罰孰明？ 吾以此知勝負矣.

이말은 전쟁에서 전투 계획을 수립할 때, 아군과 적군의 전력 비교·분석이 필수요건이고, 또 그렇게 하면 승리의 결과를 예측할 수 있다는 뜻으로 풀이된다. 즉, 계획의 필수요건은 쌍방의 전력을 비교·분석·판단하는 일이다. 비교·분석의 요인은 임금 (主)·장수(將)·천지(天地)·법령(法令)·병중(兵衆)·사졸(士卒)· 상벌(賞罰) 등 일곱 가지 요인으로 요약될 수 있다.

손자병법에서 오사가 전략계획을 수립하는 과정에서 필수적으로 고려할 요인이라면, 칠계는 오사를 기초로 하는 계획 수립의 일곱 가지 비교·분석·검토 방법으로 이해하는 것이 바람직하겠다.

1. 전쟁이나 경쟁의 주체(主)는 누구이고, 도덕성이나 대의명분에서 어느 쪽이 유리한가?
2. 전쟁의 주역인 장수(將)의 능력과 유능한 인력은 어느 쪽이 더 많이 확보하고 있는가?
3. 기상과 지리적 조건(天地)은 어느 쪽이 우세한가?

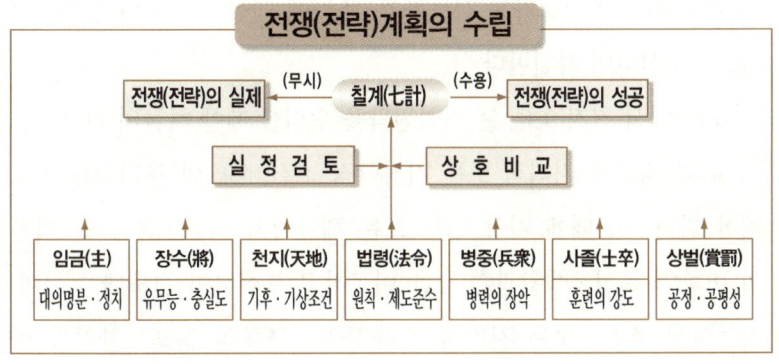

4. 원칙과 법칙 그리고 규정과 규율은 어느 쪽이 잘 지키며 또 잘 운영되고 있는가?

5. 병졸과 실무자들의 충성도는 어느 쪽이 우세한가?

6. 사병의 훈련과 전투력은 기술적 우위에서 어느 수준인가?

7. 실무자에 대한 상벌제도는 어느 쪽이 타당성을 갖고 있는가?

기업이 신규사업을 시작하거나 기존 기업을 글로벌 기업으로 성장시키기 위해 오사를 기초로 하여 계획 내용의 타당성을 칠계에 따라 비교·검토하는 일은 아주 중요하다.

제1계에서 주체(主)는 기업의 경쟁상대자를 의미한다. 경쟁상대자가 어느 나라의 누구인지 확인하고, 그 주체와 우리 기업을 비교·분석·검토하여 현실적인 경쟁 환경에서 명분과 도덕성, 그리고 자본조달 능력과 기술개발 등의 경쟁우위성을 확보할 수 있는지 확인해야 한다.

제2계는 사업의 주역인 리더(將)의 전문능력과 리더십의 수준, 그리고 조직이 확보하고 있는 인적자원의 질적 또는 양적 수준을 비교할 때 유리성이 있는가를 검토하고, 조직에 대한 충실도와 공헌도를 비교·분석하며 확인한다.

제3계에서 천지(天地)는 기업전략을 수립할 때에 하늘의 기상조건(天象)과 지상의 지리적 또는 지정학적 조건(地象)의 유리성을 검토해야 한다. 이 때에 기상조건으로는 해당국의 기후·온습도·기온의 변화와 특성·생활관습 등을 비교하고 분석하여 검토해야 하며, 지정학적 조건으로는 지리적 조건(산악·구릉의 분포·하천과 바다와의 관계·방위·지반의 강약·지질과 토질·인구밀도·교통 조건 등)의 유리성과 유용성을 확인해야 한다.

제4계에서 법령(法令)은 조직관리의 법칙과 원칙의 운영내용을 비교·검토·확인하는 일이다. 조직 내적으로 규정과 규율 그리고 원칙과 사규가 마련되어 있는지, 또 조직 외적으로 이러한 원칙과 규정을 잘 준수하고 있는지, 동시에 구성원 전체가 규정과 원칙에 만족하고 있는지, 그리고 경쟁 상대기업이나 국가와 비교할 때 최상의 원칙으로 판단할 수 있는지를 확인해야 한다.

제5계에서 병중(兵衆)은 조직에서 직무를 수행하는 현장 실무자의 소질이나 자질 문제를 확인하는 일이다. 현장 책임관리자와 실무자의 업무수행 능력과 관리적 기술이 경쟁기업과 비교할 때 우세한지 여부를 확인하는 것이 중요하다. 이 때 우월한 경우에는 경쟁을 가속화할 수 있으나 그렇지 못할 때에는 사기 진작과 직무 개발, 직무 몰입을 위한 교육전략을 모색해야 한다.

제6계는 사졸(士卒)로 조직구성원의 질적 수준과 경쟁력 강화를 위한 교육·훈련 프로그램을 경쟁기업과 비교·확인하는 일이다. 경쟁에서 우위를 확보하고 성장 지향적 기업으로 발전하기 위해서는 구성원의 실무능력을 향상시키며 공헌도를 증진시킬 수 있는 지속적인 교육·훈련프로그램을 실행해야 한다. 구성원이 조직 목표에 어느 정도로 몰입할 수 있고 업무수행 능력과 기술수준이 경쟁기업에 비해 어느 정도 강한 힘을 갖고 있는지를 확인하는 일은 아주 중요하다.

제7계는 상벌(賞罰)로서, 구성원의 생계유지와 안정을 위한 임금

제도와 복리후생제도 그리고 불평불만과 같은 원성을 줄일 수 있는 포상제도가 구성원의 욕구를 충족시키고 있는지를 확인하는 일이다. 제도적으로 완벽하고 우수한 상태라면 경쟁력을 확보한 것으로 볼 수 있지만, 그렇지 못한 상황이라면 제도적 보완이나 강화를 서둘러야 한다.

오사와 칠계를 아는 장수만이
끝까지 남게 된다

장수가 나의 계(計)를 듣고 잘 수용한다면 반드시 전쟁에서 승리하여 머물게 되며, 계를 거부하는 장수는 반드시 패하니 떠나가게 된다.

*

將聽吾計, 用之必勝, 留之 ; 將不聽吾計, 用之必敗, 去之.

이 말은 오사와 칠계를 수용하는 장수는 반드시 승리하므로 그 장수를 임용하게 되고, 수용하지 않는 장수는 반드시 패배하게 되므로 그런 장수를 임용해서는 안 된다는 뜻이다.

전쟁에서 장수가 오사와 칠계의 내용을 병법의 원칙이나 기법으로 인정하고 터득하면 어떠한 전쟁에서도 승리할 수 있으며, 기업경쟁 차원에서도 칠계의 내용을 중심으로 기업전략을 수립하고 보완·강화하면 경쟁 이전에 성공을 예측할 수 있다.

특히 기업의 리더는 전략적 계획과정에서 오사를 기초로, 칠계에
따른 내용을 비교·확인하여 방법을 찾으면 반드시 성공할 수 있다.
그 뿐만 아니라 기업의 이윤극대화는 물론이고 조직의 핵심인력과
전체 구성원이 경영자의 리더십에 따르게 되어 세계기업을 지향하는
데 있어 경쟁력을 확보하게 된다.

유리한 계책으로
세력을 장악한다

나의 계책이 유리하여 채택되면, 곧 이것이 세를 이루어 밖으로 전력을 돕는다. 세(勢)란 이(利)로 인하여 권(權)을 취하는 것이다.

*

計利以聽, 乃爲之勢, 以佐其外. 勢者, 因利而制權也.

이 말은 계(計), 즉 오사 칠계의 정적인 상황을 세(勢)라는 동적인 상태로 전환하면 외부에서 전력을 돕게 되는데, 이때에 유리한 상황이면 임기응변의 조치로 주도권을 장악할 수 있다는 뜻이다. 즉, 전쟁에서 전력의 기본적인 다섯 가지 요건인 오사와 전력을 비교·분석하는 방법인 칠계의 정적인 상태를 잘 인식하고 지켜서 세라는 동적인 상태로 변화시키면 전세가 유리하다는 것이다.

기업경쟁에서 경쟁력을 갖추는 과정에서 도·천·지·장·법 등의 오사를 기초로 전력의 기본적인 요건을 갖추고, 경쟁 상대기업의 총수와 경쟁 지휘자 · 천시 · 법령 · 군대 · 사졸 · 상벌 등 칠계에 관련된 자료를 비교 · 분석하는 방법과 중요성을 인식하게 되면 경쟁에서 승리하는 것은 당연하다. 이러한 과정은 경쟁보다 중요하며, 경쟁보다 사전에 이루어져야 하고, 분석 자료는 객관적으로 평가한 후에 수용되어야 한다. 주관적인 판단은 과욕이나 감정적 결과로 나타날 수 있기 때문에 유의해야 한다. 주관적 평가는 과오를 범하기가 쉽다. 그러므로 객관성에 따른 판단으로 일관하는 것이 경쟁의 주도권을 장악하는 첩경이라고 할 수 있다.

이상에서 언급된 내용이 시계편 중에서 총론에 해당되는 부분이고, 시계편 중에서 다음에 설명되는 부분은 각론에 해당되는 내용으로 볼 수 있다. 시계편에서는 특히 각론에 해당되는 실전차원의 핵심 내용인 14궤도(詭道)를 용병술의 기법으로 제시하고 있다.

작전은 상대를
기만하는 방법이다

병(兵)은 궤도(詭道)이다. 즉, 전쟁에서 작전은 적을 기만하는 방법이다.

＊

兵者, 詭道也.

전쟁에서 작전이란 적을 속이는 방법을 뜻한다. 원래 작전은 적을 제압하기 위한 수단이면서 승리하는 길을 찾는 방법이다. 작전은 전세를 좌우하는 중대한 요소가 되기 때문에 처음부터 끝까지 베일에 싸인 내용으로 일관되며, 만약 작전 내용이 누설되면 당연히 그 전쟁은 실패하게 된다. 작전은 능력과 사용방법·목표의 대상·이익의 제공방법·경쟁력의 강약 등 다양한 측면에서 적을 기만하면서 유리한 조건을 만드는 방법이다. 따라서 작전은 항상 속임에서 기만으로 또는 기만에서 속임으로의 연속선상에 있게 마련이다.

기업도 경쟁과정에서 이러한 작전과 동일한 전략을 쓴다. 기업의 경우에도 정의감만 갖고는 경쟁에서 지기 십상이다. 따라서 기업에서 활용되고 있는 전략의 유형은 다양하면서 복잡하다. 그러나 기업의 전략도 기밀유지를 원칙으로 하고, 동시에 전략 자체가 기업의 사활을 결정하므로 역시 기만과 속임수로 일관되는 것은 마찬가지이다. 여기서 분명히 구분되어야 할 점은 악의를 갖고 상대방의 이익이나 권리를 박탈하는 사기꾼의 기만과 전략 차원에서의 기만의 성격이 근본적으로 다르다는 것이다. 지금부터는 실전에서 기법으로 이용되는 17궤도의 내용을 살펴보기로 한다.

14가지 기본전략을 응용하라

능(能力)하면서도 능력이 없는 것처럼 보이고, 쓰고(用) 있으면서도 사용하지 않는 것처럼 보이고, 또 가깝(近)지만 먼 것처럼 느끼게 하고, 멀지만(遠) 가까운 것처럼 느끼게 하며, 이(利)롭게 해서 유인하고, 혼란(亂)시켜 이를 취하며, 충실(實)하면 대비한다. 그리고 강(强)하면 피하고, 성나게 (怒)해서 소란하게 하며, 저자세(卑)로 교만하게 하고, 안일 (佚)하면 수고롭게 하며, 친할 때(親)에는 떼어버리고, 대비 (備)함이 없으면 공격을 하며, 뜻하지 않은 곳을 노려라. 이 것이 병법가의 승리비결이니 사전에 먼저 알릴 수 없다. 또 싸우기 전에 묘산(廟算)하여 이기는 자는 셈에서 얻은 것 이 많기 때문이고 아직 싸우기 전에 묘산하여 이기지 못하 는 자는 셈에서 얻은 것이 적기 때문이다. 셈이 많으면(多算) 승리하고, 셈이 적으면(少算) 불승한다. 그런데 하물며

셈이 없는 자이겠는가? 나는 이것을 보면 승부를 알 수 있다.

*

故能而示之不能，用而示之不用，近而示之遠，遠而示之近；
利而誘之，亂而取之，實而備之，强而避之，怒而撓之，卑而
驕之，佚而勞之，親而離之，攻其不備，出其不意．此兵家之
勝，不可先傳也．夫未戰而廟算勝者，得算多也；未戰而廟算
不勝者，得算少也．多算勝，少算不勝，而況于無算乎？吾以
此觀之，勝負見矣．

이제부터 이 14궤도의 내용을 자세히 설명하겠다.

能而示之不能(능이시지불능)_능력이 있으면서도 능력이 없는 것처럼 하라　자신의 실제 능력을 적이나 경쟁상대자에게 보이지 않는다는 뜻이다. 대기업이나 중소기업의 경영자에게 "당신의 사업은 요즈음 어떻습니까?"라고 물으면 대부분 "죽지 못해 살죠" 아니면 "너무 어렵습니다"라고 한다. 이 말은 여러 가지 뜻으로 이해될 수 있지만 공통적인 것은 잘 되는 기업의 경우도 이와 같이 위장술을 쓴다는 것이다. 그 이유는 능력을 위장하는 습관을 가진 사람이 능력을 과장하는 습관을 가진 경영자보다 여러 가지 면에서 득이 되기 때문이다. 실제로 능력이 있는 사람이 자기가 가지고 있는 능력을

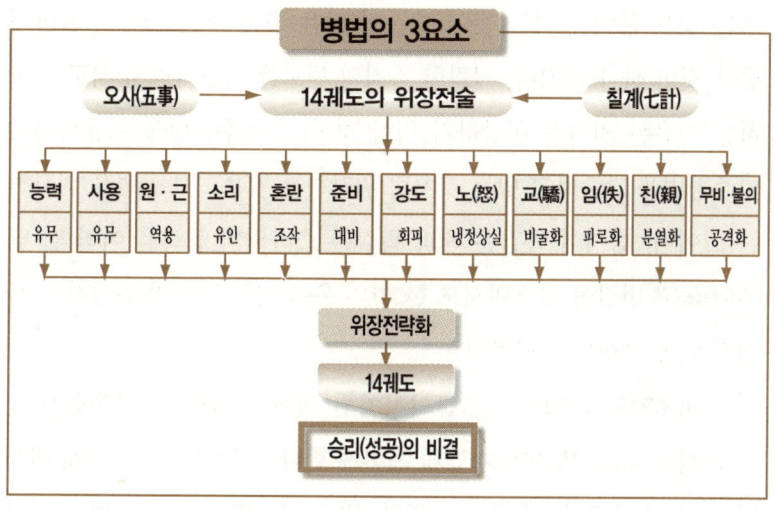

과시하게 되면 더 많은 경쟁자가 생겨 후발기업이 우후죽순격으로 등장하게 되고, 경쟁이 더욱 심해져 기업이 어려운 처지에 빠지게 된다. 따라서 죽는 시늉을 하지 않을 수 없다. 이러한 기업전략을 은폐전략(concealment strategy), 숨김전략(hiding strategy), 위장전략(disguised strategy)이라고 하며, 이는 14궤도에서 공통적으로 이용되는 전략이다.

用而示之不用(용이시지불용)_쓰고 있으면서도 사용하지 않는 것처럼 보여라 '먹고도 안 먹은 척한다'는 말과 같은 의미로, 이용하고 있으면서도 사용하지 않는 것처럼 위장한다는 뜻이다. 즉, 신소재의 사용이나 특수원자재 사용 및 특수공법의 이용을 동일업종의 경쟁기업에게는 사용하지 않는 것처럼 위장하는 기업행위 과정이라고 생각할 수 있다. 원래 돈을 많이 쓰는 사람이나 많이 쓸 수 있는 사람은 돈을 쓸 때 아무도 모르게 쓰려고 하는 본성을 갖고 있다. 돈을 잘 쓰는 것은 돈이 많다는 뜻이고 돈이 많은 것은 다른 사람이 알아서 좋을 것이 하나도 없다. 저렴한 가격의 원료를 사용하면서 서로 위장하는 이유는 원가를 위장하기 위한 것이고, 특수공법을 이용하면서 기존방법을 답습하고 있는 것처럼 위장하는 것은 개발공법을 위장하는 일이며, 심지어 똑같은 색과 똑같은 스타일의 양복을 여러 벌 맞추어 놓고 번갈아 입으면서도 한 벌의 옷을 입는 것처럼 위장하는 사례가 이에 속한다고 하겠다.

近而示之遠, 遠而示之近(근이시지원, 원이시지근)_가까우면서 멀게 느끼게 하고, 멀지만 가깝게 느끼게 한다 이것은 '미운 사람에게 떡 하나 더 준다'는 말과 유사하다. 멀리 있으면서 가깝게 있는 것처럼 또는 가까운 거리에 있으면서도 멀리 있는 것 같이 느끼도록 심리적으로 위장한다는 것이다. 기업의 경우, 실제로는 경쟁 상태에 있더라도 상호협조하고 협력하는 태도를 보이면 경쟁에서의 극한 상황을 피할 수 있다. 특히 복잡하고 어려운 위장된 관계는 상대방의 판단도 복잡하고 어렵게 만드는 이점이 있으므로, 위장전략은 꼭 필요하다.

利而誘之(이이유지)_이롭게 하여 유인하라 큰 이익을 얻기 위한 수단으로 작은 이익을 주어 상대를 유혹한다는 뜻이다. 군 작전 차원에서는 작은 고지를 양보하면서 전략적 요지인 큰 고지를 얻는 전략을 뜻한다. 이와 유사한 사례로 무역업계에서 한참 유행하였던 리베이트 제도(rebate system)나 동종업계의 협회에 회비를 납부하고 기업의 권익과 보호를 받는 것, 대기업이 중소기업과 협력관계를 맺거나 계열기업화하고, 특히 소자본을 투자하여 지배관계를 맺고 경영지배권을 장악하는 지주회사(holding company) 등이 있다. 기업경쟁

차원에서는 적은 이익을 제공하고 큰 이득을 얻는 수단으로 이용되는 유인전략(inducement strategy)을 의미한다. 단, 이러한 유인전략은 아예 쥐덫을 놓고 쥐를 잡는 경우와 구별되어야 한다. 형평성을 상실하는 경우는 있을 수 있어도 의도적으로 기업을 망하게 하는 일은 상도에 어긋나기 때문이다.

亂而取之(난이취지)_혼란시켜 이득을 취하라　상대방의 약점을 배후에서 조정하여 혼란상태로 몰아넣고 그 기회를 이용하여 공격한다는 뜻이다. 원래 전쟁에서는 적군의 약점이 없으면 공격할 수 없다. 그러나 설사 약점이 있다고 하더라도 그 약점이 강점이 될 수도 있으므로 약점을 중심으로 혼란을 조장시켜 더욱 혼란한 상태로 만들어야 공격의 기회도 있고 승리의 효과도 보게 된다. 보통 고대 전투사에서는 화공법으로 혼란을 조장하였지만 현대기업에서는 대기업간의 격렬한 경쟁 중에 참신하고 기발한 아이디어를 통한 광고전략으로 중소기업이 이득을 취하는 경우가 많다. 이때에는 상대기업의 약점을 부각시켜 고객의 욕구를 전환시키는 광고전략이나 교란전략이 필요하다.

實而備之(실이비지)_충실하면 대비하라　이는 적의 군비가 충실하고 강건하면 공격을 서두르지 말고 대비하라는 뜻이다. 즉, 경쟁 상대기업의 전반적인 시스템이 완벽한 상태에서는 경쟁보다 자사의 내실을 강화시키면서 경쟁력을 증대시켜 상대 경쟁기업의 경쟁적 공략에 대비해야 한다는 뜻이다. 강한 경쟁자에게는 강력한 수비력이 필요하듯 완벽한 시스템을 갖춘 강력한 경쟁 상대기업에게는 경쟁적 수비를 위한 준비만이 최상의 전략이다. 기업의 경우, 기업 시스템이 잘 짜여 있으면 기업의 생산성 증대가 가능하고 동시에 경쟁력 강화로 동일업종에서 군림하려는 욕구에 의해 경쟁을 시도하는 것이 일반적이다. 따라서 이에 대응하는 기업은 경쟁보다 조직의 내실을 충족하면서 단계적으로 조직력과 경쟁력을 강화시켜야 한다. 이것이 곧 공격의 대비책이며 합리적인 경쟁 대응 전략이다.

强而避之(강이피지)_강하면 피하라　이 말은 상대가 자기군대보다 우세한 경우에는 전쟁을 피하라는 뜻이다. 상대가 상대적으로 강하다고 판단되면 전쟁이나 경쟁을 피하는 것이 기본적이고 본능적인 방법이다. 사람은 강하면 자기의 힘을 쓰거나 과시하고 싶어하고, 따라서 국가나 기업을 지배하려는 욕구를 갖는다. 이때에 힘이 약한 국가나 기업이 이에 맞서면 패하는 것은 당연하다. 그러므로 상대방이 강할 때에는 화친이나 협력관계를 제의하여 강한 힘의 세력을 피하는 것이 최상의 적자생존 방법이다.

약한 기업은 강한 기업을 피하면서 협력관계를 맺는 것이 바람직하다. 따라서 상대방이 강하면 회피전략(avoidance strategy)이나 우회전략(detour strategy) 또는 협력적 상호관계전략(strategy of corporative mutual relations)을 최상의 전략으로 사용해야 한다.

怒而橈之(노이요지)_성나게 하여 소란하게 만들라　상대방을 자극하여 화가 나게 함으로써 냉정성을 잃고 판단이나 행동에 과오를 유발시키라는 뜻이다. 후발기업이 선발기업에게 강력한 도전을 하거나 동일업종에서 영세기업이 제품의 가격인하를 시도하여 시장 질서를 문란하게 하는 경우, 상대기업은 냉정성을 잃고 판단력이 흐려져 원가 이하로 제품가격을 인하시키는 등 일방적인 행동을 하게 된다.

이러한 기업행위는 단기적으로는 효과가 있을지라도 장기적으로는 손실의 누적으로 치명타를 입을 수 있고, 결국 원가 이하의 제품가격 인하정책은 장기화시킬 수 없기 때문에 이러한 과정에서 실리를 취하는 경우도 있다. 특히 백화점간의 가격경쟁이나 동일업종간의 가격인하 경쟁, 또는 할인정책이나 사은품 증정 등은 질서를 혼란시키는 요인이 되고 있다. 이때 기업은 자극전략(stimulating strategy)과 감정적 대응전략(emotional opposition strategy)을 이용하는 것이 좋다.

卑而驕之(비이교지)_저자세로 상대를 교만하게 만들라　이 말은 비굴할 정도로 저자세를 취하게 되면 상대가 교만하게 된다는 뜻이다. 인간은 본능적으로 저자세에는 고자세나 거만한 태도를 보이는 경향이 있다. 이 때에 저자세로 일관하는 기업에는 경계심이나 적개심을 갖지 않게 되므로 경영에 유리성을 갖거나 축적할 수 있는 기회를 갖게 된다. 그러나 고자세로 일관하는 기업은 지속적인 기업의 위치를 지키고 발전시키는 데 한계를 나타낼 수밖에 없고, 결국 기업의 허점 노출로 불리성을 증대시키는 계기가 된다. 이는 은폐전략의 유리성을 모르는 전형적인 예라고 하겠다. 따라서 저자세로 기회를 모색하는 기업을 겸손과 겸양으로 경계하는 것이 건전한 기업의 태도이다.

佚而勞之(일이노지)_안일(편안)하면 수고(피로)롭게 만들라　이 말은 상대가 편안하게 지내고 있을 때에는 이를 방해하여 분란하게 일을 꾸며 적이 기진맥진하게 한 다음, 정면 공격을 하라는 뜻이다. 적군이 안일한 생활을 하고 있을 때에는 화공법이나 수공법 또는 유언비어와 같은 사소한 마찰 등으로 쉴 새 없이 피곤하게 만들어 정신적으로나 육체적으로 심한 피로를 느낄 때 정면공격으로 승부를 걸라는 뜻으로 이해된다. 기업의 경우, 판매부진이나 원자재공급의 차질로 새로운 원자재 공급원을 개척하고, 유능한 종업원들의 잇단 퇴사로 충원에 전력을 집중하거나 상대기업의 고임금 정책에 따른 대응책을 마련하는 등의 과정에서 경영자나 종업원 모두 피로를 느끼기 마련이고, 이러한 피로는 정신적으로나 심리적으로 약한 상태에 빠지게 한다. 이때를 경쟁시기로 택하여 경쟁을 시도하면 승리할 수 있다. 이러한 상황을 전략경영 측면에서 다기적 측면공격(divergences side attack)이라고 한다.

親而離之(친이리지)_친할 때에는 떼어버려라　말은 서로 친하게 지내면 이 관계를 이간시키고 결속력을 와해시키며 분열시키라는 뜻이다. 즉, 상대편 기업을 고립시키거나 분열시켜 결속력을 약화시키는 방법을 의미한다. 중소기업이나 협력관계에 있는 기업간에 친밀관계가 지속되면 상호결속력이 강해지고, 그 범위가 확대되면 집단화된 세력으로 발전하게 된다. 그러므로 상호 유대와 협조관계가 좋을 때 분열시키거나 모략중상으로 고립시키는 전략이 필요하다는 것이다. 이는 국제적 외교관계와 기업의 모자회사간, 또는 수주처와 발주처간의 분열과 고립 또는 결속력을 약화시킬 때 이용되는 이간전략(alienating strategy)을 뜻한다. 이러한 전략은 국제간 또는 기업간에서 흔히 볼 수 있는 현상이며 심지어는 가족과 교우 관계에서도 볼 수 있는 현상이다.

攻其無備(공기무비)_대비함이 없으면 공격하라　이 말은 적이 무방비한 상태로 있는 곳을 공격하라는 뜻이다. 즉, 경쟁 상대기업이 방심하여 무방비 상태에 있을 때에는 지체하지 말고 공격하라는 말이다. 군대나 기업이나 규모가 크다고 조직력이 강한 것은 아니며, 반면에 규모가 작다고 결속력이 약한 것은 아니다. 그러므로 상대기업의 규모와 관계없이 항상 대비하고 경계하는 자세를 갖추지 않으면 경쟁차원에서 공격을 받게 된다. 따라서 기업은 경쟁에 항상 대비하고 준비하는 자세를 갖추어야 한다. 무방비와 무경계, 부주의는 언제나 공격의 목표와 기회가 되기 때문이다.

出其不意(출기불의)_불의(적이 뜻하지 않은 곳)를 노려라　이것은 적이 생각지도 못하는 곳이나 때를 노려 허를 찌르라는 뜻이다. '攻其無備(공기무비)'와 '出其不意(불기불의)'는 군사작전의 지침이 될 정도로 전쟁이나 기업경쟁 차원에서 중요시되고 있다.

6.25사변 당시, 북한이나 북한을 지원하던 소련도 UN군이 인천상륙작전을 시도할 것이라는 사실을 생각지 못했고, 또 미국은 일본이 진주만을 공격할 것이라는 사실도 예상하지 못했다. 또, 포항제철도 중국이 세계 수준급의 제철공장을 설립할 것이라는 사실을 예상하지 못했다. 그러나 예상하지 못한 곳에서 성공을 한 것은 사실이다. 그러므로 아무도 생각하지 못하는 곳과 시기를 경쟁이나 공격의 목표로 정하게 되면 성공할 수 있다. 이러한 내용을 기습공격전략(surprise attack strategy)이라고 한다. 이 전략은 군대뿐 아니라 기업에서도 다양한 내용으로 활용되고 있다.

此兵家之勝, 不可先傳也(차병가지승, 불가선전야)_이것이 병법가의 승리의 비결이니 사전에 먼저 알리지 마라　이 말은 승리하는 비결은 사전에 비밀(계획내용)이 누설되어서는 안 된다는 뜻이다. 즉,

군대나 기업의 기밀누설은 패배의 원인이고, 기밀보장은 승리의 비결이다. 말을 행동보다 앞세우면 만사가 실패로 돌아간다는 말과 같이 실천의 결과를 보기 전에는 계획의 내용을 공표하지 말라는 뜻으로, 무언실천이 승리의 방법이다. 따라서 경영자들은 계획과 뜻은 마음속에 숨기고 실천은 남보다 적극적인 행동으로 보여주어서 협조와 지원을 얻어야 한다. 실천행동 없이 계획만을 남발하면 장애요인이나 방해공작이 난무하여 목표달성이 어렵다는 점에 유의하여야 한다.

싸우기 전에 계산하여 이기는 자는 셈에서 얻은 것이 많기 때문이고 아직 이기지 못한 자는 셈에서 얻은 것이 적기 때문이다. 이 말은 최고작전회의에서 쌍방을 비교 · 계산하여 승리할 사람은 승산이 많은 사람이고, 승리할 수 없는 사람은 승산이 적은 사람이라는 뜻이다. 기업경쟁에서도 쌍방기업의 모든 자료를 비교 · 분석하여 얻은 계량적 승률에 따라 승패가 좌우된다. 따라서 승률이 낮으면 경쟁가치가 없고 승률이 높으면 경쟁가치뿐 아니라 기업의 이윤을 극대화시키는 효과까지 기대할 수 있다. 여기서 주장하는 것은 계량적 분석방법(quantitative analysis method)에 따라 승패를 예측해야 한다는 점이다. 전략적 차원에서 계량적 예측전략(quantitative forecasting strategy)과 계량적 분석방법이 중요시되는 이유이다.

多算勝, 少算不勝(다산승, 소산불승)_셈이 많으면 승리하고 셈이 적으면 승리하지 못한다 승산이 많은 자는 승리하지만 승산이 적은 자는 승리하지 못한다는 뜻으로, 이것으로 승부를 미리 알 수 있다는 말이다. 즉, 승리의 확률이 높은 사람만이 승리할 수 있다.

기업경영자들은 자신의 생각이나 아이디어를 신봉하는 경향이 있다. 특히 직관력(intuitive power)이 강하다고 자부하는 경영자일수록 자신을 믿는 경향이 더 강하다. 그러나 직관은 직관으로서의 가치만 인정될 뿐 계량적인 분석에 따른 예측행위와는 구분되어야 한다. 직관은 아이디어로써 가치가 있으므로 이를 성공시키는 방법 역시 계량적인 분석에 따라 결정해야만 승리를 보장할 수 있다는 사실을 잊어서는 안 된다.

2_

작전편_作戰篇

계획의 기본과제와 세계화 과정

작전편(作戰篇)에서 작전이란 전쟁의 발동(發動)을 뜻하며 여기에서는 인적·물적 자원의 지원과 전투력의 유지와 보충, 단기 속전속결, 군량미의 현지조달 방법 등을 포함시키고 있다. 즉, 전쟁을 하기 전에 거액의 비용이 필요하기 때문에 이를 감당할 수 있는 전비를 마련해야 함을 강조하고 있다. 또 전쟁은 세부전략으로 장기화하는 것보다 다소 졸렬한 전략이라고 하더라도 단기간에 끝내는 것이 좋고, 군수품이나 군량은 적의 것을 약탈하여 충당하는 것이 좋다고 강조하고 있다. 즉, 기업이 신규사업이나 사업을 확장할 때에는 먼저 소요자금 조달의 확보를 전제조건으로 하면서 경쟁기간은 단기간에 우위를 확보해야 하고, 기타 소요되는 원자재와 인력은 현지에서 조달하라는 것이 핵심적인 내용이다.

기업의 경쟁대상을 확실하게 알지 못하면 경쟁의 장기화로 경쟁력이 둔화되고 핵심전략이 약화되면 재정도 고갈되게 마련이다. 이렇게 어려운 상황이 되면, 이것을 기회로 외적으로는 제2, 제3의 경쟁자가 나타나기도 하고 내적으로는 경영권의 도전을 받게 된다.

기본 경비를 정확히 계산해야 한다

손자가 말하기를 무릇 군사를 이용하는 방법은 치차(馳車)가 천대, 혁차(革車)도 천대, 대갑(帶甲)이 십만이며, 식량을 천리까지 보내야 하고, 곧 내외의 비용, 빈객(賓客)이 쓰는 비용, 교칠(膠漆)의 재료, 차갑(車甲)의 보충에 하루에 천금이 쓰인다. 그런 연후에 십만 명의 군사를 일으킬 수 있다.

＊

孫子曰 : 凡用兵之法, 馳車千駟, 革車千乘, 帶甲十萬, 千里饋糧, 則內外之費, 賓客之用, 膠漆之材, 車甲之奉, 日費千金, 然后十萬之師擧矣.

손자는 군사를 동원하는 세부 방법으로 네 마리의 말이 끄는 1,000대의 전차와 1,000대의 치중차(속력이 빠른 전차), 갑옷으로 중무장한 10만의 병사, 1,000리나 되는 먼 전장까지 탄약과 양식을 수송하는 차량(혁거) 문제의 해결, 인접국가의 지원시 필요한 비용문제의 계산, 무기나 무장의 보수용으로 쓰는 아교, 옻(교칠)과 각종 비용의 예상 등을 제시하면서 일일 총 소요 경비로 천금이 있어야 십만 군대를 동원할 수 있다고 하였다. 이것은 현대 전쟁과 비교해 항목과 계량적 방법에는 차이가 있지만 십만 군대를 전쟁에 투입할 때 필요한 경비의 계량적 계산방법에는 차이가 없다.

선발기업이 시장의 범위를 세계로 넓혀가거나 후발기업이 선발기업과 경쟁을 할 때에는 경쟁에 소요되는 세부비용을 추정하고 계산해 확보하는 것이 필수요건이다. 물론 상대 경쟁기업의 규모와 생산·기술능력 수준, 제품의 질적 수준, 고객의 호응도, 현지 인력의 인건비 수준 및 판매와 수송의 비용 규모에 따라 조달 비용의 규모가 달라질 수는 있다. 그러나 기업이 경쟁을 시도하기 전에 소요예산을 측정하고 준비하는 방법은 동일하다고 하겠다.

속전속결, 시간을 끌면 진다

전쟁에서 승리가 귀한 것인데 장기화되면 병기는 둔해지고 군대의 날카로움이 꺾인다.

또, 성을 공략하면 힘이 약화되고, 오랫동안 군대가 밖에 나가 있으면 나라재정이 어려워진다. 전쟁이 장기화되면 병력이 둔화되고, 정예가 꺾이며, 힘이 약화되어 재력을 다하게 되므로, 그 틈을 타서 봉기가 일어나 지혜로운 통치자가 있다 하더라도, 그 뒤를 수습하는 데 어려움을 겪게 된다.

*

其用戰也勝, 久則鈍兵挫銳, 攻城則力屈, 久暴師則國用不足. 夫鈍兵挫銳, 屈力殫貨, 則諸侯乘其弊而起, 雖有智者, 不能善其后矣.

이는 전쟁의 장기화의 불리함을 강조하는 말이다. 기업도 경쟁이 장기화되면 상대적으로 경쟁력이 약화될 뿐 아니라 기업

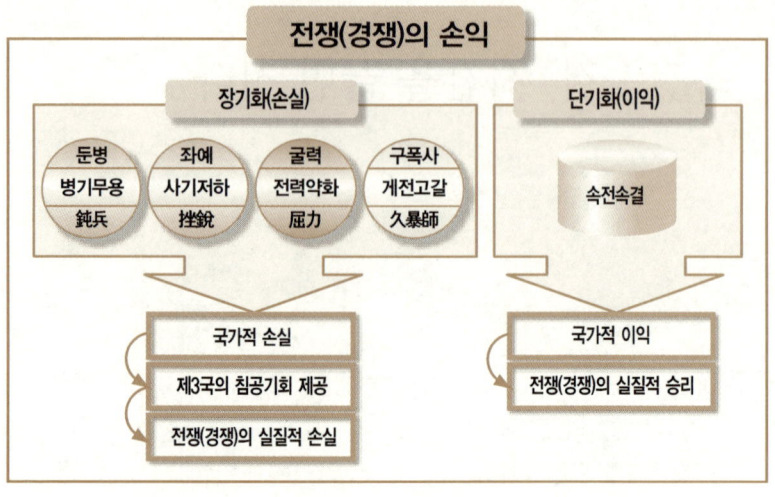

전략의 성공을 보장할 수 없다. 그 이유는 우수한 최첨단의 기계설비와 추종을 불허하는 혁신적인 생산방식과 신기술, 활력에 찬 종업원의 활동, 그리고 강력한 추진력과 리더십을 갖춘 경영관리자라 하더라도 장기화되는 경쟁에서 경쟁상대 기업의 추적과 사활을 건 기발한 대응책에만 몰두하다 보면 전체적인 기업 경쟁력이 약화될 가능성이 있기 때문이다.

특히 경쟁이 장기화되면 경쟁을 시도한 기업은 기계와 시설 및 설비의 노후화와 구태의연한 생산방식의 지속, 기술개발비의 증대와 나태성, 경쟁에 소모되는 비용 증대에 관한 추가적 자금조달 불능, 의욕을 상실한 종업원의 나태한 태도, 그리고 경쟁상황 변화에 대응하는 변혁적 리더십의 약화 등을 피하거나 극복하는 데 한계성을 갖게 된다. 그러므로 경쟁에 있어 단기간에 승부가 결정나도록 세밀하고 계량적인 계획을 세우는 것이 필요하다. 즉, 속전속결의 전략만이 승리다운 승리를 할 수 있다.

또, 기업경쟁에서 경쟁을 시도할 때에는 상대 경쟁기업의 경영상태, 즉 자금과 인력 관리방식이나 정책, 그리고 강력한 변혁적 리더십의 실현이 요구된다. 특히 고객의 호응도와 기업의 인지도가 높은 기업을 상대로 경쟁을 하게 되면 예상외로 자금과 인력, 그리고 비용의 소모가 크기 때문에 성공의 확실성이 약화될 수 있다. 특히 국내적 기업경쟁보다 세계화를 위한 지구촌을 대상으로 경쟁을 하게 되면 격지간의 유지 비용 가중으로 더욱 큰 어려움을 겪게 된다.

기업의 경쟁대상을 확실하게 알지 못하면 경쟁의 장기화로 경쟁력이 둔화되고 핵심전략이 약화되므로 재정도 고갈되게 마련이다. 이렇게 어려운 상황이 되면, 이것을 기회로 외적으로는 제2, 제3의 경쟁자가 나타나기도 하고 내적으로는 경영권의 도전을 받게 된다. 설사 경영권의 유지가 가능하다고 하더라도 기업과 경영자의 이미지 변화로 기업 전체의 경영 정상화를 이루는데 어려움이나 실패를 맞게 된다. 따라서 경쟁의 장기화에 따르는 제반 경영관리의 문제를 사전에 예상하고 대비해야 한다.

계획에 차질이 생겨도
주저하지 말고 밀어부쳐라

한번 시작한 전쟁은 다소 미흡한 점이 있더라도 지구전을 해야 한다는 말은 들어보지 못했다. 장기전은 아직 국가에 도움을 준 적이 없으므로 군사를 쓰는데 해로움을 모르면 이로움도 모를 수 있다.

*

故兵聞拙速, 未睹巧之久也. 夫兵久而國利者, 未之有也. 故 不盡知用兵之害者, 則不能盡知用兵之利也.

이것은 새로운 공략법을 기다리거나 주저하지 말고 밀고 나아가라는 이야기이다. 그러기 위해서는 전쟁 전에 충분한 조사 분석과 충분한 대비 또는 대체 방안을 마련하여 시작해야 하며 신속하게 종결하는 것이 원칙임을 강조하고 있다.

기업이 경쟁에 도전하고 실행할 때에는 신중하게 검토하여 승산을 전제로 해야 한다. 그러나 경쟁계획에서 불확실성이 발생하거나 세부계획안의 차질이 발생하는 기업 환경의 변화가 있더라도 가급적 초지일관하는 자세로 계획을 추진하면서 경쟁의 장기화를 막아야 한다. 장기적인 경쟁은 성공한다고 하더라도 그 이후의 경영관리에 어려움이 따른다. 최소한 기업이 투자한 비용을 커버할 수 있는 수준이나 미래 경쟁의 가능성을 찾을 수 있는 수준에서 종결하는 것이 바람직하다. 이 때 우회전략, 철수전략(withdrawal strategy), 그리고 전환전략(turnover strategy)을 사용하여 기업의 손실을 회복하는 방법도 있을 수 있다.

　　무리한 장기전을 강행해서 국가의 이익을 얻은 사례는 없다.

　　기업경쟁에서 경쟁계획은 변화되는 환경변수와 대체전략(alternative strategy)의 준비 여하에 따라 확실성을 보증 받게 된다. 과오와 예측의 불확실성은 성공에 저해요인으로 작용하지만, 이를 인정하고 긍정적인 판단으로 수정하거나 후퇴 또는 보류할 수 있는 의사결정은 강력한 전략을 모색할 수 있게 하고, 실질적인 기업 이익을 창출하는 기회를 가질 수 있게 한다.

필요한 돈은 현지에서
조달한다

군사를 잘 쓰는 사람은 전쟁 중에 같은 군사를 재징집하지 않고, 소요 양곡을 3회 이상 수송해서도 안 된다. 모자라는 양곡은 적지에서 조달하여 풍부한 양곡으로 전쟁이 계속되어야 한다. 국가가 군사로 인해 가난한 원인은 원거리로 수송하기 때문이고, 이로 인해 백성은 가난하게 된다.

지혜로운 장수는 군량을 적지에서 해결하는데, 적지에서 한 가지 종류를 해결하는 것은 20종류를 해결하게 되고 곡물 1석은 20석에 해당되는 효과가 있다.

*

善用兵者, 役不再籍, 糧不三載 ; 取用于國, 因糧于敵, 故軍食可足也. 國之貧于師者遠輸, 遠輸則百姓貧. 近師者貴賣, 貴賣則百姓財竭, 財竭則急于丘役. 力屈, 財殫, 中原內虛于家. 百姓之費, 十去其七 ; 公家之費, 破軍罷馬, 甲冑矢弩,

戟盾蔽櫓, 丘牛大車, 十去其六. 故智將務食于敵. 食敵一
鐘, 當吾二十鐘 ; 葸秆一石, 當吾二十石.

이는 기업에서 전체 경쟁을 주도하는 리더의 성공적인 역할, 즉 인적 자원 관리의 정확성과 소요 원자재 수송, 현지 조달의 합리적 방법을 제시한 내용으로 이해된다. 기업경쟁에서 인적 자원의 효율적인 운영에 허점을 보이게 되면 계획의 형평성과 정확성을 잃게 되고, 구성원의 불평 조장과 신뢰 상실의 결과를 초래하게 된다. 그뿐만 아니라 세계화 시대에서 글로벌 경쟁을 할 경우, 인력이나 원자재 및 부품을 계속 본국에서 수송하거나 자금을 송금하게 되면 본국 기업의 부담이 증대되므로 현지 조달능력을 개발·증대시켜야 한다. 이 방법이 본국 기업과 해외 기업이 함께 생존하고 발전하는 방법이다. 이는 계속기업으로 성장하기 위해 독립채산제도나 독립기업경영제도를 이용해야 한다는 뜻이다.

경쟁기업이 격지에 있는 상대국과 경쟁을 하게 되면 제조원가보다 물류비용이 증대되므로 인건비 상승요건을 상실해서 저임금 근로자의 생활이 어렵게 된다. 더욱이 경쟁이 심한 신규사업이나 사업의 경험 부족과 입지조건의 불리성, 설비 낙후성을 지닌 기업은 원거리라는 불리한 조건으로 이익증대가 어려워 임금인상의 원천을 확보하기가 쉽지 않다.

따라서 국가의 전비를 충당하기 위해서는 적지인 현지 조달 원칙을 세워야 하며, 그 효과는 20배에 달한다고 손자는 말한다. 기업경영 차원에서 국제간의 경쟁을 시도할 때에는 현지 경영 총책임자의 효율적인 의사결정이 요구된다. 국제경영에서 무역장벽과 국가간의 규제와 제한정책은 거래의 한계성을 증가시키므로 이를 극복하는 최고경영자의 계획적이고 계량적인 분석과 결정이 매우 중요한 것이다.

특히 경쟁의 우위를 확보하기 위해서는 경쟁 상대국 안으로 진입하여 구매와 생산 그리고 판매 행위를 하게 된다. 이때에 최고경영자는 현지조달원칙에 따라 원자재와 생산기기 및 시설 그리고 전문인력을 확보하는 혁신적인 전략을 강구해야 한다.

감정때문에 싸우지 말고
실제적인 이득을 취하라

적군을 살상하는 것은 노여움을 뜻하며, 적군이 취하는 이익은 나의 재물이다.

전차전쟁에서 적의 전차 10대 이상을 얻으면 먼저 얻은 자에게 상을 주고 우리군의 깃발을 바꾸어 달고 병졸들을 서로 타게 하며 병졸을 우대하게 되면 적에게 승리감을 더욱 강하게 한다.

*

故殺敵者, 怒也; 取敵之利者, 貨也. 故車戰得車十乘已上. 賞其先得者, 而更其旌旗, 車雜而乘之, 卒善而養之 是謂勝敵而益強.

이 말은 전쟁에서 적을 살해하는 행위는 분노만으로도 성과를 얻을 수 있으나, 적군이 취하는 이익을 역이용하게 되면 이익의 전부가 우리의 이익이 된다는 뜻으로 해석하는 것이 바람직하다.

기업경영에서도 경쟁 상대기업의 약점과 불리성을 자사 홍보 과정과 판매 행위시에 부각시키거나 자극시켜서 경쟁기업의 매출을 격감시켜 시장점유율의 감소효과로 분노와 흥분을 기대하는 경우가 있다. 그런가 하면, 상대국에 저렴한 가격으로 원재료를 공급하여 원가절감 혜택을 주고 가격경쟁의 유리성으로 인해 이익을 증대시키고, 시장을 독점하게 한 후, 공급자가 단계적으로 가격을 인상시켜 전체이익을 역이용하는 점진적 이익전략(progressive profits strategy)도 있다. 또 경쟁기업의 홍보전략(public information strategy)을 역이용함으로써 광고와 판매효과로 기업의 이윤을 극대화시키는 경우와 경쟁사의 원가상승 요인을 자극시켜 판매가격을 인상시킨 후, 그 가격으로 자사의 가격 이윤을 배가시키는 경우도 있다.

특히 여기서 손자가 주장하는 적군의 살상금지와 적군의 이익중심 행동이 곧 나의 재물이라는 말은 현대 전쟁의 작전에서도 크게 반영되고 있는 실정이다. 미국과 이라크와의 전쟁에서 미군은 이라크 군대에 대한 공격만 감행했을 뿐 민간인이나 이라크의 비전투 인력에 대한 살상은 엄격하게 통제하였다. 이는 점령시를 대비한 효과적인 전략으로 판단된다. 특히 이라크군이 수많은 유전지역을 파괴하지 않은 것은 이라크 경제에 이익이 될 뿐 아니라 점령시 미국의 전리품에 해당되므로 미국의 이익이 된다고 간주했기 때문이다.

또, 전쟁노획물의 공로자는 포상하고, 포획물을 우리 병력으로 이용하며 사병에게 혜택을 주고 우대하면 적의 사기를 제압할 수 있다. 이는 기업이 공로자에 대한 포상제도(reward system) 운영과 우대정책(preferential policy)을 시행하여야 우리의 사기가 진작돼 적을 효과적으로 제압할 수 있다는 뜻이다. 기업은 경쟁과정에서 실질적인 이익이나 유리성을 확보한 종업원에게는 그 공로에 상응하는 혜택과 특전을 줌으로써 신뢰와 사기를 높이고, 동시에 경쟁기업 종업원의 유인효과도 기대할 수 있다. 포상이나 포상제도는 재무적 임금증대이고, 이로 인한 고임금은 경쟁기업의 양질의 노동력을 유인하게 된다. 특히 포상제도를 승진이나 승급에 적용시키게 되면 효과가 극대화될 수 있다.

기업경영을 잘하는 자는
나라도 살린다

군사를 아는 장수는 국민의 생사와 국가의 안위를 관장하는 주인이다.

*

故兵貴勝, 不貴久. 故知兵之將, 生民之司命, 國家安危之主也.

이 말은 전쟁에 관한 모든 사항을 잘 알고 충분하게 이해하고 있는 장수는 백성의 생사와 국가의 안전문제를 책임질 수 있다는 뜻으로 이해된다. 비록 기업을 경영하는 경제인이라고 하더라도 자사와 종업원에 관련된 총괄적인 경영사항을 파악하고 계획과 책임 경영으로 기업의 안정과 발전을 이루게 되면, 국가 경제 발전에도 공헌하고 기여한다고 볼 수 있다.

국가 원수가 국민의 생사와 국가의 안위를 책임지고 있듯이 기업의 경영자는 구성원과 그 가족 그리고 이해집단에 대한 책임을 지고 있다. 이와 마찬가지로 가정에서도 가장은 가족의 생활 유지와 평화 및 안전에 대해 책임을 지고 있다. 결국 국가 원수는 국민을 대상으로 하고 경영자는 구성원과 가족 및 이해집단을 상대로 하며, 가장은 자신의 가족을 중심으로 책임을 이행할 의무를 가진다. 그러므로 이들의 책임은 사회적인 책임이면서 동시에 넓은 의미에서는 국가적인 책임이라고 할 수 있으며, 그 의무는 막중하다. 따라서 이러한 책임을 지고 자신의 역할을 수행하는 사람들은 자신보다 사회와 국가를 위하는 사고와 행동이 선행되어야 한다.

가정경제의 안녕은 기업경제의 발전과 성장으로 국가경제에 공헌하게 되므로 세밀한 계획과 실행 그리고 평가와 수정과정을 거쳐 모든 의사결정을 신중하게 해야 한다. 개인의 감정은 개인의 사고와 행동에서 끝내고, 오직 국가경제라는 거시적 차원에 책임을 질 수 있는 자세가 중요하다. 책임이라는 개념에는 회피나 위임, 변명은 해당되지 않는다는 사실을 명심해야 하겠다.

3_

모공편 謨攻篇

세부전략의 기본조건과 안전성장전략

손자병법의 모공편(謀攻篇)에서 모공(謀攻)은 모계(謀計)라는 뜻으로 전쟁에서 적군을 굴복시킨다는 의미로 해석되며, 이는 실전보다 쌍방의 외교전으로 상대방을 항복시키는 전법이다. 고대는 물론이고 현대전에서도 평화공존이라는 명분으로 쌍방의 희생과 살상을 피하고 국가간의 문제를 해결하는 계획적인 과정이 중요시되고 있다. 마찬가지로 기업경영도 경쟁기업간의 많은 경쟁비용과 인력 그리고 물자의 소모 없이 경쟁을 종결시키는 경영전략도 기업발전과 경제환경 개선에 바람직한 방법으로 볼 수 있다. 따라서 공모편의 내용은 국가와 기업 모두가 주목할 계획내용이므로 이를 잘 이해하여 건설적으로 활용할 필요가 있다.

건실하게 세계화를 지향하는 기업은 우수한 전문인력을 고용하게 된다. 그러고 나서 최상의 처우를 하면서 경쟁기업의 추종을 불허하는 수준의 연구개발비를 투입하여 특허상품을 개발 하게 되면, 경쟁기업이나 선발기업 또는 인지도가 높고 기존시장을 완전지배하거나 독점하는 기업과 경쟁을 하지 않고도 경쟁우위를 점할 수 있다.

경쟁하기 전에 협상하라

무릇 군사의 이용 방법은 국가의 안전을 으뜸으로 하고, 파괴는 그 다음에 생각할 일이다. 역시 아군의 안전을 으뜸으로 하고 적군의 격파는 그 다음 일이다. 또 적군 병사의 안전은 파괴보다 먼저 고려되어야 하고, 동시에 적군의 사병이 아군으로 돌아서게 하는 것이 최상의 방법이다.

*

孫子曰 : 凡用兵之法, 全國爲上, 破國次之, 全軍爲上, 破軍次之 ; 全旅爲上, 破旅次之 ; 全卒爲上, 破卒次之 ; 全伍爲上, 破伍次之.

이 말은 전쟁에서 적군을 괴멸시키는 것보다 국가(國)와 군(軍)·여(旅)·졸(卒)·오(伍)를 존속시키면서 지배하는 것이 최상의 전법이고, 적군과 적의 전체 조직을 아군으로 회유시켜 흡수하는 것이 최상의 전략이라는 뜻으로 이해하면 되겠다.

전쟁과 마찬가지로 기업경쟁은 재력과 인력의 소모는 물론이고 기업조직의 성장과 존폐를 가름하는 중대사이다. 그러므로 치열한 경쟁 이전에 타협과 협상, 더 나아가서는 공존의 기회를 모색하는 일이 경쟁하는 것보다 효과가 클 수 있다. 시장경쟁 과정에서 자사의 제품이나 제 조건이 경쟁기업의 제품보다 우위일 경우에는 경쟁의 문제가 없으므로 명확한 결과를 기대할 수 있다. 또 후발기업이 선발기업에 비해 제품이나 조건이 불리한 경우도 결과는 명확하다.

그러나 기업은 계속기업으로 존속하고 성장해야 하는 지상과제를 해결하기 위해 다양한 아이디어와 방법을 동원하게 된다. 경쟁 우위 기업은 상대기업과의 경쟁 이전에 유리한 조건으로 협상해서 흡수·합병하는 전략을 쓸 수 있다. 이 경우에는 경쟁 이전에 피합병 기업의 창업비용을 과대평가 수준에서 보상하고 동시에 인력과 시설을 자사가 흡수하는 방법이 있다. 반면에 후발기업이나 시장조건과 기업의 지명도가 낮은 기업이 경쟁 우위상품이나 기술을 갖고 선발기업과 경쟁을 할 때에는 신중한 계획과 분석, 그리고 정확한 대응방안이나 다양한 대체전략을 준비하는 것이 필요하다. 즉, 후발기업은 경쟁상품의 디자인과 질 그리고 유용성이나 호환성, 견고성을 고려한 우량상품의 저원가 대량 생산기술을 개발하는 첨단기술 개발 상품전략으로 경쟁에 대응하는 방법이 절대적이다.

특히 후발기업이 선발기업의 불리성과 악조건을 제시해서 선발기업의 치명적인 악재를 이유로 협상을 통해 기존시장을 분할하거나 상호 제품의 특화로 공존하는 유연한 Win-Win 전략을 생각할 수도 있다. 그 다음에 단계적인 연구개발과 기술혁신을 기초로 후발기업이나 선발기업이 경쟁 상대기업을 협상전략으로 흡수·합병하면 된다. 그 다음에 조직과 구성원의 무모한 에너지 소모와 자본적 출혈상황을 피해, 협상 주도기업이 인적·물적 자원을 유효한 상태로 활용하여 세계화로 지향하는 것이 바람직하다. 이는 경쟁보다 협상의 유리성을 입증하는 것을 뜻한다.

전쟁 없이 적을 굴복시키는 자가
선한 사람이다

백전백승은 선(善)한 사람의 선한 행위가 아니다. 전쟁을
하지 않고 적군을 굴복시키는 일이 선한 사람의 선한 행동
이다.

＊

是故百戰百勝, 非善之善也 ; 不戰而屈人之兵, 善之善者也.

이는 전쟁을 통해서 승리하는 것은 최상의 방법이 될 수 없고,
오히려 전쟁 없이 승리를 이루는 것이 백전백승이라는 이야
기다. 모략이나 허위선전, 타사제품의 기술모방이나 허위상표 도용
또는 상도를 벗어난 행위로 쌍방의 존폐를 가름할 정도의 혈전과 같
은 경쟁에서 승리한다고 해도 진정한 경쟁의 승리기업으로 보기 어
렵다. 기업이 경쟁 상대기업과 경쟁을 할 때 경쟁의 유리성과 추종불
허의 특성을 갖고 있으면 구태여 경쟁을 하지 않아도 승리는 당연하

다. 이것이 기업경영의 정도이고 기업윤리이다. 그러나 기업이 이윤 극대화와 성장기업의 유지를 위해 기업간의 경쟁을 일상적인 경영 관리 과정으로 생각하는 것이 경제 환경의 개선을 저해하고 있다.

건실하게 세계화를 지향하는 기업은 우수한 전문인력을 고용하게 된다. 그러고 나서 최상의 처우를 하면서 경쟁기업의 추종을 불허하는 수준의 연구개발비를 투입하여 특허상품을 개발하게 되면, 경쟁 기업이나 선발기업 또는 인지도가 높고 기존시장을 완전지배하거나 독점하는 기업과 경쟁을 하지 않고도 경쟁우위를 점할 수 있다. 이것을 경쟁 없이 경쟁기업을 굴복시키고 승리하는 선한 경영자의 선한 행동으로 본다. 즉, 건전한 사고의 경영자는 수단방법을 가리지 않고 경쟁에서 승리하는 것을 최상의 목표로 정하지 않는다. 승리 이전에 우수한 전문인력의 과감한 고용과 노사쌍방의 신뢰 구축, 연구개발과 기술혁신의 창의적 생산을 통해 국제적 특허제품 개발에 과감한 투자를 하는 경영의 정도를 걸으면서 경쟁에서 승리하는 경영자가 선한 사람이다.

무차별 공격은
맨 마지막에 한다

최상의 방법은 적군의 계략을 파악하고 고립을 위해 친교 관계를 단절하며, 그 다음에 적군을 무력으로 공략하는 것이다.

방패와 사다리차를 수리하고, 병기를 3개월간 점검하고, 3개월간 공격을 위한 토성과 길을 닦은 후에 공격한다. 공격에 대한 저항이 강하여 성벽을 기어오르다 1/3의 병력을 죽인 장군은 반성하지 못하면 또 다른 재앙을 부른다.

＊

故上兵伐謀, 其次伐交, 其次伐兵, 其下攻城 攻城之法爲不得已. 修櫓轒轀, 具器械, 三月而後成, 距闉, 又三月而后已 將不勝其忿而蟻附之, 殺士三分之一, 而城不拔者, 此攻之災也.

이것은 선(善)이 통하지 않으면 용병책으로 확인된 적의 계략을 분석하여 대비한 후, 무력으로 공격하는 최후의 방법이 강구되어야 한다는 3단계 전술을 뜻한다. 기업경쟁의 1차 단계에서는 경쟁 상대자의 정확하고 세부적인 정보와 자료를 얻어 경쟁기업을 제압하는 것이 가장 먼저이다. 또, 경쟁에서 인적 자원과 물적 자원 그리고 재무적 자원의 손실 없이 경쟁기업을 압도하는 방법도 정보와 자료의 수집과 분석이다. 그 다음에 이러한 정보와 자료를 기초로 경쟁기업을 압도하는 방법은 경쟁기업을 경제 환경에서 고립시켜 외적 환경의 지원과 원조 및 거래의 원천을 단절시켜 고립화하는 친교관계의 단절이 2차적인 수단이다. 그래도 경쟁기업이 존속하면서 대응할 경우에는 군사적 방법으로 공격하거나 경쟁의 승리를 위한 최악의 공격 전략을 이용하는 3단계 방법을 써야 한다.

3단계 전술은 우리나라 유가공업체 중에서 선발기업인 S사가 후발기업 P사와 경쟁하는 과정에서 활용되기는 하였지만 이러한 전술은 선발기업의 경쟁 명분과 윤리성 차원에서 실효성을 거두지는 못하고 쌍방이 동일업계에서 공존·성장하고 있는 실정이다.

최종 3단계의 공격은 병기의 손실과 인명피해 및 재산탕진과 국가의 재앙을 초래하기 때문에 공격을 바람직하지 못한 방법인 하책(下策)으로 보고 있다. 기업경영에서 경영질서의 존중과 경영 투명성의 공개 그리고 경영자의 사회적 책임의 준수는 현대경영의 필수요건이다. 이를 경시하면서 최악의 경쟁을 시도하는 경영자는 그 방법이나 이유가 어떻든 간에 대외적으로 명분이 약해 공급자·협력업체·고객을 비롯한 경영환경의 구성원 모두를 설득하기가 어렵다.

과거 우리나라 라면업체의 선발주자가 후발기업을 공격하여 고사시킨 사례나 경제개발과 합리적 경영 그리고 최적의 금융질서와 대형화를 위해 시도하는 구조조정과정에서 불합리한 기준으로 업계에서 퇴출시킨 사례는 최악의 정책으로 볼 수도 있다. 기업의 경쟁과정에서는 공격적 전략을 시도하는데 요구되는 인력과 자본을 신기술과 기계도입 또는 연구개발과 국제적 연합을 위해 활용하는 것이 최하책을 최상책으로 전환시키는 방법이다.

경쟁에서 이기는 자의 요건

군사를 선용하는 사람은 적을 격파하되 싸우는 것이 아니다. 적군의 성을 함락하되 공격하는 것은 아니고, 격파시키되 지구전은 하지 않으며 온전함으로 천하를 다툰다. 그러므로 군사를 둔하지 않게 하고 이익을 보장하게 할 것이다. 이것이 모공법이다.

*

故善用兵者, 屈人之兵而非戰也. 拔人之城而非攻也, 破人之國而非久也, 必以全爭于天下. 故兵不頓而利可全, 此謀攻之法也.

군사적 무력행사나 지구전은 바람직하지 못하고, 상호협상과 타협을 통해 승리하게 되면 군사의 안전과 기능향상 및 이익을 보장할 수 있다는 공모법의 실체를 밝히고 있다. 전쟁을 잘하는

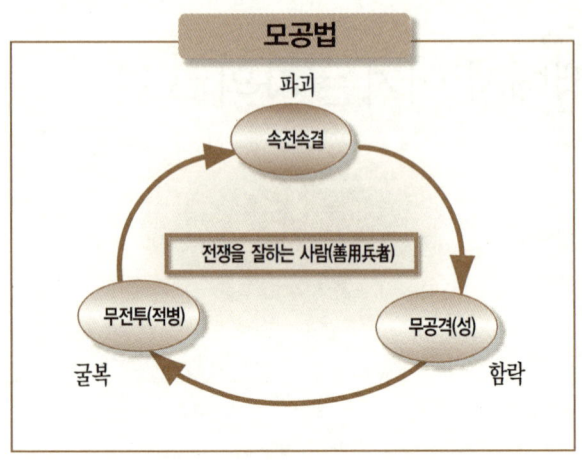

사람은 적병을 전투 없이 굴복시키고, 성을 공격 없이 함락하며, 장기전을 피하면서 적을 격파시키는 것을 모공법(謀攻法)이라고 한다.

　기업경쟁에서 경쟁 상대기업의 공격적인 전략을 쓰는 것은 자사의 인력과 자금의 손실일 뿐 아니라 상대기업의 수비능력을 강화시키면서 경쟁상황을 고조시키는 결과만 초래할 뿐이다. 특히 장기적 경쟁은 개발과 혁신의 기회와 세계화 전략실현의 기회를 상실하게 되므로 조직구성원의 정신적 무장과 전문적 지식개발을 위한 교육훈련 프로그램을 개발하여, 기업조직 전체의 이익을 확보할 수 있는 총괄적 전략수립과 실행이 요구된다. 따라서 무력행사보다 지능이나 아이디어 창출전략으로 우회하는 것이 더 효과적임을 잊어서는 안 되겠다.

상대를 보고 싸움을 걸어라

용병책은 아군보다 10배가 많은 병력이 있으면 포위당하고, 5배 정도의 병력이면 공격하며, 2배일 경우에는 나누고, 동수일 경우에는 싸우며, 적을 경우에는 지키거나 피해야 한다. 하지만 적은 수의 적이 굳게 지키게 되면 큰 적을 잡을 수 있다.

*

故用兵之法, 十則圍之, 五則攻之, 倍則分之, 敵則能戰之, 少則能逃之, 不若則能避之. 故小敵之堅, 大敵之擒也.

용병법은 적병에 비해서 수적으로 절대적인 상황일 경우에는 적의 병력을 포위하거나 공격하면 효과적인 목적을 달성할 수 있고, 병력의 수가 배일 경우에는 정면배치와 우회 공격팀으로 나누며, 동수일 경우에는 전력을 다해 선전이나 혈전을 감행해야 한다는 뜻이다. 그러나 병력이 양적으로 열세인 경우에는 승산의 기대 이전에 충돌하지 않는 것이 적의 계략에 따른 전쟁포로의 신세를 모면하는 방법이다.

많은 전문인력을 보유하면서 거대자금력을 갖고 있는 대기업에 중소 및 신흥기업이 경쟁을 시도하는 것은 무모한 일이다. 중소기업이 경쟁을 시도할 때에는 경쟁 상대기업의 전문인력과 경영자금의 확보능력을 계량적으로 고려해서 공격전략(attack strategy)과 정면배치전략(frontal disposition strategy) · 우회전략(detour strategy) · 특공전략(special attack strategy) · 연구개발전략(research and development strategy) · 기술전략(technical strategy), 상호 Win-Win전략을 선택적으로 활용해야 용병법의 효과를 증대시킬 수 있다. 경쟁기업의 전문 인적 자원과 경영자금을 양적으로 고려하지 않은 무모한 경쟁은 기업의 자폭행위가 될 수 있으므로, 세밀한 분석과 정확한 상황 예측으로 최선의 전략을 선택적으로 강구해야 한다.

의견이 일치해야
강한 힘이 나온다

무릇 장수는 나라의 보(輔)인데, 보가 주도하면 국가는 강대한 세력을 갖게 된다. 반면에 보에 틈이 생기면 국가는 약세를 면치 못하게 된다

*

夫將者, 國之輔也. 輔周, 則國必强; 輔隙, 則國必弱.

여기서 보(輔)라 함은 군주와 장수간의 일체성으로 해석하는 것이 타당하다. 국가 통수권자와 장수간의 의견이 일치되면 국력이 강해지고, 양자간의 의견이나 사고에 불일치성이 나타나게 되면 국력이 약해지는 원천이 된다. 국가를 차체(車體), 군주를 차축(車軸), 군대를 차륜(車輪), 그리고 장군을 보(輔)로 보는 이유는 전체 국정이 효과적인 기능을 발휘하기 위해서 국가 · 군주 · 군대의 유기성이 중요하기 때문이다. 기업은 기능간의 유기성을 중시하면서 계층

간의 협력과 명령 및 보고의 확고한 체계, 계층별 권한위양과 책임수행, 구성원의 전문능력과 핵심지식의 공헌, 그리고 건전한 기업풍토 조성 요소 등의 유기적이고 원활한 기능을 발휘할 때 성장한다. 따라서 계층간의 유기성이 결여되거나, 책임성이 부족하게 되면 기업의 성장과 발전은 기대하기 어렵다.

나아갈 때와 물러설 때를
알아야 한다

군대 문제로 임금이 근심을 끼치는 세 가지 일이 있다. 군대가 나아가서는 안 됨을 알지 못하고 진격명령을 내리며, 물러설 수 없음을 알지 못하고 퇴각명령을 하는데, 이는 군대를 속박하는 일이다.

*

故君之所以患于軍者三 : 不知軍之不可以進而謂之進, 不知軍之不可以退而謂之退, 是爲 '縻軍'.

이 말은 장수가 임금에게 근심을 끼치므로 절대 해서는 안 되는 세가지가 있는데, 이는 나아가면 안 되는데 전진명령을 내리는 것과 후퇴할 수 없는데 후퇴명령을 내리는 것, 그리고 군을 속박하는 일이라는 뜻이다. 즉, 통치자가 진격과 후퇴(to advance and retreat)의 원칙을 알지 못하면서 강력하게 명령을 내리는 일은 권력으로 군대를 속박하는(hobbing the army) 일이 된다.

　기업에서도 총수가 기업 전략계획 수립과정에 참여하지 않고 내용도 모르는 상태에서 권한행사만 강행하게 되면 어려움을 면할 길이 없다. 전문지식이 부족하거나 정보의 단절과 이해 부족으로 의사결정의 오류를 범하는 일은 예상보다 큰 재난과 손실을 가져온다는 것을 명심해야 한다. 권한이나 권력의 행사는 정당하면 약이 되고 잘못되면 독이 되듯이, 기업의 의사결정자는 하급자에게 이양된 범위에서의 책임과 권한, 그리고 의무를 묻고 확인하는 과정을 중시해야 한다. 독단적이고 주관적인 판단은 의사결정의 과오를 증대시킬 뿐 아니라 독재적 리더십의 행사로 기업성장을 저해할 수 있다. 따라서 기업의 총수는 하위 경영관리자간의 의견과 정보교환을 충분히 할 수 있는 기회를 많이 갖고, 동시에 의사결정에 있어 민주적이면서 참여적 리더십(democratic and participative leadership)을 발휘하여 부문별 경영관리자의 의견일치를 이루는 관점을 중시해야 한다.

계층간의 신뢰가
최고의 동기부여다

삼군의 일을 모르고, 삼군의 정사를 같이 하면, 곧 군사는 망설이게 된다. 또 삼군의 권을 모르고 삼군의 소임을 같이 하면 즉시 군사는 의심을 한다.

지나친 군주의 간섭으로 군이 갈피를 잡지 못하고 의심을 하게 되면 곧 제후가 난을 일으켜 군을 어지럽게 하여 전쟁의 승리를 늦춘다.

*

不知三軍之事, 而同三軍之政者, 則軍士惑矣 ; 不知三軍之權, 而同三軍之任, 則軍士疑矣. 三軍旣惑且疑, 則諸侯之難至矣, 是謂 '亂軍引勝'.

경영자가 기업별 또는 부문별 업무계획과 내용 그리고 추진상황과 대두되는 문제를 파악하지 못한 상태에서 경영관리 과정을 간섭하게 되면 수행과정에서 내부혼란과 능률 저하를 초래하게 될 수도 있다.

더욱이 위임된 권한의 범위와 내용을 무시하거나 명령의 일원화 원칙(principles of unit of command)을 지키지 않고, 독단적으로 명령계통의 독재성을 발휘하게 되면 내부 구성원의 혼란과 상사에 대한 불신감을 조장시키게 되어 조직의 목표달성을 어렵게 한다.

기업은 조직이고, 조직은 권한위양 원칙(principle of delegation authority)에 따라 관리된다. 그러므로 조직관리는 하위자의 권한을 존중하면서 커뮤니케이션 원칙에 따라 간섭은 배재하고 조정과 협의 그리고 필요시에 수정·보완하는 과정을 중요시하여야 한다.

기업조직에서 계층간의 신뢰는 구성원의 응집력과 사기를 강화시키고 공헌도를 극대화시키는 동기부여 요소가 된다. 이 동기부여 요소를 극대화시키면 조직내부의 혼란과 의혹 또는 불신이 최소화되므로 기업의 경영상태가 유리한 방향으로 나타나게 된다.

그러나 최고 경영자와 경영 관리자간의 관리적 혼란과 불신이 팽배해 있는 기업 환경에서는 다양한 경쟁기업이 자사의 유리한 경영조건을 침해하거나 지배하게 되며 기업의 성장을 어렵게 한다.

따라서 신뢰 증대를 위한 혁신방안으로 계층간의 권한위양의 범위와 한계 그리고 책임을 명확하게 할 수 있는 관리구조조정 (restructuring strategy of management)이 필요한 것이다.

또한 구성원의 응집력 강화와 사기진작 그리고 공헌도를 향상시키는 방향에서 동기부여 교육프로그램(education program of motivation)을 마련하는 방법을 활용하는 것이 바람직하다고 하겠다.

이기는 자가 이길 수밖에 없는
다섯 가지 이유

승리할 수 있는 방법으로는 다섯 가지가 있다. 그 방법은 싸워야 할 상대와 싸워서는 안 되는 상대를 알면 승리하고, 많은 병력과 적은 병력의 용병술을 아는 사람과 상사와 부하간의 협력체계를 이루는 사람, 그리고 완벽대비를 갖추고 적의 허점을 노리는 여유 있는 사람, 장수의 리더십이 강하고 임금의 간섭이나 지배를 받지 않는 사람은 전쟁에서 승리할 수 있다.

*

故知勝有五：知可以戰與不可以戰者勝, 識衆寡之用者勝, 上下同欲者勝, 以虞待不虞者勝, 將能而君不御者勝. 此五者, 知勝之道也.

이것은 전쟁에서 승리를 예측하는 조건이나 승리하는 다섯 가지 방법을 설명하는 것이다. 기업이 국내외 기업과 경쟁을 시

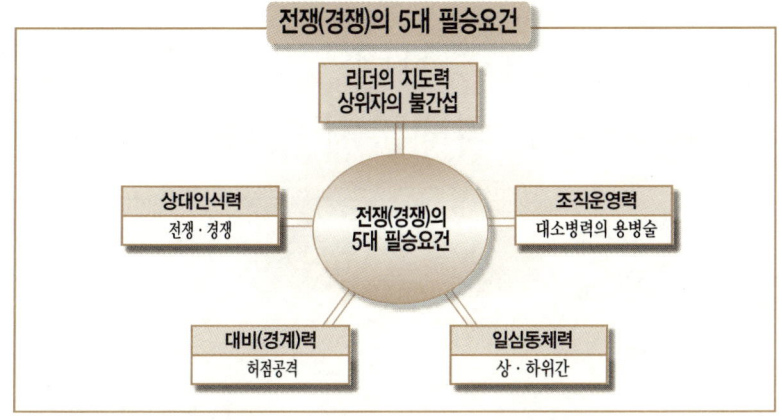

리더의 지도력
상위자의 불간섭

상대인식력
전쟁·경쟁

전쟁(경쟁)의
5대 필승요건

조직운영력
대소병력의 용병술

대비(경계)력
허점공격

일심동체력
상·하위간

도할 때에는 상대기업과 경쟁을 할 것인지, 아니면 경쟁을 피해야 할
것인지의 여부를 결정하는 공격전략(attacking strategy)과 우회전략
(detour strategy)을 선택해야 한다. 그리고 경쟁기업의 인적 자원을
질과 양적 측면에서 확인한 후 효율적인 인적자원기법(effective skill
of human resource)을 마련한다. 다음에 조직계층이나 상하위 경영관
리자간의 협력체계를 확립(setting of corporate system)하고, 조직을
정비하거나 보강하면서 경쟁에 대비(enforcement strategy)하고, 경영
자의 리더십이 강하면서 간섭이나 지배를 하지 않게 되면(skill of
leadership and confidence) 경쟁에서 승리할 수 있느냐의 여부를 결정
할 수 있다. 따라서 기업경쟁에서는 경쟁상대의 인적·물적 규모와
기술이나 전문 경영관리자의 능력수준을 고려하여 경쟁 자체를 결정
하고, 리더십을 통해 인적 자원의 효율성을 증대시킬 수 있도록 전체
조직의 협력체계를 구축한 후, 상대기업이 약점을 보일 때 기회를 포
착하여 경쟁을 전개해 승산을 노리는 성공전략을 활용해야 한다.

적을 알고 나를 알면
백번 싸워도 위태롭지 않다

적을 알고 나를 알면 백 번을 싸워도 위태롭지 않으며, 적을 모르고 나를 알면 한번은 이기고 한번은 지고, 적도 모르고 나도 모르면 싸움마다 진다.

*

故曰 : 知彼知己者, 百戰不殆 ; 不知彼而知己, 一勝一負, 不知彼, 不知己, 每戰必殆.

이말은 손자가 가장 잘 쓰는 말이고 명언인 만큼 명심해야 한다. 이는 전쟁이나 기업경쟁 상대자가 갖추고 있는 조직 전체의 제 조건과 현황 그리고 물적·인적 자원의 능력과 개발전망을 면밀하게 분석·파악한 후에, 충분한 대응전략이나 대체전략(alternatives strategy)을 사전에 마련하고 싸운다면 조금도 불리하지 않은 상황에서 백전백승할 수 있다는 뜻이다. 그리고 경쟁 상대기업의 구체적인 정보와 현황을 알지 못하는 상황에서 자사의 인적·물적 자원의 지속적인 능력과 구성원의 응집력, 목표달성을 위한 적극적인 태도와 사고가 충분하다는 자만과 오만에 빠져 오직 승리에 대한 욕구 충족만을 원하는 경쟁이나 전쟁은 한번의 승리와 패배를 체험하게 할 수 있다. 그러나 상대의 능력도 모르고 자사의 현황도 알지를 못하게 한 상태에서 경쟁을 할 때에는 항상 패배만 있을 뿐이다.

기업경쟁전략(competitive strategy)에는 일관된 필승만이 존재하지는 않는다. 필승이란 자원과 능력면에서 조달과 공급능력을 전제로 하고 있으며, 동시에 경영환경이 뒷받침되지 못하면 기대하기 어려운 과제이다. 유리한 경영환경은 경영자의 창의적이고 상황에 적합한 리더십과 구성원의 자발적이고 헌신적인 모티베이션 효과가 혼합 관리기법(management skill-mix)으로 승화될 때 조성되고 개발된다. 특히 경영자의 효율적인 경쟁목표 달성은 전문지식과 숙련도, 그리고 과학적 분석과 예측 기법을 바탕으로 하는 원칙중심의 리더십(principle centered leadership)과 원칙중심의 팔로우십(principle centered followership)에 좌우된다.

기업의 경쟁과 국가의 전쟁은 무대가 다를 뿐이지 싸우고 승패를 가름한다는 개념에서는 차이가 없다. 또 승자는 패자를 지배하고 패자가 승복하는 것은 당연하다. 그러나 기업경영에서의 승자는 패자와 공존하는 방법과 패자를 활용하는 방법, 그리고 패자에게 부활하거나 명분을 줄 수 있는 경영전략을 잘 고려해야 한다.

4

군형편_軍形篇

리더의 성공조건과 시스템전략

손자병법의 군형편에서 군형은 군대의 배치형태, 즉 군의 조직편성을 뜻한다. 군의 힘은 세력이고 세력은 배치형태에 따라 강할 수도 있고 약할 수도 있다. 이러한 군의 조직형태가 군의 세력을 좌우하는 것과 같이 기업의 경쟁력도 조직형태에 따라 변한다. 따라서 기업의 내적 조직과 외적 조직의 자원과 균형을 전제로 배치 및 구조형태를 계획하고 연구하여 실전에서의 유용성을 증대시키도록 준비해야 한다.

경영관리자가 경쟁만이 시장을 독점하고 공격만이 세계화로 나갈 수 있는 방법이라고 생각하는 것은 잘못이다. 다만 공격보다 공격에 대응할 수 있는 준비와 대체전략을 마련하는 일이 급선무임을 알아야 한다.

완벽한 수비가 승리를 이끈다

잘 싸우는 사람은 먼저 이기지 못하도록 태세를 갖추고 난 다음, 적에게 이길 수 있는 기회를 기다린다.

*

昔之善戰者, 先爲不可勝, 以侍敵之可勝.

이 말은 용병을 잘 하는 장수는 먼저 적이 승리하지 못하도록 만반의 태세를 갖추는 것이 선결과제이고, 다음에 적에게 이길 수 있는 허점이나 기회를 기다린다는 뜻으로 이해된다. 예로부터 '수신제가 치국평천'이라는 말이 있듯이 공격보다는 자신을 지키는 일이 우선이고 자신을 완벽한 상태로 만든 다음, 그 힘으로 공격의 기회를 기다려야 한다.

전문경영자가 기업경쟁 대열에서 리더십을 발휘하는 데 있어 기본요건은 건실하고 경쟁력이 있는 조직형태를 찾고 조직구조에 따른 유능한 전문 경영관리자를 배치하는 일이다. 이러한 조직구조 형태를 갖춰 적재적소에 유능한 전문 경영관리자를 배치하여 조직의 내적인 힘을 강화시키게 되면, 조직의 세력이 강해지고 경쟁력을 얻게 된다. 이렇게 내적 준비에 완벽을 기하게 되면, 경쟁기업간의 우위를 점하게 되며 성장기회를 포착하는 힘을 갖게 된다. 이것을 내적 강화전략(internal reinforcement strategy)이라고 하는데 이 전략은 외적 강화전략(external reinforcement strategy)보다 우선한다.

부족하면 지키고,
여유로울 땐 공격하라

이길 수 없음은 나에게 있고, 이길 수 있음은 적에게 있다. 그러므로 선전하는 사람은 이기지 못하게 할 수 있으나 적으로 하여금 아군이 반드시 이기게 할 수는 없다.
이길 수 없는 자는 방어하고, 이길 수 있는 자는 공격한다. 지키는 것은 곧 부족하기 때문이고, 공격하는 것은 곧 여유가 있기 때문이다.

*

不可勝在己, 可勝在敵. 故善戰者, 能爲不可勝, 不能使敵之可勝. 故曰：勝可知而不可爲. 不可勝者, 守也 ; 可勝者, 攻也. 守則不足, 攻則有余.

이 말은 적이 아군을 이길 수 없는 이유는 아군이 철저하게 방어하기 때문이고 동시에 아군이 적을 이길 수 있는 것은 아군이 적을 공격할 틈(기회와 위협)을 얻었기 때문이다. 그러므로 용병을 잘하는 장수는 적이 승리할 수 있는 조건을 완벽한 SWOT(강점과 약점·기회·위험요인) 분석을 통해서 대응책을 강구하고 준비한다. 특히 완벽한 분석과 강력한 훈련 프로그램으로 무장하고, 상대 경쟁기업의 재무적·기술적 마케팅 활동과 조직력 약화 등의 기회를 제공하게 되면 경쟁에서의 승리는 자명한 일이다. 경쟁기업의 경영 관리자들의 경우, 자사의 내적 경영활동과 공격적 전략, 다양한 대체 전략을 마련하고 있으면 항상 승리의 길이 열리는 기회를 찾을 수 있다. 경쟁에 승리하는 기업이 경쟁을 항상 처음부터 주도하지는 않는다. 다만 경쟁을 예상하고 구매·생산·판매·기술과 개발·조직·인사 등 다양한 부문에서 경영 관리 기법을 창출하고 혁신전략(innovation strategy)과 유지전략(maintenance strategy)을 병행하면서 기회를 모색할 뿐이다. 그리고 경쟁이 필요하고, 또 경쟁에서 유리성과 확실성이 비교·분석 차원에서 확인되면 강력한 공격력으로 제품과 시장 그리고 국내외 고객을 장악해야 한다.

상대가 아군에게 승리할 수 없는 것은 모든 면에서 아군의 방어태세가 완전하기 때문이고, 동시에 아군이 승리할 가능성이 있는 것은 상대가 모든 면에서 약점이나 결함을 가지기 때문이다.

경영관리자가 경쟁만이 시장을 독점하고 공격만이 세계화로 나갈 수 있는 방법이라고 생각하는 것은 잘못이다. 다만 공격보다 공격에 대응할 수 있는 준비와 대체전략을 마련하는 일이 급선무임을 알아야 한다. 특히 경쟁보다 기술과 제품 개발에 따른 관리기법과 기술혁신으로 경영관리자가 무장하고, 교육훈련으로 구성원을 무장시키는 일이 중요하다. 세계기업이 세계화를 추진하는 방법도 마찬가지이다. 따라서 기업은 기능조직(functional organization)에서 부문조직(divisional organization)으로, 또 이 조직은 팀조직(team organization)이나 국제조직(international organization), 그 다음에 글로벌조직(globalorganization)의 형태인 매트릭스조직(matrix organization)으로 단계적으로 개발되는 것이 바람직하다. 이것을 경쟁보다 준비와 대비로 지향하는 승리기업의 정도(正道)로 본다.

쥐도 새도 모르게 공격한다

방어를 잘 하는 사람은 자신의 병력을 땅속 깊은 곳이나 하늘과 같이 높은 곳에 감추듯이, 적이 공격이나 방어의 기회를 주지 않으면 병력보존과 완전한 승리를 얻을 수 있다.
누가 보아도 쉽게 알 수 있는 승리는 최선의 승리가 아니다. 전쟁에서 승리하되 세상 사람들이 뚜렷하게 예견하거나 칭찬하는 그런 승리는 손뼉 치며 칭찬할 만한 것이 되지 못한다.

*

善守者, 藏于九地之下, 善攻者, 動于九天之上, 故能自保而全勝也. 見勝不過衆人之所知, 非善之善者也; 戰勝而天下曰善, 非善之善者也.

이말은 방어의 기법은 철저한 기밀유지에 있고, 공격의 기법은 철저한 상황파악과 신속한 행동에 있다는 뜻이다. 상대가 대처할 수 없을 정도로 공격을 할 경우에는 승리가 확실하다는 뜻으로 이해된다. 기업경쟁에서 기업의 철저한 비밀유지와 정확한 상황판단에 따른 신속한 행동은 완전한 승리의 필수요건이다. 경쟁기업의 경영관리자들은 이상적인 수세와 수비를 준비하는 은폐전략(hiding strategy)이나 기밀유지전략(secret maintenance strategy)과 거시적 차원에서 확실성이 있는 의사결정전략(decisions strategy), 그리고 유기적으로 신속성을 나타내는 행동전략(behavior strategy)을 병행할 수 있는 종합전략(synthesis strategy)을 모색하고 개발하는 능력을 갖고 있어야 경쟁에서 승리할 수 있다. 경쟁에서의 승리를 기업기밀을 땅속에 묻을 정도의 철저한 정보관리와 하늘과 같이 높은 곳에서 내려다 볼 수 있을 정도로 정확한 상황판단과 정황 분석 그리고 그에 따르는 신속한 행동의 조직력이 필수요건이다.

또한 악전고투로 승리하였다면 이는 승리로 보기 어렵다. 즉, 얻은 것보다 잃은 것이 많고, 환영보다 저항이 큰 상태에서의 승리는 승리로 축하할 일이 못된다는 뜻으로 이해될 수 있다. 기업의 경쟁력은 승리에 집중된다. 그리고 기업의 경쟁력은 투입의 요소(in-put factor)보다 산출의 요소(out-put factor)가 크고, 또 축적과 비축이 클 때 가장 강하다. 그러나 기업이 경쟁과정에서 무모한 의사결정과 힘겨운 경쟁활동으로 비용의 규모를 증대시켜 재정적으로 과대한 비용을 지출하게 되면 경쟁의 승자가 되었다고 하더라도 실리 없는 승자로 경쟁효과를 기대하지 못한다. 특히 경쟁과정에서 기업의 상도와 공익성 그리고 신뢰성을 잃는 행동과 사고가 있었다면, 고객의 적극적인 호응을 받을 수 없다. 그뿐 아니라 세계기업으로의 성장도 기대할 수 없고, 동시에 세계시장에서 배척을 당해 계속기업으로의 성장성도 잃게 된다.

용병술에 능하면 승리를
자유자재로 조절한다

전쟁을 이상적으로 하는 사람은 완전무결하기 때문에 오로지 상대를 패배시키는 기회만을 엿본다. 따라서 상대방의 약점을 기회로 공격하면 반드시 이긴다.

군사를 잘 선용하는 사람은 도(道)를 닦고 법을 보전한다. 그러므로 능하승패의 정치를 하게 된다.

*

故擧秋毫不爲多力, 見日月不爲明目, 聞雷霆不爲聰耳. 古之所謂善戰者, 勝于易勝者也. 故善戰者之勝也, 無智名. 無勇功. 故其戰勝不忒. 不忒者, 其所措必勝, 勝已敗者也. 故善戰者, 立于不敗之地, 而不失戰之敗也. 是故勝兵先勝而后 求戰, 敗兵先戰而后求勝. 善用兵者, 修道而保法, 故能爲勝敗之政.

승리를 위한 계획적인 전쟁은 승전이고, 준비 없이 무모하게 싸우는 것은 패전이다. 기업경쟁도 역시 승산 없는 경쟁은 생각도 하지 말고 시작도 해서는 안 되며, 또 경쟁을 걸지도 말아야 한다. 그러므로 일차적으로 상호 공존전략을 이용하면서 조직과 관리 차원에 만전을 기하면 경쟁 상대자의 약점이 눈에 보여 승리의 기회를 맞을 수 있다. 그러나 상대적 비교치가 낮고 자금이나 시설도 부족하며, 동시에 경쟁에 대한 준비가 되어 있지 못한 상태에서는 기업 간의 싸움을 걸지 말아야 한다. 이 방법을 생존전략 또는 공존전략이라고도 한다. 여기서 생존전략은 강한 기업과 약한 기업이 상호 호혜적 관계를 갖고 공존과 공생의 원칙에 따라 생존하는 전략을 뜻한다. 이를 위해서는 제품의 특화나 상호지원관계 그리고 계열화, 시장이나 지역의 특화 또는 고객별 전문화 등을 효과적으로 수행하는 전문인력의 양성이 바람직하다.

용병을 잘하는 사람은 계층 상하 간의 일치성을 확보하고, 군대의 편제와 규율 및 병참을 갖춘 사람이다. 기업경영을 잘 하는 경영자도 용병술에 능해야 목표달성과 성장을 기대하게 된다. 이러한 내용의 전략을 원칙중심의 리더십 강화라고 한다.

수치화된 데이터만 믿어라

병법에서 첫째는 도(度), 둘째는 양(量), 셋째는 수(數), 넷째는 칭(稱), 다섯째는 승(勝)이다. 땅은 도를 낳으며, 양은 수를 낳고, 수는 칭을 낳으며 칭은 승을 낳는다.

승리하는 군대는 일로 중량을 비교하는 것과 같고, 패배하는 군대는 무게로서 일을 비교하는 것과 같으니, 승리하는 군대는 싸우기 위해 미리 막아 둔 물을 터뜨려서 천길 계곡으로 쏟아지게 하는 형상이다.

＊

兵法：一曰度，二曰量，三曰數，四曰稱，五曰勝．地生度，度生量，量生數，數生稱，稱生勝．故勝兵若以鎰稱銖，敗兵若以銖稱鎰．勝者之戰民也，若決積水于千仞之谿者，形也.

이는 손자의 계량적 병법 내용을 의미한다. 계량적 병법에서는 지형의 계측, 자원, 인구, 전력, 승리 등의 요소를 중시해야 한다. 특히 지세에 따라 토지의 광협이 결정되며, 법에 따라 자원의 양이 결정된다. 그리고 용량에 따라 인구수가 결정되고 인구수에 따라 전력이 비교되며 전력에 따라 승패가 결정된다. 결국 전쟁에서는 어른이 아이를 상대하는 정도의 실력차는 있어야 한다는 주장이다. 특히 계량적 분석결과에 따라 경쟁의 승부를 기대하고, 그것을 바탕으로 성장을 도모하는 경영기법, 즉 계량적 경영기법(qualitative management skill)이 활용되는 것이 바람직하다.

일란성 쌍둥이라고 하더라도 개인의 차이(individual differences)가 있고, 잘 살고 못 사는 사람도 이유가 있듯이, 국가도 강한 군대를 가진 국가가 있는 반면 그렇지 못한 국가가 있다. 이렇게 차이가 발생하는 이유는 개인이 갖고 있는 능력과 개발 방법이 다르듯이 국가도 전쟁에 대비하고 다양한 전략을 기초로 공격하는 방법이 다르기 때문이다. 기업경쟁에서도 인적 자원과 물적 자원, 그리고 자본 등의 장기적 조달과 비축으로 가용 자원과 자금으로 그 규모를 증대시키면 계량적으로 비교우위를 확보하게 된다. 이를 자금과 자원의 비축전략(reserved capital and resources strategy)이라고 하고, 가용 자원과 자본의 확대전략(extension strategy)이라고도 한다. 따라서 경쟁이 시작되면 미국이 이라크를 공격하는 식으로 단기간 가용자원과 자본을 마치 막아둔 폭포를 터뜨리는 형상으로 공격해야 목표관리(MBO, Management By Objectives)의 효과를 증대시킬 수 있다.

5_

병세편_兵勢篇

기본조직의 운영원리와 상황적합적 리더십전략

병세편(兵勢篇)에서 병세란 군이 적을 압도하는 위력과 형세를 뜻한다. 병세편에서 세(勢)는 힘이 움직이는 기세, 즉 힘의 움직임을 의미하는데, 손자는 전쟁에서 세를 잘 구사하는 것이 중요하다고 말하고 있다. 힘이란 정지된 곳에서는 발휘되지 않는다. 힘이 축적되고, 그 힘이 강하면 안에서 밖으로 솟는 것이 자연의 원리이다. 따라서 국가의 전쟁은 힘의 대결이면서 힘을 발휘하는 경쟁의 장소이므로 힘은 단기간 내에 최대한으로 발휘되어야 한다. 따라서 손자는 병세편에서 세를 발휘할 수 있게 하는 힘의 육성과 축적, 그리고 힘의 진화와 형성과정을 기술하고 있다.

전쟁이 혼란한 것 같이 보이는 것은 다스림에서 나오는 것이고, 비겁하게 보이는 것은 실제로 용기에 원인이 있으며, 약하게 보이는 것은 강한 데서 나온 것이다. 질서가 유지되거나 혼란에 처하는 것은 군의 조직력에서 발생되는 군 조직의 혼란과 전세, 배치 등에서 발생되는 문제라고 할 수 있다.

지휘 체계를 제대로 갖춰야
일사분란하게 움직인다

다수의 군사를 통솔하면서도 소수의 군사를 다루듯 쉽게 통솔할 수 있는 것은 군사를 나누어 편성하기 때문이다. 또 다수의 군사가 싸우고 있는 데에도 마치 소수 군사가 싸우는 것과 같이 보이는 것은 호령의 신호를 사용하기 때문이다.

*

孫子曰 : 凡治衆如治寡, 分數是也 ; 鬪衆如鬪寡, 形名是也.

이 말은 조직의 효율적인 편성으로 지휘수단과 체계가 정립되면 통솔을 효과적으로 이룰 수 있다는 뜻이다. 즉, 조직 관리 과정에서의 분화과정과 통제의 중요성 및 그 효과를 강조하는 것으로 이해된다. 조직의 분화, 즉 전체 기업을 1차적으로 구매·생산·판매 부서로 나누어 관리하다가 조직이 확대되면, 지원 부서를 신설하는 2차 분화과정을 거치게 된다. 1인의 장이 직접 지휘 또는 통제하

는 데에는 한계가 있다는 '통제의 원칙(principle of span of control)'
과 명령은 한 사람의 장으로부터 직접 받아야 한다는 '명령일원화
원칙(principle of a unit of command)'을 병행해서 조직을 관리하게
되면 큰 조직도 작은 집단을 운영하는 것보다 쉽게 획일적으로 통일
된 원칙에 따라 움직일 수 있다. 이러한 원칙은 대내적인 조직관리뿐
아니라 세계화를 지향하는 데에도 필수적인 요소가 된다. 그뿐 아니
라 지휘수단과 체계의 정립은 조직의 응집력 강화와 효과적인 통솔
에 필수요건이 되고 있다.

1597년 임진왜란 말기에 이순신 장군이 울둘목(지금의 명량)해전
에서 승리한 사례를 살펴보자. 당시는 원균의 참패로 폐허상태인 조
선의 수군을 정비하여 조류를 이용해서 북상하는 일본의 수군에 대
항하려 하였으나 전력의 열세로 후퇴를 거듭하는 상황이었다. 소수
의 군사와 몇 척 안 되는 선박으로 북진하는 일본의 수군을 저지하
는 것이 현실적으로 어려운 상태였다. 그러나 훈련된 병사와 소수인
력으로 조직화된 조선의 수군은 장군과 병사간의 완벽한 일심동체
를 이루는 조직력을 갖고 있었다. 이때에 최종 후퇴지역인 울둘목에
서 최상의 지휘체계로 손자의 오사와 칠계를 기초로 작전을 구사한
것이 성공의 요인이었다. 울둘목은 급류가 심해 조류를 이용하지 않
으면 통과하기 어려운 좁은 해협이었다. 여기서 이순신 장군은 결사
항전을 목표로 양쪽 해협에 쇠사슬을 고정시켜 북상하는 일본전함
을 정지상태로 제압하여 해상과 육상의 양면공격으로 적을 괴멸시
키는 작전을 시도하였다. 일본수군은 무려 200여 척에 해당되는 전
투선박을 잃고 수천 명의 인명손실을 봄으로써 대패하게 되었다. 도

요토미 히데요시가 이 해전을 일본 역사상 가장 큰 실패로 보고, 죽을 때 임진왜란의 종결을 유언으로 남길 정도로 큰 상처를 받은 패배였다고 한다.

전문성과 기능성이 비결이다

삼군의 군사가 적과 대면해서 반드시 패하는 일이 없는 것은 기(奇)와 정(正) 때문이다. 군대로 적군을 가하는 곳에서 숫돌로 달걀을 치는 것은 실로 허를 찌르는 것과 같다.

모든 전쟁은 정(正)으로 합(合)하고 기(奇)로써 승리한다. 그러므로 기를 잘 쓰는 사람은 무궁하기가 천지와 같고, 마르지 않는 강과 같다.

기와 정이 상생하는 것은 순환에 끝이 없으므로 무궁무진한 이 내용을 누가 알 수 있겠는가.

*

三軍之衆, 可使必受敵而無敗者, 奇正是也 ; 兵之所加, 加以碬投卵者, 虛實是也.

凡戰者, 以正合, 以奇勝. 故善出奇者, 無窮 如天地, 不竭如江河. 終而復始.

이 말은 전쟁에서 적에게 기도(奇道)와 정도(正道)의 양면작전을 활용하게 되면 충실한 군대로 적의 허점을 찌를 수 있으므로 절대로 패할 수 없다는 뜻으로 이해된다. 기업의 경쟁활동에서도 충분한 정보 분석을 기초로 완전무결한 전문인력과 최신의 기술과 장비를 갖추고, 동시에 완벽하게 훈련을 받은 기능인력을 갖추면서 상도와 질서 그리고 원칙을 준수하는 기업은 그와 상반된 상황에 있는 기업과 경쟁을 할 때 절대로 패하지 않는다. 상도의 준수와 경영기법의 활용을 원칙으로 한다면 경영의 과오가 있을 수 없다.

또한 정공법으로 싸우고 기계와 기책으로 승리한다는 것은 원칙과 원리를 중요시하면서 만전을 기한 다음, 전략과 무기, 사기가 충전된 군대를 중심으로 다양한 공격을 하면 당연히 승리할 수 있다는 뜻이다. 이러한 승리는 하늘·땅과 같이 무궁하고, 강·하천과 같이 풍부하여, 승리 자체가 무궁하고 풍족한 결과를 가져올 수 있다고 이해된다.

기(奇)와 정(正)의 원리는 연결고리를 맺고 계속해서 변화하는 상황과 조건을 모두 이해할 수는 없다는 의미로 해석된다. 기업의 경영관리 과정은 계획하고 실행하며, 그 결과를 확인하고 보완해서 계속 기업으로 유지·성장시키는 경영관리 행위이다. 이를 경영관리의 PDS(Plan-Do-See) 방식이라고 부르며, 이러한 행위가 계속되는 과정을 관리순환과정(process of management cycle)이라고 한다.

미국이 걸프전쟁과 이라크전쟁에서 승리한 원인은 인적·물적 자원보다 첨단무기와 인적자원의 조직적인 첨예성을 발휘하는 작전에 있었다고 본다. 원래 현대의 전쟁은 첨단무기의 시험장이라고 할 정도로 다양한 첨단무기가 동원되고 있다. 특히 이라크 전쟁은 걸프전쟁에서의 경험과 전략적으로 미비한 점을 보완한 전쟁이었고, 속전속결을 목적으로 전략이 수립되고, 기와 정이 합치된 전투였기 때문에 무방비 상태인 이라크군을 제압하는 것이 가능했던 것이다.

다양한 전략과 전술을 구사하라

해와 달처럼 사라졌다가 다시 나타나며 죽고 사는 것은 사계절과 같은 것이다. 소리의 기본은 다섯 가지(궁·상·각·치·우)에 지나지 않으나 다섯 가지 소리는 다 들을 수가 없다. 그리고 색은 다섯 가지에 지나지 않으나 오색(적·청·황·백·흑)의 변함은 다 볼 수가 없고, 오미(신맛·쓴맛·단맛·매운맛·짠맛)의 변함은 다 맛볼 수가 없다. 전세는 기(奇)와 정(正)에 지나지 않으나 기정(奇正)의 변화는 무궁무진하다.

*

日月是也; 死而復生, 四時是也. 聲不過五, 五聲之變, 不可勝聽也; 色不過五, 五色之變, 不可勝觀也; 味不過五. 五味之變, 不可勝嘗也; 戰勢不過奇正, 奇正之變, 不可勝窮也. 奇正相生, 如循環环之無端, 孰能窮之?

이것은 전쟁의 기본원리인 기와 정의 개념적인 분류와 현실적인 실상의 차이를 설명하고 있는 내용이다. 결국 전쟁의 원리로 기와 정을 간단하게 둘로 나누고 있으나 기와 정의 변화로 현실에 나타나는 형태는 무궁무진하다는 뜻으로 이해된다.

전략 차원에서 경영의 정도와 계획이나 계략 그리고 전술은 상황에 따라 다양한 형태로 변화되며, 기업은 경영의 기본원리는 지키면서 환경변화에 따라 경영계획이나 전략·전술의 내용을 목표의 효율적 달성을 위해 상황에 맞게 변화·개발해야 한다.

이 때 이용되는 상황 적합적 경영전략(contingency strategy)은 변화에 대응하면서 조직을 변화시키는 혁신전략(innovation strategy)이며, 전략적 제휴(strategic affiliation)와 벤치마킹 전략(benchmarking strategy), 아웃소싱(out-sourcing)과 다운사이징 전략(downsizing strategy), 경제적 부가가치(EVA)와 스피드관리 전략(speed management strategy), 전환경영과 지식경영전략 그리고 핵심역량확보전략 등의 다양한 대체전략 유형이 이용될 수 있다.

해와 달이 뜨고 지는 반복적인 자연의 법칙이나 사계절의 거듭되는 변화과정에서도 환경변화에 대한 적응력이 필요하다.

또 오색의 변화, 다섯 가지의 맛은 상황과 조건에 따라 변하는 것이며, 이에 대응하는 방법도 마땅히 변환시키는 것이 자연의 법칙이다. 그러므로 사람이 살기 위해서, 또 기업이 성장하기 위해서 정해진 기업의 전략이나 계획에 있어 다양한 변화를 시도하는 것은 당연한 것이라고 할 수 있다.

다양한 오색의 유형은 한번에 모두 볼 수 없을 뿐 아니라 다섯 가지 맛은 음식유형과 먹는 사람의 건강상태나 기호에 따라 그 느낌이 다른 것처럼 기업은 상도를 지키면서 이윤추구를 극대화시키는 것이 기본 목적이기는 하지만 그 목적을 달성하는 방법은 한 가지만 있는 것이 아니다. 따라서 기업의 상황변화에 따라 무궁무진한 전략과 전술이 있다는 점에 유의할 필요가 있다.

상대기업을 공격할 때는 단시간에 무자비하게 제압하라

거세게 흐르는 물살이 빨라서 돌을 뜨게 하는 것은 기세이고, 독수리가 급강하해서 새의 목을 지르고 날개를 꺾는 것은 절도이다. 그러므로 전쟁을 효율적으로 하는 사람은 그 기세가 격렬하고, 그 절도가 짧다. 기세는 돌활을 당기는 것과 같고 절도는 기를 발함과 같다.

*

激水之疾, 至于漂石者, 勢也 ; 鷙鳥之疾, 至于毀折者, 節也
是故善戰者, 其勢險, 其節短. 勢如彍弩, 節如發機.

이 말은 전쟁은 격렬하고 강력한 기세를 갖추고 신속한 공격을 하되 짧은 기간 내에 맹렬한 공격을 해야 한다는 공격방법으로 이해된다. 즉, 완벽한 준비와 분석적 고찰이 끝나면 강력한 세력으로 독수리와 같이 맹렬한 공격을 하는 것이 최상의 방법이라는 뜻이다.

기업경쟁 시에도 경쟁에 필요한 완벽한 정보의 수집과 분석을 통해 최적의 전략이 강구되면 적의 강점과 약점을 모두 제압하면서 재기가 불능한 수준에서 공격하는 방법이 최상의 전략이다. 정도(正道)에 따르면 경쟁기업간에 공존하는 것을 원리로 하고 있지만 경쟁기업의 불합리한 경영활동으로 직·간접적인 공격에 신호를 보내오게 되면 상황에 적응하는 방법으로 강력한 공격이 불가피하게 된다. 이때에는 자금력과 전문인력 그리고 다양한 자원을 총동원하여 과감한 투자를 시도하는 강력한 총괄경영관리(total management strategy)로 경쟁 상대 기업을 강하고 완벽하게, 단기간 내에 제압해야 한다.

상황이 어려울수록
강한 리더십이 필요하다

싸움이 어지럽게 되어 난전처럼 보여도 아군이 대오를 혼란시키지 않고 질서 있게 싸우면 진형(陣形)이 원칙을 벗어난 원형(圓形)이 되더라도 패하지 않는다.

난(難)은 치(治)에서 생기고, 겁(怯)은 용(勇)에서 나오며, 약은 강에서 나오는 것이다. 치와 난은 수이고, 용과 겁은 세이며, 강과 약은 형이다.

＊

紛紛紜紜, 鬪亂而不可亂也；渾渾沌沌, 形圓而不可敗也. 亂生于治, 怯生于勇, 弱生于强. 治亂, 數也；勇怯, 勢也；强弱, 形也.

이는 구체적인 전쟁방법에 필요한 전략을 강조하는 말로 이해된다. 즉, 기업이 경쟁을 할 때에는 많은 혼란을 초래하게 되어, 조직관리의 혼란으로 관리적 유용성을 잃게 된다. 조직관리의 혼란에는 경영자의 책임관리전략(strategy of responsibility management)과 질서유지를 위한 명령일원화 원칙과 응집력 강화를 위한 통제전략(control strategy)이 필요하다. 경영관리에서 책임관리는 기업의 유지발전과 종업원의 만족, 후계자의 양성, 이해집단의 이해조정 그리고 환경에 대해 책임을 지는 일이다. 그리고 통제전략은 구성원의 질서 확립과 명령일원화 원칙으로 조직의 통일성을 확보하여 분열과 이직을 억제시키며 목표 지향적으로 기업을 이끄는 리더십을 의미한다. 이때에 통제를 독재적 리더의 행위로 볼 수도 있지만, 격한 경쟁에서 질서를 유지하는 통일성 확보를 위해서는 필수적인 요건이라고 본다.

전쟁이 혼란스러운 것 같이 보이는 것은 다스림에서 나오는 것이고, 비겁하게 보이는 것은 실제로 용기에 원인이 있으며, 약하게 보이는 것은 강한 데서 나온 것이다. 질서가 유지되거나 혼란에 처하는 것은 군의 조직력에서 발생되는 군 조직의 혼란과, 전세와 배치 등에서 발생되는 문제라고 할 수 있다.

경쟁이 본격적으로 전개될 때에 기업경쟁 과정에서 혼란이 발생되어, 조직력과 구성원의 활동력 그리고 사기가 떨어지는 것은 정책이나 전략에 문제가 있거나 아니면 조직의 구조적인 문제라고 볼 수 있다. 특히 구성원의 활동력이 약화되고, 구성원이 소극적인 태도로 경쟁에 임하는 것은 교육훈련과 경영자의 리더십 문제로 볼 수 있다. 따라서 경영자에게는 경쟁 이전에 정책에 따른 강력하고 적극적인 리더십의 실천으로 목표 지향적인 조직력을 강화시켜 질서를 확립하고 조직의 혼란을 배제하는 것이 기본과제이다. 또 이러한 리더십은 구성원의 강한 활동력과 인력의 적재적소 배치로 기업 조직력을 강화시켜 전체 조직의 강력한 경쟁력을 확보하게 되며, 이러한 리더십의 발휘와 구성원의 수용으로 조직문제와 배치문제 그리고 기업의 경쟁력 강화문제를 효과적으로 해결할 수 있다.

따라서 전략적으로는 인적자원의 처우개선이나 우대전략(preferential strategy)과 안정화전략(stabilization strategy)을 바탕으로 동기부여의 효과를 증대시켜야 한다. 다음에 정신무장과 책임관리의 강화를 위한 세부 교육훈련 프로그램을 강력하게 추진하면서 강한 조직력과 경쟁력을 주입시켜, 전체 구성원이 경쟁상대 기업의 세력을 제압하면서 경쟁우위를 점하도록 강화시키는 것이 바람직하다.

둥글면 구르고,
모가 나면 정지하라

적을 노련하게 조정하는 사람은 거짓을 취하면 적이 반드시 따른다. 이(利)를 주면 적은 반드시 따르고 취(取)하며, 이로써 이를 움직이게 되면 병은 이를 기다린다. 그러므로 잘 싸우는 사람은 세로 승리를 얻고, 이를 군사의 책임으로 삼지 않는다.

유능한 사람을 택하여 세(勢)를 맡긴다. 세를 맡긴다 함은 그 사람이 싸울 때에 목석(木石)을 굴리는 방법을 쓰는 것이다. 목석의 성질은 편안하고 안전하면 정지하지만 위태로우면 움직이며, 모가 나면 그치고 둥글면 구른다. 그러므로 사람을 잘 싸우게 하는 세는 둥근 돌을 천길 높은 산에서 굴리는 것과 같이 하는 것이다.

*

故善動敵者, 形之, 敵必從之 ; 予之, 敵必取之, 以利動之,

以 卒待之. 故善戰者, 求之于勢, 不責于人, 故能 擇 人而
任勢. 任勢者, 其戰人也, 如轉木石. 木石之性, 安則靜,
危則動, 方則止, 圓則行. 故善戰人之勢, 如轉圓石于千仞
之山者, 勢也.

이것은 유능한 경영자가 완벽한 경쟁력을 위장하게 되면, 경쟁
상대기업은 이를 믿고 상응하는 행동을 하게 되므로 유인효
과를 얻을 수 있으며, 이것으로 공격과 승리의 기회를 갖게 된다는
뜻이다.

경영자의 위장중심 리더십(centered disguise leadership)은 조직의
경쟁력을 강화시키는 동안에 잠정적으로 상대에게 유리한 조건을 제
시하여 받아들이게 한 후, 경쟁기업의 종업원까지 유인하여 공격적
인 경쟁을 시도하게 되면 승리할 수 있는 리더의 힘을 의미한다. 이
러한 위장중심 리더십은 내부 조직력의 강화 방법과 장기적 전략수
행에 있어 효과를 증대시키는 전략으로 이용될 수 있다.

또한 유능한 경영자는 상황 적합적 리더십(contingency leadership)
을 발휘하는데, 경영자의 전략 · 전술적 리더십(leadership of tactics
and strategy)은 상황변화에 따라 유연하게 대응되어야 한다.

여기서는 전략에 통나무나 돌의 성질을 원용하고 있는데, 원래 나
무나 돌은 네 가지(안 · 위 · 방 · 원, 安 · 危 · 方 · 圓) 성질을 갖고
있다. 안(安)은 병세(兵勢)의 안정된 상태나 정지된 상태를 뜻하고,

병사(兵士)의 심리적 안정과 정숙을 의미한다. 그리고 위(危)는 위태롭게 움직이는 성질을 뜻하며, 이는 병세의 결함이나 틈 그리고 병사의 심리적 불안이나 동요를 의미한다. 또, 방(方)은 모난 성질로 정지를 뜻하며, 정공법 위주의 전략으로 변화의 제한이나 중지를 의미한다. 그리고 원(圓)은 구르는 성질을 뜻하므로 통나무나 돌은 기정(奇正)의 활용으로 변화의 다양성과 기동성을 뜻한다.

경영자는 경쟁환경의 다양한 변화인 안정과 정숙, 불안과 동요, 변화제한과 중지, 변화의 다양성과 기동성 등의 변수에 따라 능동적으로 전환전략(diversion strategy)을 모색하고 이용해야 한다. 그러면 경영자는 경쟁이 안정된 상태에서는 준비된 전략이나 전술을 쓰지 않고 기회를 기다리는 안정전략을 쓰다가, 위급한 상황을 맞게 되면 기업의 재무적 · 인적 자원을 총동원하고 전략과 전술을 가동하여 경쟁해야 한다. 이때에 경쟁은 상대를 완벽하게 제압하는 괴멸전략 (destruction strategy)을 이용해야 한다. 원래 전환전략은 돌이나 통나무의 성격과 유사하다. 돌은 둥글면 구르고 모가 나면 정지하는 만큼, 전환전략을 이용할 때는 유연하게 전략을 수행하여 경쟁에 승리해야 한다. 그러면 기업은 완벽한 승리로 경쟁상대기업과 구성원 그리고 고정고객과 이해관계자들을 쉽게 포용할 수 있다.

그러나 돌이 모가 난 것과 같이 카리스마적이면서 적대적 감정을 유발시키는 전략을 쓰게 되면 저항과 불복 그리고 이탈과 비난으로 상대기업과 구성원을 포용하는데 어려움을 겪게 된다. 따라서 기업에게는 돌과 통나무의 성격을 잘 알고, 이를 경쟁전략에 효과적으로 이용하는 리더십이 필요하다.

6_

허실편_虛實篇

기업의 경쟁전략과 이익전략

허실편(虛實篇)에서 손자는 허(虛)는 빈틈, 즉 약점을 뜻하고, 실(實)은 충실함, 즉 강점을 의미한다고 하였다. 전쟁에서 허를 치면 승리한다는 전제에서 항상 주도권을 갖고 적을 조종해야 한다는 용병술을 주장하고 있다. 특히 손자는 허실편에서 전쟁의 승리비결은 변화무쌍한 용병술에 있다고 하며, 적을 치되 실(實)은 피하고 허(虛)를 공격하는 방법을 다양하게 제시하고 있다.

경영자의 의사결정과정에서 정확성과 신속성이 결여되면 경쟁에서 실패와 기회상실의 결과를
초래하므로 속된 말로 '차가 떠난 다음에 손을 든다'는 말과 같이 의사결정이 늦으면 기회를
상실하기 때문에 적시적기원칙에 따른 의사결정 행위가 중요하다.

먼저 생각하고
먼저 행동하는 자가 이긴다

먼저 전장터에 나아가 적군을 기다리는 사람은 편안하고, 늦게 전지에 달려가 싸우는 사람은 피곤하다. 그러므로 싸움을 잘 하는 사람은 적군을 조정할 수 있으나 조정을 당하지는 않는다.

*

孫子曰 : 凡先處戰地而待敵者佚, 后處戰地而趨戰者勞, 故善戰者, 致人而不致于人.

전장에 먼저 도착하여 오사(도·천·지·장·법)를 중심으로 아군의 실정과 상황을 검토하면 적군을 대응하는데 편안하고, 서두를 필요가 없다. 그러나 전장에 늦게 도착한 군대는 준비와 검토를 할 여유도 없이 피곤하고 불리한 상태에서 싸우게 된다. 따라서 싸움을 잘 하는 장수는 적군을 조정하되 조정을 당하지는 않는다는 뜻이다. 선발기업은 경쟁지역이나 현지국가를 경쟁 이전에 들어가 현지 상황과 관습, 그리고 고객의 특성을 파악한 후 경쟁전략에 따라 경쟁을 시작해야 후발 경쟁자를 쉽게 저지할 수 있다. 그뿐 아니라 후발 경쟁자를 자사의 전략에 따라 조정과 지배 또는 제압하는 것이 가능하다. 이러한 리더십을 가진 선발기업의 리더는 시장경영과 고객관리에 있어 주도권을 갖게 되는 것이다.

일찍 일어나는 새가 많은 벌레를 먹을 수 있다는 말과 같이 기업경영은 경쟁자보다 먼저 사고하고 행동해야 하며, 여유를 갖고 계획하고 실천해야 한다. 동시에 결과를 객관적이고 계량적으로 비교·분석하여, 장점은 강화시키고 단점은 보완·보충·개발시킨 후에 또 다른 경쟁자를 대비하고 제압·통제하는 주도권을 갖는 여유를 가져야 한다. 경영자의 주도권 행사는 폭넓은 전문지식과 창의적인 관리기법도 중요하지만 이보다 선행되어야 할 것은 사전준비와 대비라고 하겠다.

상대의 공격시점을
내가 유도한다

적군으로 하여금 스스로 공격해 오도록 하려면 이익을 보여 주어야 하고, 오지 못하게 하려면 피해, 즉 불이익이 있음을 보여 주어야 한다. 그러므로 적이 편안하면 이를 피로하게 만들고, 배부르게 먹고 있으면 굶주리게 만들고, 안정되어 있으면 이를 동요하게 만든다.

*

能使敵人自至者, 利之也 ; 能使敵人不得至者, 害之也. 故敵佚能勞之, 飽能飢之, 安能動之.

이 병법은 자발적인 공격은 이익으로 유인하고, 공격을 저지하는 방법은 피해사실을 확인시켜 주어야 한다. 그리고 적을 공격할 때 세부적인 방법을 제시하고 있는 내용으로 이해된다.

기업이 경쟁기업을 공격할 때에는 경쟁상대자가 공격하도록 공격

유인전략(strategy of inducement attack)을 써야 한다. 이때 유인을 위해서는 적에게 이익이 될 수 있는 허점을 위장하는 위장전략(disguise strategy)을 써야 한다. 반면에 공격에 제동을 걸거나 억제시키는 방법으로는 공격시 피해가 클 수 있다는 근거와 입증사실을 인식시킬 수 있는 과대선전 및 위협전략을 써야 한다.

즉, 공격유인전략은 위장전략과 병행될 때 효과가 증대되고, 공격억제전략(strategy of restrain attack)은 과대선전이나 위협전략을 병행할 때 더 큰 효과를 기대할 수 있다. 적의 공격을 유인하는 위장전략으로는 보급로의 미확보로 식량 부족과 원자재 부족난, 전염병이 종업원을 위협한다거나 또는 자금부족으로 경영난을 겪고 있다는 위장된 정보를 직·간접으로 유포시켜 공격의 기회를 제공하는 방법 등이 있다. 또 억제전략은 기업의 풍부한 자금력의 과시와 전문적인 기술개발로 신제품 출시계획 그리고 신기술·신기계 도입으로 생산원가를 현재보다 배 이상 절감시킬 수 있다는 사실, 그리고 풍부한 자금력으로 경쟁기업을 매수·흡수할 계획을 갖고 있다는 정보를 홍보매체를 통해 알리는 방법이 있다.

이러한 전략은 선의의 경쟁과정에서는 지양되어야 하고 경영의 정도를 밟은 건전한 기업은 투명성을 주 전략으로 삼아야 하기 때문에 바람직한 전략은 못된다. 다만 경쟁기업의 지속적인 위협이나 경쟁을 유도하여 경영관리 과정에서 비생산적 비용이 증대되어 기업의 존폐를 결정하는 시기에 최후의 방법으로 활용되기도 한다.

적이 생각하지 못한 곳을
공격하라

적이 달려가지 않는 곳으로 나가고, 적이 생각하지 못한 곳을 공격한다. 천리를 가도 피로하지 않은 것은 적의 저항이 없는 곳으로 가기 때문이다. 공격하여 얻는 것은 지키지 않는 곳을 공격하기 때문이고, 방어가 견고한 것은 적이 공격할 수 없는 곳을 지키기 때문이다.

*

出其所不趨, 趨其所不意. 行千里而不勞者, 行于無人之地也. 攻而必取者, 攻其所不守也; 守而必固者, 守其所不攻也.

이 방법은 승리를 위한 경쟁이 격화될 때 쓰는 전략으로 경쟁 상대기업의 존폐를 결정하기도 하고, 경우에 따라 자사의 피해도 클 수가 있다. 바람직한 경쟁은 적의 약한 곳을 공격하고, 예상하지 못하는 전략을 수립함으로써 저항할 수 없도록 제압하여 적의 공격력을 파괴하는 방법이다.

　기업의 경쟁과정에서 가장 핵심을 이루는 부분은 자금력과 기술개발 능력이다. 자금력이 미약한 경쟁기업에게는 자사의 이익을 최소화시켜 판매가격을 인하시키는 할인전략을 쓰거나 판매가격은 고정시키고 대리점의 마진율이나 판매원의 판매수당을 인상시키는 이익수혜전략(earning profits strategy)을 쓸 수 있다.

　한편 기술개발 능력이 부족한 상대기업에게는 첨단수준의 기술도입이나 개발로 특허권이나 독점판매권을 이용해서 시장을 지배하는 독점전략(exclusive strategy)을 쓸 수 있다. 그러나 건전한 경영환경을 유지하면서 상호발전을 이룰 수 있는 방법은 경쟁기업이 지배하는 시장이나 영역을 피해 새로운 시장과 영역을 개척하는 방법이다. 이 경우에는 개척비용과 노력 그리고 시간이 필요하기 때문에 다소의 불리함을 감수해야 한다. 하지만 기업경쟁에서 자금조달 능력과 기술개발 능력은 기업성패의 핵심일 뿐 아니라 경쟁에 절대적인 무기가 된다는 사실은 부인할 수 없다.

나를 숨기고 기회를 잡는다

공격을 잘 하는 자는 적이 어디를 방어할지를 모르게 하고, 방어를 잘 하는 사람은 어느 곳을 공격할 것인지를 모르게 한다. 은밀하고 미묘해서 형태가 보이지 않고, 신기하고 신비하여 소리가 들리지 않는다. 그러므로 능히 적의 생사를 좌우하게 된다.

적의 공격을 막지 못함은 그 허점을 찔러 공격하기 때문이고, 아군의 후퇴를 적이 추격하지 못함은 그 행동이 신속하여 쫓지 못하기 때문이다.

*

故善攻者, 敵不知其所守; 善守者, 敵不知其所攻. 微乎微乎, 至于無形; 神乎神乎, 至于無聲, 故能爲敵之司命. 進而不可御者, 沖其虛也; 退而不可追者, 速而不可及也.

이말은 전쟁에서 구체적인 공격과 방어 및 은폐의 핵심전술로 이해된다. 즉, 공격을 잘 하는 사람은 상대방이 어디를 방어할 것인지를 모르게 하고, 방어를 잘 하는 사람은 어디를 공격할 것인지 공격목표를 판단하기 어렵게 하는 치밀한 전술이다. 이 전술은 형태와 목표 그리고 흔적이 보이지 않게 함으로써 적의 생사를 손에 쥐고 있듯이 미묘하고 신비하게 추진하는 전술이다.

기업경영에서도 경쟁자가 공격과 수비의 목표를 정하지 못하도록 완벽하게 보안전략(security strategy)을 쓰게 되면 안전경영 확보는 물론이고 항시 경쟁상대자를 공격 할 수도 있고 또 공격해 올 경우에도 방어할 수 있기 때문에 완전제압이 가능하다. 이를 안전경영기법(safety management skill) 또는 완전제압기법(complete control technique)이라고 한다. 이 기법은 자기 정체를 은폐전략의 전제로 하며, 특히 선진국의 기업과 합작·합병계획, 자금조달 능력과 규모, 기술개발이나 신제품 개발, 거래선의 효율적 관리기법 등에 관한 경영정보가 은폐전략의 핵심내용이 된다. 따라서 이 전술은 신변불가사의 또는 신출귀몰의 성격을 갖고 있다고 본다.

또한 상대의 허를 찌르는 공격이나 퇴각(후퇴)은 모두 신속해야 한다. 기업경영에서도 계획의 정밀성과 의사결정의 신속성을 확보하게 되면 경영활동에서 속도전이 가능하다. 속도전은 경쟁기업의 계획과 실천보다 앞서는 스피드전략(speed strategy)을 전제로 한다. 경영자의 의사결정과정에서 정확성과 신속성이 결여되면 경쟁에서 실패와 기회상실의 결과를 초래하므로 적시적기 원칙에 따른 의사결정 행위가 중요하다.

싸우고자 마음먹었다면
단호하게 핵심목표를 공격하라

내가 싸우고자 마음 먹으면, 적이 아무리 높은 성루를 쌓고 참호를 깊게 파서 지킨다고 해도 싸워야 하는 이유는 반드시 구하는 곳을 공격해야 하기 때문이고, 내가 싸우고자 하지 않으면, 땅을 그려놓고 그것을 지킨다 해도 적이 나와 싸울 수 없는 것은 그 가는 곳이 어긋나기 때문이다.

*

故我欲戰, 敵雖高壘深溝, 不得不與我戰者, 攻其所必救也 ; 我不 欲戰, 畵 地 而守之, 敵不得與我戰者, 乖其所之也.

이 말은 싸울 의사가 있으면 아무리 강력한 저항과 수비태세가 있어도 핵심목표는 공격해야 한다는 뜻이다. 또 내가 싸울 의사가 없어도 적의 뜻대로 공격할 수 없도록 수비에 만전을 기해야 한다는 이야기이다.

기업은 필연적으로 경쟁을 해야 하는 경우가 있다. 이때에 경쟁을 할 의사가 있으면 경쟁상대자의 핵심부분을 공격목표로 정해야 한다. 경쟁자의 핵심부분을 원천 봉쇄하는 방법으로는 원자재 확보노선과 자본조달원천을 끊는 단절전략이 중요하며, 또한 상대기업의 핵심요원을 유인해서 확보하는 스카웃전략(scout strategy)이 있을 수 있다.

보안과 은폐는 우리 기업의 흐름을 유리하게 한다

적의 형태가 노출되고 우리군의 형태를 보이지 않게 하면, 우리 군은 집중할 수 있고 적은 분산된다. 우리 군이 오로지 하나로 집중되고 적군은 열로 분산되면, 결국 열 사람이 한 사람을 공격하는 것과 같다.

적은 어디서 싸울 것인지 결전지를 알 수 없으며, 알 수 없으면 수비할 곳이 많다는 것이 된다. 그리고 적이 수비할 곳이 많으면 나와 싸워야 할 병력은 적어지는 것이다.

*

故形人而我無形, 則我專而敵分；我專爲一, 敵分爲十, 是以十攻其一也, 則我衆而敵寡；能以衆擊寡者, 則吾之所與戰者約矣. 吾所與戰之地不可知, 不可 知, 則敵所備者多；敵所備者多, 則吾所與戰者 寡矣.

기업의 정보보안과 정책의 은폐는 공격력의 강약을 결정하고 경쟁을 쉽게 해결할 수 있게 한다. 협력시스템의 조성과 일체감을 확립하면 인력의 단일화 현상으로 기업의 응집력이 강화되며, 경쟁의 협동시스템으로 쉽게 문제를 해결하게 된다. 그러나 상대기업의 정책이나 전략이 노출되고 구성원의 능력이 분산되면, 정책과 전략 그리고 정보와 조직을 은폐시킨 기업의 집중적 응집력과 협동시스템을 당할 수가 없다. 경쟁력 강화와 협동시스템의 조성을 위한 교육프로그램을 갖고, 주기적으로 교육훈련을 받은 기업의 구성원은 집중적 응집력과 경쟁 지향적 협력체계를 확립하게 되므로 강력한 경쟁력을 갖추게 된다. 따라서 기업조직의 핵심 정보를 노출시키지 않고, 전 구성원이 목표 지향적인 행동으로 일관하는 협력체계의 힘을 보여줄 수 있다면 경쟁에 있어 어려움이 없다. 여기서는 집중화 전략(centralization strategy)이 필수적이다.

또한, 싸울 장소의 예측이 어렵게 되면, 수비지역이 넓어지고 동시에 수비군대가 분산되므로 전투병력이 적어지게 된다. 즉, 지리적 예측불능은 병력분산으로 전투력의 약화를 가져오며, 공격 시에 핵심 공격목표보다 많은 위장목표를 표출시켜 공격 가능성을 보이게 되면, 적이 많은 수비지역으로 병력을 분산시켜 핵심 공격지역을 수비하는 군대가 적어지게 된다. 이는 공격위장전술(disguised attack tactics)로, 기업도 경쟁과정에서 경쟁위장전략(disguised competition strategy)을 이용하고 있다.

다품종생산기업에서 주력상품의 경쟁계획을 은폐시키고, 다른 상품생산의 동일업종 기업과 경쟁을 시도하여, 그곳으로 상대기업의 경쟁력을 위장·분산시킨다. 하지만 상대기업의 경쟁력을 분산시키는 효과를 기대하기 어렵기 때문에 전략의 불확실성이 따르므로 계획과 시행 그리고 검토과정에 신중성이 요구된다.

따라서 투명경영을 사명으로 기업활동을 하는 경영원칙과 제품별 팀 시스템의 조직을 운영하는 데에는 많은 무리가 따르게 된다. 다만 공격을 수비하는 상대기업에게는 경쟁력의 분산이 불가피하므로 핵심경쟁에서는 불리한 것이 사실이다.

판세를 정확히 읽고
전력을 분산하라

전면을 수비하려면 후면이 약화되고, 후면을 방어하려면 전면이 약화된다. 또 좌측을 수비하려면 우측이 약화되고 우측을 방어하려면 좌측이 약화된다. 전후좌우를 모두 수비하려면 병력의 수가 적을 수밖에 없다.

결전장을 알고, 싸움의 일자를 알게 되면, 천리까지 가서도 싸울 수 있다. 싸움터와 날짜를 모르면 왼쪽과 오른쪽의 상호지원이 안 된다. 그런데 먼 곳은 수 십리, 가까운 곳은 몇 리 밖에 있는 우리 군대를 어떻게 지원할 수 있겠는가.

*

故 備前則后寡, 備后則前寡; 備左則右寡, 備右 則左寡; 無所不備, 則無所不寡. 寡者, 備人者也; 衆者, 使人備己者也. 故知戰之地, 知戰之日, 則可千里而會戰; 不知戰地, 不知戰日, 則左不能救右, 右不能救左, 前不能救后, 后不能救前, 而況遠者數十里, 近者數里乎?

이는 작전운영에 따라 전력분산 효과도 다르고 공격과 수비의 입장도 변한다는 뜻이다. 전쟁에서 동시다발적인 공격은 적의 수비조직을 분산시켜 전력을 약화시키는 효과를 가져온다. 물론 동시다발적인 공격의 효과는 풍족한 인적·물적 자원이 좌우하게 되지만 그보다는 작전운영의 결과로 보아야 한다. 결국 공격을 위한 작전운영의 결과에 따라 공격과 수비의 위치가 변화되고 동시에 승패의 입장까지 변하게 되므로 작전운영의 묘가 경쟁의 결정적인 요인이 되고 있다.

기업이 판매경쟁을 할 때에도 경쟁전략의 묘를 이용하고 있다. 판매경쟁의 대상은 경쟁사와 대리점 그리고 고객이다. 이 중에서 판매촉진의 주역은 대리점과 소비자이고 재무적 혜택을 주면 효과가 더욱 증대된다. 대리점을 위한 판매경쟁에서는 대리점과 소비자에게 동시에 모두 재무적 혜택을 줄 수 있는 가격인하전략(price-down strategy)이 결정적인 역할을 한다는 것은 불문율이다. 경쟁기업 간의 경쟁을 주도하는 기업의 경우, 단계적으로 실시하는 것처럼 위장하여 1차적으로 대리점을 위한 정책과 소비자를 위한 정책을 쓰게 되면 경쟁기업도 이를 수용하고 따른다. 이러한 혼란과정이 지속될 때 기습적으로 출혈을 감수하면서 대리점과 소비자가 동시에 혜택을 볼 수 있는 가격인하 전략을 시도하면, 장기적으로는 경쟁우위나 독점이 가능하다.

그러나 기업의 독과점이 법률의 규제와 제한을 받고 있다는 것과 소자본의 경쟁기업도 가격인하 전략을 수용하고 계속 경쟁을 지속할 때에는 해당 업종의 기업 모두 경영난을 피할 수 없는 상황에 처할 수 있다는 철칙도 인식하고 있어야 한다.

또한, 전황 예측 능력에 따라 전력의 효율적인 상호지원이 가능하다. 즉, 결전장과 일시를 알면 적지에서도 상호지원을 통해 승리할 수 있다는 뜻으로, 이는 전황 판단을 승리의 결정적인 요인으로 보는 것이다.

기업의 경쟁력이나 승리도 역시 경쟁환경을 어느 정도 정확하게 파악하고 판단하느냐에 따라 결정될 수 있다. 이는 어떤 경쟁기업이 어느 지역에서 언제 나타날 것이며 또 경쟁의 핵심은 무엇이 될 것인가를 예측하고 판단하는 능력이 바로 경쟁력이 될 수 있다는 뜻이다. 예측과 판단은 어렵기도 하지만 불확실성이나 신뢰성을 떨어뜨릴 가능성이 있다. 따라서 기업의 의사결정자는 정보수집과 분석능력 계량적 의사결정능력 그리고 상황적합적 리더십의 발휘로 상호지원시스템의 협력체계를 확립할 수 있는 능력을 기초로 하여 정확한 경쟁 상황을 판단할 수 있는 능력을 갖추어야 한다. 이러한 능력은 경력개발기법과 장기적인 전문교육의 효과 증대 그리고 변칙적인 응용능력의 개발과 축적효과에 따라 실무에서 빛을 발하게 된다.

상대를 무력화시킬 방법을 찾아라

나의 계책을 돌이켜 보면 월(越)나라의 군사가 비록 많다고
하더라도 그들은 승패와는 관계가 없다. 따라서 승리는 내
가 만들 수 있는 것이다. 비록 적의 수가 많다고 하더라도
싸울 수 없도록 만들 수 있다. 그러므로 적의 정세를 검토하
여 이해득실을 계산하고, 적을 자극하여 그 반응을 보아 그
들의 동정을 파악해야 한다. 적군의 형태를 조사하여 어떤
위치에 있는가를 알아내고 적의 작은 충돌을 일으켜 병력의
우세한 곳과 열세한 곳을 판단한다.

*

以吾度之, 越人之兵雖多, 亦奚益于勝敗哉? 故曰：勝可爲
也. 敵雖衆, 可使無鬪.
故策之而知得失之計, 作之而知動 靜 之 理, 形之而知死生之
地, 角之而知有余不足之處.

이는 전쟁에서 병력의 수는 승패와 무관하고, 승패는 자신의 의지와 병법으로 결정하는 것이라는 이야기이다. 적의 수가 많아도 싸울 수 없도록 만들 수 있어야 하는데, 그 방법으로 적의 정세를 검토하여 이해득실을 계산하고, 적을 자극해서 동정을 확인·파악하며, 적의 우열 상황을 조사하여 죽고 사는 장소를 판단해야 한다는 뜻으로 이해된다.

기업경쟁에서 상상할 수 없을 정도의 많은 후발 경쟁기업을 대응하게 될 경우, 경쟁의 승자에게 주어진 후발 경쟁자를 제압하고, 경영활동을 할 수 없도록 억제·저지하는 과제는 경영자의 역할에 따라 좌우된다. 그러므로 경영자는 계량적으로 경쟁 쌍방자의 이해득실을 계산해야 하며 정확한 상대의 정보나 전략을 확인할 수 없는 경우에는 작은 요인으로 상대의 반응을 알기 위해 경쟁을 시도해 볼 수있다. 그 다음, 확실한 전략적 대응방법을 파악하게 되면, 적의 약점과 강점을 비교해서 약점을 경쟁목표로 정하고 본격적인 경쟁을 시도해야 한다.

이러한 경영전략이나 기법은 다양한데, 경영활동의 약화 또는 포위전략(encirclement strategy)은 제반 경영 관리 환경을 변화시켜 경쟁력을 상실하게 하는 방법이다. 즉, 모든 자원의 원천을 1차적으로 차단시키는 일이다. 경쟁자와 거래관계를 맺고 있는 원천기업과 유리한 계약으로 전체의 공급량을 사전 확보하고 공급원천을 차단하여 로지스틱의 주도권을 장악하면 간접적인 공급자 위치에서 자기 역할을 하게 된다. 강대국의 경우, 이러한 역할을 주도하기 위해 기업경쟁 차원이 아니라 전쟁까지 불사하는 사례도 볼 수 있다. 원자재 원

천을 간접적인 방법으로 봉쇄하게 되면 생산의 차질과 제품원가의
상승 및 지속적인 고정고객의 구매욕구와 경로가 단절되어 정상적인
활동을 할 수 없게 된다. 그리고 정면으로 경쟁하는 방법으로는 상대
기업보다 우세한 경쟁력을 갖고 있을 경우 가장 열세한 면을 찌르는
강공전략(strong attack strategy)이 있다.

위장하되, 한번 써먹은 방법은
절대 다시 쓰지 않는다

병력 배치의 극치는 그 형체가 없도록 위장하는 것이다. 형체를 알지 못하게 되면 심간도 능히 엿볼 수 없고, 지혜가 있는 자도 능히 엿볼 수 없으며, 또 지혜가 있는 자라고 하더라도 계략을 세우지 못한다. 이러한 배치 형태로 인하여 승리를 거두지만 사람들은 그 승리의 유래를 알지 못한다. 사람들은 모두 내가 승리할 때에 군대의 배치 형태는 알고 있으나 내가 승리할 수 있도록 변형한 배치 형태에 대해서는 알지 못한다. 그러므로 한번 싸움에서 이긴 전술은 다시 쓰지 않고, 적의 배치상황에 따라 무궁무진한 전략과 전술로 대응해야 한다.

*

故 形兵之極, 至于無形. 無形, 則深間不能窺, 智者不能謀
因形而錯勝于衆, 衆不能知. 人皆知我所以 勝之 形, 而莫知

吾所以制勝之形. 故其戰勝不復, 而應形于無窮.

이 말은 극비의 병력배치로 완전무결하게 위장하게 되면 적은
 그 형체를 모르는 상태가 된다는 것이다. 그러면 적의 지혜가
있는 정보원이 잠입해도 정보를 입수할 수 없어 전쟁에 승리한 이유
를 알지 못하게 된다는 의미이다.

기업전략과 일치되는 전술에 따라 조직의 형태와 기능, 전략적 유
기성과 리더의 핵심임무, 또 병력의 규모와 화기 및 경쟁시기와 총책
임자의 정보 등이 적에게 유출되지 않도록 위장하거나 기밀보완이 유
지되면, 상대기업의 경쟁활동이 마비되어 경쟁력 상실은 물론 경쟁의
지조차 잃게 된다. 그러면 경쟁에 승리해도 상대기업은 패인도 모르
고 승리의 원동력도 알 수 없게 된다. 이러한 조직의 형태와 정보은폐
전략이 승리의 결정적 역할을 한 사례는 흔히 볼 수 있다.

그러므로 판단자료를 공개하지 않고 준비한 기밀은 있는 그대로
를 영원히 모르게 하여 위장전략을 무기로 사용해야 한다.

또, 적군은 아군의 배치형태는 알지만 승리할 때에 승리하도록 변화
시킨 태세는 모른다. 그래서 승리한 후에는 그 방법을 다시 사용하지
않고, 적의 배치상황에 따라 다양한 전략과 전술을 개발하는 대응책을
강구해야 한다. 경쟁을 위한 조직의 운영은 변환적 전략(conversion
strategy)과 다양한 전략을 병행해서 사용하되, 동일전략(equal strategy)

은 반드시 동일상대자에게 이용하지 않는다.

정보전쟁에서의 승자가 전쟁의 승자라는 말이 있듯이 전쟁이나 경쟁에서는 양자가 치열한 정보전을 벌이게 된다. 이 과정에서 기밀 유지를 위한 완벽한 보안전략을 쓴다고 하더라도 상대적인 첩보활동에 따라 누설될 가능성이 있게 마련이다. 그러므로 실전에 임할 때에는 전략을 수정하는 전술을 쓰게 된다. 이 전술은 작전수행단계에서 수정·변화시킨 내용이므로 기밀보장 가능성이 커 전쟁을 승리로 이끌 수 있다.

전략과 전술은 상황에 따라
수시로 변해야 한다

군대의 형태는 물과 같아야 한다. 물은 높은 곳을 피하고 낮은 곳으로 흐른다. 이와 같이 군대의 운영도 강한 곳을 피하고 적의 허점을 쳐야 한다. 물이 지형에 따라 흐르는 형태가 이루어지듯 군도 허실과 강약에 따라 승리가 이루어진다. 그러므로 군의 운영도 일정한 형태가 없고 물도 일정한 형상이 없다. 능히 적의 허실에 따라 변하여 승리를 이루니 이를 용병의 신이라 한다. 고로 오행도 언제나 유동하고 사계절도 항상 고정되어 있지 않고 해의 길이도 짧고 길음이 있으며, 달도 기울고 참이 있는 것이다.

*

夫兵形象水. 水之形, 避高而趨下; 兵之形, 避實而勢虛. 水因地而制流, 兵因應敵而制勝. 故兵無常勢, 水無常形, 能因敵變化而取勝者, 謂之神. 故五行無常勝, 四時無常位, 日有短長, 月有死生.

이 말은 자연현상의 변화와 같이 군대의 형태는 상황에 따라 변화시켜야 승리한다는 뜻으로 해석된다. 즉 전쟁에는 불변전략(unchangeability strategy)은 없다는 뜻이다.

기업경영의 상황도 전쟁상황과 거의 같다. 국내에서 경영할 때와 국제화 또는 세계화를 지향할 때에 경영조직의 형태가 바뀌지 않으면 목표달성과 세계화를 이룰 수 없다. 자연의 원리에 따라 물이 높은 곳에서 낮은 곳으로 흐르되 높은 곳이 있으면 피해 낮은 곳으로 흐르듯이 경쟁상대자의 상황에 따라 적합한 조직을 운영하지 않으면 적응하기가 어렵게 된다.

또 상대기업이 쓰고 있는 전략형태에 따라 변화의 용병술을 이용하듯이 상황에 적합한 전략과 전술로 변신해야 승리할 수 있다. 이것 역시 계절이 바뀌고 해와 달의 모습이 바뀌듯이 고정됨이 없이 항상 변화된 전략과 전술을 써야만 승리하게 된다.

이렇게 기업경쟁은 경쟁상황과 상대자의 능력에 따라 다양한 변모와 그에 따른 내용으로 대응하는 유동적 전략을 이용하게 되는데, 이 전략을 상황적합적 전략(contingency strategy)이라고 한다.

이 전략은 경쟁상대자의 인적능력과 물적 수준에 따라 강하면 피하고 약한 곳이 있으면 집중적으로 공격하는 변환적 공격전술을 의미한다.

자신의 상태가 불리하면 잠시 피하면서 조직을 보완하고 강화시켜 기회를 살피고, 유리하면 허를 찌르듯이 정면공격 전술을 펴야 한다.

일정하고 변화하지 않는 조직이나 전략은 있을 수 없고, 승리를

장담하는 고정전략도 있을 수 없으며, 한번 승리한 전략이 절대전략
이 될 수도 없다.

　따라서 승리를 위한 전략은 곧 상황적합적 전략이라는 사실을 명
심할 필요가 있다.

7

군쟁편 _軍爭篇

주도권과 심리적 성공전략

군쟁편(軍爭篇)에서 군쟁(軍爭)이라 함은 군대를 써서 승리를 얻는다는 뜻이다. 즉, 전투를 말한다. 지금까지 설명한 내용이 전투를 위한 전제조건이나 요건이라고 한다면 제7편부터는 실제전투를 위한 방법론이라고 할 수 있다. 본 편에서 설명하고 있는 내용은 심리전에서 허실의 기계를 써서 이른바 4치(四治), 즉 체력을 뜻하는 치력(治力), 정신을 뜻하는 치심(治心), 사기를 의미하는 치기(治氣), 작전의 변화를 뜻하는 치변(治變)을 통해 전쟁을 승리로 쟁취한다는 주장이다. 여기서 핵심전략(core strategy)은 우직지계(迂直之計)로, 우회전략(detour strategy)을 써서 적을 방심시킨 후에 신속하게 목적지에 도착하는 계략, 즉 사치의 주도권을 장악하는 전략을 뜻한다. 이 전략은 인간의 심리를 목표로 하는 전략방법이다.

조직적인 사고와 지속적인 인내력을 갖고 심리적으로 경쟁기업을 제압하면서 사기앙양과 인
화단결로 응집력을 강화시켜 기업목표를 달성시키는 경영기법을 가진 경영관리자가 필요하다

경쟁보다 경쟁을 위한
준비 절차가 어렵다

손자가 말하기를 무릇 용병의 원칙은 장수가 군주의 명령을 받으면, 군대를 소집하여 적과 진영을 맞대고 진을 치게 된다. 그러나 직접교전을 할 경우에는 모든 것을 규합하여 경합하는 것만큼 어려운 것이 없다.

*

孫子曰 : 凡用兵之法, 將受命于君, 合軍聚衆, 交和而舍, 莫難于軍爭.

이 말은 용병원칙, 즉 전쟁수행 절차에 따라 임금에게서 명령을 수임한 장수는 병사를 소집하여 진영을 갖추어 적과 대치하게 되는데, 이러한 절차는 전투에서 승리한 것만큼 어렵다는 뜻으로 전쟁수행 절차의 중요성을 강조하고 있다.

기업경영은 경쟁기업과 상대하여 경쟁력 우위를 확보하는 것인만큼 경쟁을 위한 준비계획과 절차를 수행하는 과정이 더 중요하고 어려운 과제이다. 상대에 따라 어떤 능력을 가진 전문경영자에게 책임을 부여할 것인지의 책임경영자 선택에서부터 효율적인 조직구성의 규모와 성격 그리고 상대와 대치하는 구체적인 방법론 등을 준비하고 결정하는 과업이 실제 경쟁행위보다 복잡하고 어려운 과제이다. 기업경쟁의 목표가 결정되면 목표수행의 적임자를 선정할 때, 이미 알려진 전략적인 전문가이거나 아니면 적이 예측 할 수 없는 유능한 경영자를 선정하게 된다. 전문경영자로 임명을 받은 사람은 상대기업의 능력을 비교하여 인적 자원과 물적 자원, 그리고 구체적인 경쟁방법과 다양한 대체전략을 마련하고, 동시에 이를 효과적으로 수행할 수 있는 조직을 구성하게 된다.

특히 조직적 사고와 저돌적인 행위 그리고 지시명령에 따른 협동정신과 구성원간의 화합을 주도할 능력자를 인선해야 견고한 조직으로 경쟁을 이끌 수 있다. 기업경쟁은 포탄과 무기로 싸우는 것이 아니고, 정신적·심리적인 경쟁인 만큼 맹장보다는 지장의 성격을 가진 경영관리자를 필요로 한다. 즉, 조직적인 사고와 지속적인 인내력을 갖고 심리적으로 경쟁기업을 제압하면서 사기앙양과 인화단결로 응집력을 강화시켜 기업목표를 달성시키는 경영기법을 가진 경영관리자가 필요하다는 뜻이다.

때론 돌아가는 것이
먼저 도착하는 방법이다

전투가 어려우면 우회함으로써 오히려 직행보다 앞지르게
하고, 불리한 것은 유리한 것으로 만든다. 그래서 일부러
길을 우회하여 적에게 이를 주는 것처럼 유혹하고, 남보다
늦게 출발하여 먼저 도착한다면, 이는 우직기계(迂直之計)
를 아는 자이다. 전투방법에 따라 돌아가 손해를 볼 수도
있고 작은 유혹으로 적에게 이익을 줄 수도 있다. 그러나
승리의 목적이 뚜렷하면 다양한 방법을 쓸 수 있다.

*

軍爭之難者, 以迂爲直, 以患爲利. 故迂其途, 而誘之以利,
后人發, 先人至, 此知迂直之計者也.

이 말은 전투상황이 어려울 때에는 가까운 거리를 택하는 것보
다 시간적으로나 노력 면에서 좀 불리하기는 하지만 적을 유

혹하면서 우회하여 먼저 도착을 하게 되면, 이는 우직기계를 아는 사람이라는 뜻이다.

여기서 우식지계란 바쁠수록 돌아가라는 말처럼 '우회의 기지'를 이야기하는 것이다.

H은행의 지점장이 거래기업인 수출업체에 운전자금으로 1억을 대출하였다가 회수불능 상황에서 회수한 사례가 있다. 수출업체가 부도가 나서 대출금 1억원을 상환할 수 없다는 사실을 후임지점장이 전 지점장에게 확인한 후 1주일 후였다. 부도처리 이후 수출업체 사장이 지점장을 찾았다. 그리고 하는 말이 부도 직전에 수출한 대금 중 다른 은행에서 결제할 1억 원이 있는데, 어머니가 입원 중이고, 자신이 살 집도 없으니 1억 중 7천만 원만 은행에 상환하고 3천만 원은 사장이 쓸 수 있도록 편의를 보아 달라는 부탁을 하였다. 후임 지점장은 이미 부도 처리된 상황이니까 7천만 원이라도 상환을 하게 되면 은행에 이득이라는 관점에서 쾌히 합의하고 처리하였다. 그런데 은행 자체 감사에서 3천만 원의 미회수분을 현재 지점장이 책임지라는 경고장이 왔다. 과연 은행의 1억 원 손실을 3천만 원으로 줄인 후임 지점의 합의와 공헌에 대해 어떻게 해석하고 이해해야 할 것인가?

이러한 사례는 미국의 GM과 크라이슬러의 경쟁에서도 찾아볼 수 있고, 국내 소프트웨어 개발과정에서도 볼 수 있었던 일이다. 그리고 중국의 모택동이 장개석을 몰아내기 위한 대장정 방법도 사례가 된다. 일반적으로 경쟁기업간에 시장에서 혈전을 벌이는 것보다 시장에서의 단기 이익은 상대기업에게 주고, 장기적으로 저가의 혁신적이고 유용성이 큰 제품개발이나 특허전략으로 장기이익을 확보하는 전략이 더욱 효과적일 수 있다. 학교경영이나 병원경영에서도 우선 우수학생 유치전략의 혈전보다 제도적 보완과 장학 및 기숙사제도의 확장과 개선 그리고 교수진의 우수인력의 유치와 더불어 우수학생의 우대제도가 장기적 발전에 도움이 된다. 병원경영도 마찬가지다. 저렴한 비용의 경쟁보다 전문 우수인력 확보전략을 통해 고도의 기술경쟁으로 승부를 거는 것이 경쟁에서 더 유리한 경우가 있다.

보험회사의 경우도 마찬가지다. 경쟁을 하는 것보다 오히려 고객에게 주는 보험의 제도적 혜택이 유리하도록 제도보완이나 개혁을 하는 것이 필요하다. 기업경쟁은 대상이나 기간을 고정시켜 놓고 한시적으로 이루어지는 것이 아니다. 대상의 수도 예측할 수 없고 또 그 기간도 고정된 것이 아니고 무한경쟁시대로 돌입하는 만큼 단기적인 대책보다 장기적인 대비로 작은 이익보다 큰 이익을 목표로 계속기업으로 지속성을 갖는 것이 바람직하다.

해외시장의 공략에서는
운송비 절감이 제1과제다

전쟁은 이로운 경우도 있고 위험한 경우도 있다. 군대를 동
원해서 이익을 쟁취하려면 민첩한 행동이 없이는 기회를
잡을 수 없다. 모든 것을 전투부대에 의존하면 이익과 공적
을 위해 서로 다투기 때문에 수송부대의 조정과 균형을 잃
어 뒤처져 손해를 본다.

갑옷을 걷어 올리고 달려, 밤과 낮을 쉬지 않고 강행군하
여, 백리길 앞의 이익을 다투면 삼장군이 포로가 된다. 이
때에 건강한 장병은 앞서 가고, 피곤한 장병은 낙오되어,
병력의 10분의 1도 목적지에 도달하지 못할 것이다. 또,
50리를 앞서가 다투게 되면 삼장군은 전사하고 장병은 반
으로 준다. 30리를 앞서가 이를 쟁취하려면 도달하는 장
병은 3분의 1에 지나지 않는다. 그러므로 군대의 치중이
없으면 패배하고, 군량이 없으면 패망하고, 쌓아 놓은 물

자가 없으면 패배한다.

*

故軍爭爲利, 軍爭無危. 擧軍而爭利, 則不及 ; 委軍而爭利,
則輜重捐. 是故卷甲而趨, 日夜不處, 倍道兼行, 百里而爭
利, 則擒三將軍 ; 勁者先, 疲者后, 其法十一而至 ; 五十里而
爭利, 則蹶上將軍, 其法半至 ; 三十里而爭利, 則三分之二
至. 是故軍無輜重則亡, 無糧食則亡, 無委積則亡.

전투부대와 수송부대(치중)는 항상 전략적 균형과 일체성을 갖고 움직여야 한다. 전쟁은 전투병과 수송병간에 균형과 호흡이 맞는 전략을 갖고 진행되어야 한다.

경쟁은 전투이며, 전투는 승리해야 하고, 승리에는 신속하고 정확한 전술이 필요하다. 전술은 공격전술도 중요하지만 공격에 필요한 인력과 물자의 수송전략(logistic strategy)이 뒷받침되지 않으면 원활한 공격을 계획대로 하기 어렵다. 따라서 공격전술과 수송전술은 총괄전략의 핵심이 되고, 승리의 필수요건이 된다.

기업경쟁에서도 구매·생산·판매의 행위가 기본적인 경영활동이고, 이는 조직형성 과정에서 핵심적인 1차 분화과정이다. 그러므로 구매경쟁은 생산경쟁을 지원하고, 생산경쟁은 판매경쟁을 돕게 된다. 이러한 관계를 계획과 전략에 따른 상호연계성으로 보고 균형과 일체성의 확보를 강조하게 되는 것이다. 그러나 상호연계성과 균형 그리고 기업경쟁에서 일체성을 이룬 경쟁상대라고 하더라도 신속성이 결여되면 정확한 일체성이나 전체성의 효과를 기대하기 어렵다. 결국 경쟁의 전체성 또는 총괄성을 상실하게 되어 경쟁의 실패를 초래하게 되기 때문이다.

반면, 공격의 균형과 공격전술의 기본공식 그리고 수송부대 역할의 중요성을 무시하고 신속한 공격만을 강조하면서 무리하게 되면 전 군대를 잃고 패배할 수 있음도 유의해야 한다.

기업경영은 물의 흐름과 같이 내·외적 환경요건에 따라야 하고, 전략은 경쟁상태에 따라 강약을 조절해야 한다. 경쟁은 기간의 장단기성을 예측하기 어렵고 또 승패가 경영자 단독으로 결정되는 것이 아닌 만큼 경쟁 팀과 로지스틱 팀과 협력체계를 이루어, 물적 자원의 원활한 공급을 통해서 비축자원의 양을 늘려 자원의 여유를 가져야 경쟁목표를 달성할 수 있다.

특히 해외 원자재 의존도가 높은 기업의 경우에는 비축자원에서 양적 증대가 뜻대로 이루어지지 않는 것이 보통이다. 가격 역시 공급자의 상황변화에 큰 영향을 받게 되므로 저가일 경우, 확보물량을 늘려서 고가에 대비하는 전략을 써야 한다. 아니면 장기공급 계약을 맺거나 자원의 공동개발에 참여해서 고정공급량을 확보하는 방안도 있다.

이렇게 물량의 확보로 인한 비축물량의 양적 증대는 경쟁력을 강화시키는 원동력일 뿐 아니라 안정된 계속기업으로 경쟁적 환경과 자원공급환경을 지배할 수 있게 한다. 또 세계화 과정에서 경쟁력 강화를 위해 현지국의 생산공장을 건설·운영할 때에는 현지에서의 원자재 확보의 용이성을 이용해 반제품화시켜 본국의 자원을 공급하는 방법도 있다.

그러나 근본적으로 고려되어야 할 문제는 운송비의 절감으로 원가를 인하시켜 가격을 안정시키는 과제이다. 이 운송비 부담은 가격과 고객 그리고 이해관계자와 기업이익에 직접적인 영향을 미치고 있으므로 운송비 절감전략과 서두르지 않고 침착하게 전략을 운영하는 경영자의 신축적인 리더십이 필요하다.

줄 것은 먼저 주는 것이
효과를 극대화시킨다

적의 진영을 약탈해서 전리품을 얻게 되면 그것을 군사들에게 나누어주고, 적진의 영토를 탈취하여 그 이익을 나누며, 우열을 저울질하여 신중하게 행동을 한다. 따라서 우직지계를 아는 자가 승리하니 이는 전투의 원칙이다.

*

故不知諸侯之謀者, 不能豫交 ; 不知山林, 險阻, 沮澤之形者, 不能行軍 ; 不用鄕導者, 不能得地利. 故兵以詐立, 以利動, 以分合爲變者也. 故其疾如風, 其徐如林, 侵掠如火, 不動如山, 難知如陰, 動如雷震. 掠鄕分衆, 廓地分利, 懸權而動. 先知迂直之計者勝, 此軍爭之法也.

이는 우직지계(우회전략)를 전제로 하는 전투원칙인 군쟁법을 강조한 내용이다. 군쟁법은 필요한 때에는 먼저 분배하는 전투원칙을 제시한 내용이다. 즉, 전투결과로 얻게 되는 전리품이나 영토확장 부분의 이익분배는 신중하게 계산하여야 한다. 전리품의 분배는 승리의 공로자인 장수와 병사 그리고 점령지역의 현지인과 주요인사가 대상이 될 수 있는데, 분배할 것인가의 문제를 먼저 검토하고 다음에 분배대상과 범위를 결정해야 한다. 이때에 고려되어야 할 것이 분배효과(distribution effects)이다.

이 경우에는 점령지역의 전후 관리문제와 계속 전쟁시 현지인의 자원 그리고 병사들의 사기향상 문제가 초점이 된다. 공헌과 공로에 관한 포상은 장수와 병사의 사기앙양과 지속적인 공헌의 유도, 그리고 현지인의 민심안정과 지속적인 협조와 지원의 유도를 위해 효율적으로 분배되어야 한다.

기업이 해외 경쟁지역으로 진입하는 경쟁에서도 진입성공 후에 필연적으로 대두되는 것은 바로 군쟁법, 즉 이익분배 문제로 집약된다. 경쟁의 전리품은 기업의 자산증대이면서 계속경쟁의 원동력인 만큼 신중하게 고려하여 계량적으로 이해득실을 판단해 분배문제를 해결해야 한다.

전리품은 기업의 자산으로 산입하는 것이 원칙이다. 그러나 주고받는(give and take) 원칙에 따라 먼저 주는 길로 돌아가면 줄 때의 효과를 증대시키는 결과를 기대할 수 있다. 동시에 받는 효과는 현지인이 점령기업에 협조와 지원을 하게 되어 계속기업의 성장효과를 증대시키게 되고, 자사 조직구성원의 분배효과가 될 수 있다는 점과 경영관리의 전반적인 실무수행에 협력적인 효과로 기업의 세계화 실현에 무기가 될 수 있다.

북을 울리고 깃발을 치켜드니
승리가 눈앞이다

적진을 점령한 군대에서는 말이 서로 들리지 않으므로 금고(金鼓)를 만들고, 서로 보이지 않아 정기(旌旗)를 만들어 이용한다. 금고와 정기란 사람의 눈과 귀를 하나로 하는 것이다. 사람이 이미 하나로 통일하면, 용감한 사람이라도 혼자 나아갈 수 없고, 비겁한 자도 혼자 퇴각할 수 없다. 이것이 무리를 지휘하는 방법이다. 그러므로 야간에는 횃불과 북을 많이 쓰고, 주간에는 북을 많이 쓴다. 이것은 적군의 눈과 귀를 현혹시키게 하는 일이다.

*

'軍政' 曰：“言不相聞, 故爲金鼓；視 不 相 見, 故爲旌旗.” 夫金鼓旌旗者, 所以一人之耳目也；人旣專一, 則勇者不得獨進, 怯者不得獨退, 此用衆之法也. 故夜戰多火鼓, 晝戰多旌旗, 所以變人之耳目也.

이말은 다수의 군대를 지휘하는 데에는 통일된 지위법이 필요하다. 기업경영에서는 효과적으로 조직을 관리하기 위해 명령의 일원화 원칙(principle of unity of command)을 통해 명령계통을 확보하고 책임의 한계를 명확하게 하기 위한 권한위양원칙(principle of delegation of authority)과 기능화의 원칙(principle of functionalization)을 준수하게 된다. 그뿐 아니라 경영관리자 중심의 조직관리에 효율성 증대를 위해 전문화의 원칙(principle of specialization)과 감독한계의 원칙(principle of span of control), 조정의 원칙(principle of coordination), 사기앙양의 원칙(principle of moral and leadership), 탄력성의 원칙(principle of dynamics) 그리고 예외의 원칙(principle of exception) 등 다양한 원칙을 활용하게 된다.

따라서 기업의 지휘통일성을 확보하는 리더십을 발휘할 때에는 다양한 조직관리의 기본원칙을 준수하면서 거시적으로는 경쟁력 강화를 전제로 하는 고객중심관리(centered customer management)를 지향하는 기법을 창출해야 한다. 특히 조직의 응집력과 경쟁력 그리고 성장력을 강화시키는 방법은 기본관리원칙의 준수를 바탕으로 한 변칙적인 혁신전략(anomalous innovation strategy)의 창출임을 명심할 필요가 있다.

아침을 이용해
원하는 것을 얻는다

적군 전체의 사기를 빼앗고, 적장의 마음을 빼앗아야 한다. 이 때문에 아침에는 사기가 날카롭고, 낮의 기는 해이하며, 저녁의 기는 사라지므로, 용병에 능통한 자는 적군의 사기가 왕성한 때를 피하고, 해이하거나 나태한 때 공격해야 한다. 이것이 사기를 다스리는 방법이다.

*

故三軍可奪氣, 將軍可奪心. 是故朝氣銳, 晝氣惰, 暮氣歸.
故善用兵者, 避其銳氣, 擊其惰歸, 此治氣者也.

기업은 심리적으로 하루 중 인간의 컨디션이 가장 좋고 왕성한 시간이 아침이고, 직무수행의 능률이 가장 높은 때가 오전이라는 개념을 조직활동에 이용하고 있다. 따라서 중요한 경쟁전략수립의 방향이나 신규투자 대상의 선정 그리고 기타 중대사를 논의하는 회의는 오후보다 오전에, 오전 중에서도 아침시간을 활용하게 되면 기발한 아이디어와 의사결정요소를 창출하거나 얻을 수 있는 심리적 효과를 기대하는 것이다.

일반적으로 조직구성원들이 언급하는 '오전은 주요업무, 오후에는 잔무정리 그리고 저녁에는 환담과 회식'이라는 말도 심리적 변화의 주기를 이용하는 것으로 본다. 따라서 심리전에서도 경쟁을 주도하는 기업은 상대기업에 종업원과 경영관리자의 사기를 제압하는 전략을 수립·시행해야 한다. 자사의 제반조건을 상대기업이 추종할 수 없는 수준(임금과 프릿지·베네피트)에서 혁신적 개선내용을 실시하고 홍보하여, 상대 경쟁기업의 전체 구성원 사기를 제압한 후 경쟁에 임하는 방법도 있다.

특히 자사가 동일업종을 주도하는 제반 여건을 매체로 성장주도형 비전 제시와 국제기업으로서의 체제 변신, 인적·물적 자원의 상대적 비교우위를 확보하고 과시하게 되면 경쟁 이전에 완승을 기대할 수 있다. 따라서 기업의 심리전은 사기와 상대를 선정할 때 상대기업의 기세가 약화된 시점을 심리전 개시 시점으로 하라는 핵심내용이 수용되어야 한다.

정신과 육체를 다스리는
힘이 필요하다

다스림으로 난을 기다리고, 정(靜)으로 화를 기다리니, 이것
이 다스리는 방법이다. 가까움으로 먼 것을 기다리고, 편함
으로 수고로움을 기다리고, 배부름으로 굶주림을 기다리니,
이는 힘을 다스리는 사람이다.

*

以治待亂, 以靜待譁, 此治心者也. 以近待遠, 以佚待勞, 以
飽待飢, 此治力者也. 無邀正正之旗, 勿擊堂堂之陣, 此治變
者也.

경영관리의 마인드 컨트롤은 조직과 경쟁의 질서를 유지하면서
정숙한 상태로 경쟁상대기업의 혼란기와 소란기를 기다리는
인내심을 뜻하고, 체력관리 방법은 원정시의 피로함과 어려움을 예
상하고 현재의 편안하고 안이한 상황에서 에너지와 관리능력 그리

고 도전과 공격력을 강화시켜야 한다는 뜻이다.

사람이 마인드컨트롤과 체력관리에 소홀하면 바람직하고 확고한 목표를 갖고 있어도 기회가 왔을 때에 잡기가 어렵다. 기업도 경영상 인(仁)의 경영철학과 기업의 자원 확보, 기술개발을 위한 혁신적 능력을 증대하고 대비하지 않으면 세계화를 지향하는 경영기회를 활용하지 못한다.

그러므로 경영관리자는 인의 철학을 바탕으로 기업의 존속과 종업원의 생활안정, 이해집단의 조정, 조직의 질서와 사기 유지와 개발 등의 기능을 충실히 수행하면서 세계기업으로 성장할 수 있는 기회를 기다려야 한다.

그뿐 아니라 필요시에는 기업의 집단화(combinate)와 계열화(integration), 기업집중(concentration)과 컨글로머리트(conglomerate)의 형태도 대비해야 한다. 동시에 경영자는 조직력 강화를 위한 능력을 발휘해야 한다.

조직력의 필수요건은 유능한 인력의 확보와 풍부한 자금력의 확보, 그리고 기술혁신과 제품개발 및 종업원의 경력개발 등이 있다.

따라서 경영관리자의 마음을 다스리는 마인트 컨트롤과 미래를 대비하는 조직의 체력관리가 기업성장과 경쟁에 중요한 요소가 된다.

8_

구변편_九變篇

용병전략과 변칙적 공격전략

구변편(九變篇)에서 구변이란 아홉 가지 변칙을 뜻한다. 본 편에서는 상도(常道)의 반대 개념을 변칙(變則)으로 보고, 원칙이 있으면 예외가 있듯이, 전쟁은 원칙보다 오히려 변칙이 중요할 때도 있다는 전제에서 상도와 변칙을 설명하고 있다. 변칙으로는 구변(九變, 전투시 피해야 할 아홉 가지 상황)과 오리(五利, 전투시 변칙을 택하는 다섯 가지 상황), 그리고 오위(五危, 전투에 임하는 장수의 위험한 다섯 가지 성격)의 성격 등의 내용을 제시하고 있다. 즉, 전투는 상황에 따라 정도와 기계 그리고 원칙과 변칙을 적절하게 활용해야 한다고 주장하고 있다.

지역적으로 경쟁활동을 포위할 수 있는 지역이나 험하거나 다른 지역과 단절된 지역, 기습적인 공격으로 경쟁력을 상실할 수 있는 지역 또 신병의 위협이나 경쟁기밀을 보장하기 어렵고 정보유출이 가능한 지역 등을 가려서 행해야 한다.

반드시 피해야 할
아홉 가지 상황

손자가 말하기를 무릇 용병법은 고릉(高陵)으로 향하지 말고, 언덕을 등지고 치지 말며, 거짓으로 도망하는 적을 쫓지 마라. 또 날카로운 군대에게는 공격하지 말고, 이병은 먹지 말며, 돌아가는 군사를 막지 말라. 그리고 포위된 군대는 반드시 길을 터주고, 궁한 적에게는 핍박하지 말며, 험한 지형에는 머무르지 말라. 이것이 군사를 쓰는 법이다.

*

故用兵之法, 高陵勿向, 背丘勿逆, 佯北勿從, 銳卒勿攻, 餌兵勿食, 歸師勿遏, 圍師必闕, 窮寇勿迫, 此用兵之法也.

이는 전투시에 피해야 할 아홉 가지 상황인 구변의 내용으로 요약된다. 용병 원칙의 내용은 높은 곳에 진을 치고 있는 적군을 향해 정면으로 공격을 하지 말고, 언덕을 등지고 내려오는 적군을 공격해서는 안 되며, 위장퇴각(거짓으로 패한 척하고 달아나는)하는 적군은 추격해서는 안 된다. 또 적의 정예부대는 공격하지 말고, 위장된 허점(미끼)으로 유인하는 적군과는 교전해서는 안 되며, 철수하는 적군은 막지는 말아야 한다. 그리고 적군을 포위할 때에는 반드시 틈을 열어 도망갈 수 있는 퇴로를 만들어 주어야 하고, 쫓기고 쫓겨 막다른 궁지에 몰린 적군을 핍박하지 말아야 하며, 지세가 험한 (단절된) 곳에서는 머물거나 진을 치고 쉬어서는 안 된다는 의미로 해석된다. 이 용병 원칙은 군대를 지휘할 때에 장군이 교묘하게 심리적으로 활용하는 실전전략(actual fighting strategy)을 뜻한다.

기업을 경영하고 관리하는 과정에서도 전쟁에 유의해야 하는 실전전략(구변의 내용)과 같이 실무경영전략(practical management strategy)이 있다.

첫째, 고지에 진을 치고 있는 적을 정면으로 공격하지 마라 고지에 진을 친 적이란 경쟁력이 강한 기업이라고 볼 수 있다. 밀림의 왕자 앞에서는 빨리 피해서 안전을 도모해야 한다. 기업도 상대 기업의 경영조직이나 자금의 규모, 전문인력의 수준, 자원보유의 수준 등이 상대적으로 높거나 강한 경우에 경쟁은 생각할 수 없다. 경영능력이나 경쟁력이 상대적으로 낮을 때에는 경쟁 이전에 치명적인 손해나 압박을 받을 수 있고, 동시에 기업의 존폐를 결정하는 기회가 되기도 한다. 그러므로 기업은 상대적으로 우위에 있는 기업에 공존전략(coexistence strategy)이나 지원전략(supporting strategy)을 요청하여 안전경영관리로 강자와 약자간의 공생을 할 수 있는 방안을 모색해야 한다.

둘째, 언덕을 등지고 내려오는 적군을 공격하지 마라 언덕을 등지고 내려오는 적은 강력한 기세로 경쟁을 시도하려는 상대기업과 같다. 경쟁 상대기업이 사생결단하는 방식으로 공략할 때에는 보통 이상의 경쟁력을 발휘할 수 있기 때문에 경쟁을 회피하는 것이 바람직하다. 이 때에 회피는 일시적이거나 잠정적일 수 있고, 상대기업의 허점을 노리는 기회로 생각할 수 있다. 따라서 기업이 고려해야 할 방법은 회피전략(avoidance strategy)과 허점을 노리는 전략(strategy of finding a loophole)이 병행되어 대비해야 한다.

셋째, 도망가는 척 하는 적을 쫓지 말라 이 말은 유인하는 행동으로 거짓 퇴각하는 것처럼 위장하는 기업을 상대로 하는 경쟁은 하지 말라는 뜻이다. 즉, 위장전술은 패망의 함정이 있고, 함정은 회생이나 재기의 기회를 잃게 되며, 동시에 인적·물적 자원의 손실증대는 물론이고 상대기업의 경쟁력에 포위되며 실제로 강력한 전력이 약화되는 것으로 해석된다.

기업은 경영활동에서 자사의 전략이나 정책적 상황 그리고 경영관리의 제반 관리적 기법을 보통 위장하거나 은폐하려는 기본적인 태도를 취한다. 기업은 총매출액과 사업 확장 계획을 축소 또는 은폐하려 하고 풍부한 자금력은 지불유예로, 기술개발에 따른 제품의 혁신을 제품모델의 변경으로, 호황에 따라 증대되는 고객을 불황이나 경기침체로, 심지어는 지불능력이 있는데도 불구하고 종업원의 급료일을 지연시키거나 상여금의 지급을 미루는 다양한 위장술을 써서 기업 자체가 정체 내지 축소되는 것처럼 위장하는 경우도 있을 수 있다. 그러므로 위장술에 유인되어 기업환경을 무시한 상태에서 경쟁을 시도하면 상대기업의 자금력이나 기술력 그리고 인적자원의 전문적인 위력의 제압당하거나 아니면 경쟁력을 약화시키게 된다. 그뿐 아니라 기업 활동 자체도 어렵게 하는 원인이 될 수 있다. 따라서 기업은 다양한 정보를 정확하게 수집하는 정보의 다변화 전략과 정보 분석 전술을 병행하면서 위장유인 전술에서 벗어나야 한다.

넷째, 정예군대에게는 공격하지 말라 이 원칙은 철저하게 다변적 교육훈련을 마친 구성원과 자금력 그리고 기술력을 지닌 기업과는 경쟁하지 않는 것이 바람직하다는 뜻으로 이해된다.

일반적으로 대기업에 도전해서 경쟁을 시도하는 중소기업은 물론이고 대기업도 역시 대기업간에 경쟁은 선의에 기술혁신 경쟁 이외에는 경쟁을 하지 않는 것을 원칙으로 하고 있다. 특히 대기업 간이나 중소기업 간의 경쟁은 공정거래위원회의 개입과 독점금지법의 규제로 실제 경쟁을 할 수 없는 상황으로 본다. 전쟁에서 정예군대는 기업이 강력한 경쟁력을 대비해서 무장한 특수기동부대(task force) 조직을 의미한다.

기업이 특수기동부대조직을 갖추고 운영하는 경우에는 경쟁의 신호나 경쟁행위는 금지되어야 한다. 그 이유는 경쟁자체가 기업의 전체적인 면에서 불리성을 가져오기 때문이다. 정예화된 조직은 육체적으로나 정신적으로 완벽하게 무장된 인적자원을 주축으로 하고 있는 만큼 특수목적을 해결하기 위한 강력한 힘과 기술을 갖고, 동시에 목표 지향적 책임성과 사명감이 충천되어 있다. 따라서 공격을 해서 승리한다고 해도 인적·물적 손실이 크게 되므로 공격을 자제하는 것이 바람직한 방법이다.

다섯째, 이병은 먹지 말라 이것은 위장된 미끼로 교전을 유인하는 적군과는 교전하는 것 자체가 바람직하지 않다는 뜻이다. 이는 허점을 노출하는 위장전술을 공격에 허점으로 생각하고 공격을 시도하는 것 자체는 위험한 함정이 될 수도 있으니, 우선 허점으로 제시된 내용에 의구심을 갖고 역 위장전술로 확인할 필요가 있다는 내용으로 이해된다.

기업경영 활동에서도 이 원칙을 많이 이용하고 있다. 경영 기능별로 완벽한 계획과 세부 실행계획까지 검토가 끝난 기업 상황에서 선제공격 이전에 상대 기업의 활동을 교란시키고 경쟁을 유인하기 위해 부분적인 활동에서 위장술을 쓰는 사례가 있다. 이는 공격의사가 있는지의 여부를 확인하고, 유인하는 위장전술로 본다.

이러한 경영전략은 동일업종 중에서 선발기업이나 업계를 주도하고 있는 기업이 국내시장을 장악한 후에 세계기업으로 진출하기 전에 실시하는 단계적 또는 예비적 전략(preparation strategy)이 될 수 있다. 구체적인 방법으로는 국내시장을 목표로 생산된 제품 전체를 경쟁기업이 예상할 수 없는 수준의 할인 가격으로 판매전략을 세우고 실시하는 방법이 있다. 이때에 기업은 운영자금의 압박을 위장술로 이용하고, 동시에 소비자의 대리점에게는 저가로의 할인판매라는 명분을 활용하게 된다. 물론 공정거래위원회의 개입을 전제로 충분한 대비가 전제된 합법적인 위장술로 성공이 전제되어야 한다.

기업은 위장된 유인전략에 대응하는 치밀한 경쟁환경의 예측과 분석 그리고 이에 수반되는 연관효과 분석을 기초로 유인전략을 배격할 수 있는 전략적 대체전략(alternative strategy)을 수립하고 시행해야 한다.

여섯째, 돌아가는 적을 막지 말라　이 원칙은 적군이 후퇴 또는 퇴각할 때에는 퇴각로를 막거나 공격해서는 안 된다는 뜻이다.

기업도 경쟁활동에서 불리하거나 패기가 보이는 상대기업에게 잔인한 후발경쟁을 하지 않는다. 치명적인 손실은 재기에 많은 시간과 노력 그리고 자금이 소요되게 마련이므로 이러한 상황을 고려해서 경쟁 기업 간의 연합이나 상호자원 또는 자본적·기술적인 지배관계를 모색하는 방법도 있다. 기업경쟁에서 패배나 항복 또는 더 이상의 경쟁활동 포기는 경쟁의사를 포기한 것이므로 더 이상의 경쟁행위는 사회적인 비난으로 인해 이해집단과의 상호관계가 단절되는 결과를 예상할 수도 있다. 따라서 경쟁으로 승기를 잡은 수에는 경쟁 상대기업에 대해 해서는 안 되는 잔인한 기업행위는 지양하는 것을 기업경쟁 원리로 삼아야 한다.

일곱째, 포위된 군대는 반드시 길을 터 주어라　이것은 적군을 포위할 때에는 반드시 틈을 열어 도망갈 수 있는 퇴로를 마련해 주어야 한다는 뜻이다. 무한경쟁시대에서 경쟁방법이나 경쟁에 대응하는 대체전략은 다양한 형태로 개발되고 있다. 이는 완전경쟁에서 기업경쟁의 승리는 포위뿐 아니라 도산을 전제로 한다. 그러나 도산전략(bankruptcy strategy)은 산업연관효과에 따라 또 다른 기업의 도산과 연계되고 결국 자사의 도산도 예상되므로 신중한 전략이 요구된다. 그러므로 경영사회에서 이해집단간의 상호관계가 단절된 기업이라고 하더라도 계속기업유지를 위해 일말의 기회를 주는 호의적인 태도가 필요하다.

현대 경영사회에서도 기업이 최악의 상태에 빠지게 되면 동종기업이나 이해집단의 호혜적인 배려로 기업경영 유지와 계속경영 활동의 기회를 제공해야 한다. 왜냐하면 최악의 상황에 빠진 기업은 최후·최대의 저력으로 저항하는 과정에서 경쟁 쌍방 간의 손실로 승리의 효과를 기대해 볼 수도 없고, 또 격렬한 경쟁행위로 경쟁 쌍방 기업이 동시에 도산의 가능성도 있으며, 경우에 따라 기업의 상호 협력체계의 조성과 상호 성장기회를 상실할 수도 있기 때문이다. 따라서 고립상태에서 벗어날 수 있는 퇴로전략(retreat strategy)을 활용하는 것이 제2의 승리가 될 수 있다.

여덟째, 궁한 적에게는 핍박하지 말라 이 원칙은 쫓기고 쫓겨 막다른 궁지에 몰린 적을 공격이나 핍박하게 되면 이득 보다 해를 입을 수 있으니 주의하라는 뜻이다. 사면초과 상태에 빠진 기업을 공략하게 되면 물론 승리하는 것은 당연하다. 그러나 승리 후에 승리를 위한 손실, 즉 승리비용이나 경쟁비용의 증대로 쌍방의 손실만 증대시킨 경쟁으로 마무리되는 경우도 있다. 그러므로 경쟁 상대기업을 절대로 궁지나 극한상황으로 몰아서는 안 된다. 왜냐하면 경쟁과정에서 기업을 열정적으로 경쟁을 해서 승리한다고 해도 전리품인 이득 없이 손실만 증대시키고, 조직의 구성원들은 경쟁을 위해 노력과 정열을 다 바쳐도 보상이 따르지 않기 때문에 결국 이들은 경영자를 배신하고 기업을 떠나게 되기 때문이다.

아홉째, 험한 지형에는 머무르지 말라 이것은 전쟁에서 지세가 험하거나 단절된 곳에서는 머물거나 진을 치고 쉬어서는 안 된다는 뜻이다. 전쟁 이전에 휴식이 필수적인 것과 같이 경쟁 이전에 휴식은 매우 중요하다. 옛 말에 사람은 아무리 급하고 부득이한 형편이라고 하더라도 잠자리는 가려서 자라는 말과 같이 기업경쟁 시에는 경쟁을 위한 휴식이 필요하고, 휴식은 지형을 가려 쉬어야 한다.

지역적으로 경쟁활동을 포위할 수 있는 지역이나 험하거나 다른 지역과 단절된 지역, 기습적인 공격으로 경쟁력을 상실할 수 있는 지역, 또 신병의 위협이나 경쟁기밀을 보장하기 어렵고 정보유출이 가능한 지역 등을 가려서 행해야 한다. 즉, 생리적·방어적 차원에서 편히 쉴 수 있고 노동재생산이 경쟁력 강화에 공헌 가능하며 동시에 경쟁의 호기를 잡을 수 있는 조건의 휴식처를 선정해야 한다.

이상에서 검토된 전투시 피해야 할 아홉 가지 상황인 구변의 내용은 원래 군쟁편에 속한다(중국 역대명저 전역총서 중 손무 원저이고 주형상이 역주한 손자전역, 귀주인민출판사). 하지만 구변편에서 이 내용을 소개한 것은 군쟁편의 계속성과 강조성의 의미로 이해하기 바란다.

상황에 따라 유리한
입지를 선점하라

무릇 용병법은 장수는 군주의 임명을 받아 군대를 합하여 무리를 모은다. 비지에는 숙영을 하지 말고, 구지에서는 사귀어 합하며, 절지에서는 머물지 마라. 그리고 위지에서는 꾀하고, 사지에서는 곧 싸워라.

*

孫子曰：凡用兵之法，將受命于君，合軍聚衆，泛地無舍，
衢地交合，絶地勿留，圍地則謀，死地則戰

이는 전쟁에서 입지조건을 중시하고 합당한 조치를 취하면 승리할 수 있다는 주장으로 요약된다. 이는 전쟁시에 용병법으로 상황과 입지조건의 변화에 따라 상황적합적 전략으로 오리를 이용하면 승리를 보장한다는 내용으로 이해될 수 있다.

국가의 군수통제권은 군주가 갖고 행사하는 것이 원칙이다. 그러나 군주가 직접 전쟁을 지휘하지 못할 경우에는 최적의 능력을 갖춘 장수에게 전권을 위임하고 총수로 임명하게 된다. 그러면 총수는 전쟁에 대비하는 전열을 다지는 조직을 설계하고, 이에 따른 인적자원을 소집해 조직을 완비하여 출정하면서 전쟁의 모든 책임과 의무를 다하게 된다. 이때 지형이 험한 곳에는 머무르지 말고, 산악지역에서는 공격에 심사숙고해야 하며, 정세가 불리해서 진격해서는 안 될 상황에서는 기회를 기다려야 한다. 그리고 위험한 지역에서는 변칙적인 전술을 써야 한다는 의미로 이해된다.

기업의 성장과정에서 경영의 전권과 총체적 책임을 맡은 경영자는 매출액을 증대시키는 방안으로 다각화전략(diversification strategy)을 활용해 성장기업의 대열에 속하게 된다. 이를 성공적으로 수행하는 기본원칙으로 권한의 위양원칙(principle of delegation authority)을 기초로 하여, 진입해서는 안 될 업종을 고려하는 진입의 관망원칙(principle of observation or watching to entry)과 계속경쟁의 가능성이나 가치와 명분이 없으면 경쟁방법을 바꾸는 변환원칙(principle of conversion to attack), 그리고 사면초과로 고립된 상황에서 계속경쟁이 불가능하다고 판단되면 후퇴 또는 포기하는 포기원칙(principle of abandonment to competition)과 상황에 일치할 수 있고 또 따르는 상황적합적 원칙(contingency principle) 등을 준수하는 것이 필수적이다.

때론 변칙이
원칙보다 강하다

전쟁에서 승리하기 위한 다섯 가지 원칙이 있다. 길에도 지나지 못할 곳이 있고(塗有所不由), 군에도 치지 못할 곳이 있으며(軍有所不擊), 성에도 공격하지 않을 곳이 있다(城有所不攻), 또 적지의 땅에서도 다투지 않을 곳이 있고(地有所不爭), 군주의 명령도 받지 않아야 할 것이 있다(君命有所不受).

※

途有所不由, 軍有所不擊, 城有所不攻, 地有所不爭, 君命有所不受. 故將通于九變之利者, 知用兵矣；將不通于九變之利者, 雖知地形, 不能得地之利矣. 治兵不知九變之朮, 雖知地利, 不能得人之用矣.

오리(五利)란 변칙이 원칙보다 유리한 다섯 가지 경우를 뜻한다. 즉, 진군해서 안 되는 길, 공격하지 않아야 할 적, 공격하

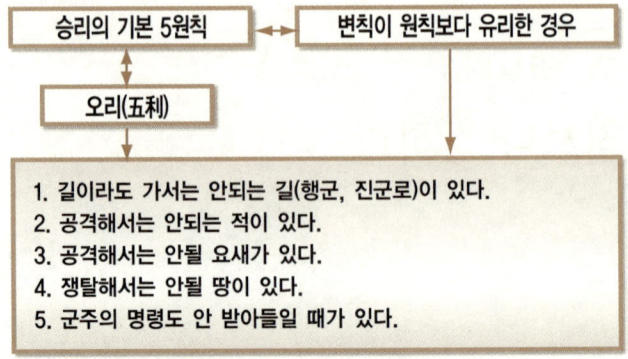

```
┌─────────────────────┐      ┌─────────────────────────┐
│   승리의 기본 5원칙    │◀───▶│  변칙이 원칙보다 유리한 경우  │
└─────────────────────┘      └─────────────────────────┘
         │▲                              │
         ▼│                              │
    ┌──────────┐                         │
    │  오리(五利) │                        │
    └──────────┘                         │
         │                               │
         ▼                               ▼
┌─────────────────────────────────────────────────┐
│  1. 길이라도 가서는 안되는 길(행군, 진군로)이 있다.      │
│  2. 공격해서는 안되는 적이 있다.                      │
│  3. 공격해서는 안될 요새가 있다.                      │
│  4. 쟁탈해서는 안될 땅이 있다.                        │
│  5. 군주의 명령도 안 받아들일 때가 있다.               │
└─────────────────────────────────────────────────┘
```

지 않아야 할 성, 쟁탈해서는 안 되는 땅, 무조건 받아 들여서는 안 되는 군주의 명령 등이 오리로 이해된다. 이는 기업이 성장하기 위해 지켜야 할 원칙이면서 조건이 된다.

여기서 첫째, '진군해서는 안 되는 길'은 성장을 위해 기업의 규모를 확장하면서 무리한 자금조달을 위한 은행 대출이나 사채에 의존하는 방법을 뜻하는데, 이 경우에는 투자의 타당성분석과 자금조달의 적정성·한계성을 과학적이고 계량적인 방법으로 확인하는 것이 바람직하다.

둘째, '공격하지 않아야 할 적'은 달걀로 바위를 치듯이 부분적으로 중소기업이 대기업과 경쟁을 하거나 투자여건이나 능력이 부족한 상태에서 세계화를 추진하는 기업을 의미하는데, 이러한 경우에 적은 상대적으로 경쟁과 기술우위를 차지하고 있는 기업을 무모하게 경쟁상대로 만들기 전에 경쟁여건의 비교분석과 공존가능성분석 또는 우회전략(detour strategy)의 시도 등이 검토되어야 한다.

셋째, '공격하지 않아야 할 성'은 자본력이나 기술력 그리고 시장에서의 인지도가 낮은 기업이 상대적으로 강력한 경쟁력을 갖고 있는 국가나 기업과 경쟁을 하려고 진입하는 경우를 뜻한다. 이 때 북미지역의 무역장벽을 넘기 위해 현지공장을 건설하여 생산하는 것은 바람직하지만, 외교관계가 없는 불모지 국가에 진입은 경쟁 대상국에서 제외시켜야 한다.

넷째, '쟁탈해서 안 되는 땅'은 외국의 땅을 국가나 개인 차원에서 매입하거나 침략으로 점령하려고 시도하는 것은 영원한 개인소유나 국가소유화하는 데 많은 어려움이 따른다는 뜻이다. 일본 국민이 하와이의 흑심 땅을 대량 매입한 것을 비롯해서 남미를 비롯한 여러 국가에서 땅을 매입한 것이 일본 영토의 1/3이 되지만, 일본 국민의 소유일 뿐 일본의 영토는 되지 못한다. 일본 국민은 현지 법률의 규제를 받기 때문이다.

다섯 째, '무조건 받아들여서 안 되는 군주의 명령'은 기업의 최고경영자의 지시도 불합리하거나 불이익이 초래될 가능성이 있으면 정확한 판단력과 결단력을 위해 이의를 제기하거나 대안을 주장하는 용기가 필요하다는 뜻으로 해석된다. 이는 실무자의 의견을 존중하는 판단력과 실제 자료 분석을 통한 결단력을 중시하는 내용인 만큼, 참여적 의사결정(participative decisions) 과정을 통해 독단적 또는 독재적 지도자의 무모한 의사결정 방법을 배제시켜야 한다. 특히 전쟁에서 정석이 있듯이 기업경영에서도 경영의 정도가 있다. 경영의 정도는 원칙성의 존중이고 투명성의 확보와 공감대 조성 그리고 공익성과 명분성을 공유하는 것임을 바로 인식할 필요가 있다. 사람의 생사를 결정하는 전쟁이나 기업의 존폐와 성장을 결정하는 기업경쟁에서도 원칙의 중요성이 강조되는 것은 당연한 일이다.

이익을 생각하기 전에
손실을 고려한다

지혜로운 사람의 생각에는 반드시 이해(利害)가 섞여 있다. 이를 참작하면 직분을 펼 수 있고, 해를 참작해야 근심을 풀 수 있다. 그래서 제후를 굽힘에는 해로써 하고, 제후를 부림에는 업으로 하며, 제후를 달리게 하려면 이로써 한다.

*

是故智者之慮, 必雜於利害. 雜于利而務可信也 ; 雜于害而患 可解也. 是故屈諸侯者以害, 役諸侯者以業, 趨諸侯者以利.

이 말은 지혜가 있는 사람이 판단할 때에는 손익을 함께 고려해야 자신이 하는 일에 자신감과 근심이 되는 일을 배제할 수 있다는 뜻이다. 그러므로 적군을 굴복시키면 위협과 공포심을 조장시키고, 적국을 사역시키려면 일을 만들게 하고(재정손실을 보게 하고), 적군을 분주하게 하려면 이익을 보여 주어야 한다는 뜻이다. 결국 지혜가 있는 사람이라면 이해를 동시에 고려하는 사고를 반드시 가져야 한다는 뜻으로 요약될 수 있다.

경영자의 사고는 이익을 추구하기 전에 손실을 예상하고 예측하여야 한다. 손실 없는 이익은 존재할 수 없다. 다만 이익이 손실보다 클 때 이윤극대화의 목표가 달성될 뿐이다. 이에 따라 기업은 신뢰를 바탕으로 하는 지불능력과 경쟁력을 갖게 되며 또 성장의 기회를 창출하게 되는 것이다. 여기에는 다양한 전략이 이용되는데 전략은 상황적합적인 전략의 시행과 사고전환을 전제로 해야 한다.

일반적으로 중소기업의 경영자들은 현재의 규모로 발생되는 이익을 규모 확장과 연관시켜, 두 배로 확장하면 두 배의 이익이 있다고 생각한다. 분명히 규모 확장은 생산성 증대와 비례할 수도 있다. 그러니까 이익도 배가 될 수 있다는 사고를 하는 것은 당연하다. 그러나 이에 따르는 종업원의 양적 증대와 중간관리자들의 관리능력의 한계성, 그뿐 아니라 수반되는 비용의 증대로 이익보다 손해가 크게 발생할 수 있다는 사고를 경시하는 사례가 많이 있다.

특히 중소기업 경영자들에게는 좋지 않은 한 가지 공통점이 있다. 전문가나 실무자의 제안이나 권고보다 자기중심의 판단 결과를 앞세우면서 독선적으로 결단을 내린다는 점이다. 그리고 장기적인 관점에서 계획적인 경영사고 이전에 단기적 이익과 환경에 집착한다. 이러한 공통점은 이익보다 손실을 크게 할 뿐 아니라 새로운 전문경영 지식과 기법의 효과를 누릴 수 없고, 종업원을 효율적으로 관리할 수 없으며, 동시에 독단적 의사결정으로 기업의 문제점을 증대시켜 고민을 하게 되고 또 자신은 외로움을 느끼게 된다. 특히 자신을 따르는 사람의 수가 줄고, 신뢰성의 상실로 이해관계자의 수도 감소되어 경영자 역할 수행의 어려움과 자신감의 상실로 항상 근심 속에서 기업은 후퇴 내지 침체되는 경향을 보이게 된다. 따라서 경영자는 민주적 리더십(democratic leadership)과 참여적 의사결정(participative decision) 방법을 이용해서 공론과정을 거쳐 공동의 책임이 강조되는 경영환경의 조성과 혁신적 사고의 변화로 조직을 이끌고 또 조직이 미는 그런 사고를 전환해야 할 것이다. 경영사고는 주고받는 원리를 기초로 개발해야 한다. 결국 경영자의 사고를 바꾸면 미래가 보이고, 미래를 볼 수 있는 사고는 모든 경영환경과 여건, 그리고 성장과 발전의 주인이 된다.

상대가 공격해오지 않을 것이라는 생각을 버려라

용병법은 오지 않는 것을 믿지 말고(無恃其不來), 내가 기다림이 있음을 믿는다(恃吾有以待之), 그 공격하지 않음을 믿지 말고, 내게 공격하지 못하는 점이 있음을 믿는다. 그러므로 장수에게는 다섯 가지 위태로움이 있다. 필사는 죽고 필생은 사로잡히고, 분속은 계략적인 모멸을 당하며, 결백성을 욕되게 한다. 그리고 애민은 번거롭게 한다.

＊

故用兵之法, 無恃其不來, 恃吾有以待也；無恃其不攻, 恃吾有所不可攻也. 故將有五危：必死, 可殺也；必生, 可虜也；忿速, 可悔也；廉潔, 可辱也；愛民, 可煩也.

이 말은 적이 공격하지 않는다고 믿지 말고, 언제라도 공격에 대비태세를 갖추는 것만을 믿는 용병법을 기초로 장수의 다섯 가지 위험 내용을 제시한 것으로 이해된다. 즉, 전쟁에서는 적이 공격하지 않을 것이라는 희망적인 관측을 믿기보다는 공격을 해도 완벽한 대비태세를 확보 또는 준비하는 것을 원칙으로 해야 한다. 장수는 필사적으로 싸우면 죽고(必死可殺), 기어코 살겠다고 몸부림치면 포로가 되고(必生可虜), 성을 잘 내고 참을성이 없이 급한 성격을 갖게 되면 계략에 빠져 모멸을 당한다(忿速可侮). 그리고 지나치게 결백을 주장하면 계략적인 탐욕과 모욕에 빠지며(廉潔可辱), 지나치게 병사를 사랑하게 되면 그 사랑 때문에 번거로운 변민에 빠지게 된다(愛民可煩)는 뜻으로 해석할 수 있다.

기업경영에서도 선발기업은 항상 선발기업으로 독주할 수 있을 것으로 생각하는 돈키호테식의 경영사고나 방식을 버리고, 언제든지 후발기업이 나타날 것이라는 예측과 예상에 따라 완전무결하게 대비하고 준비를 갖추는 햄릿식 사고와 경영방식을 갖추고 경영자의 역할을 수행해야 한다. 물론 햄릿식 경영방법에도 위험과 도산은 따를 수 있기 때문에 경영자는 항상 다섯 가지의 위험이나 위협의 요인을 배제시키면서 경쟁기업을 이끌어야 한다.

첫째, 필사적으로 경쟁기업과 싸워야 한다는 사고는 경쟁우위를 확보하기보다 기업의 손실이나 존폐를 가름하는 결과를 가져올 수 있음을 인식해야 한다. 옛 말에 강하면 부러진다는 말이 있듯이 경쟁력을 과시하면 또 다른 경쟁력을 상대하게 되듯이 강자는 항상 강자로 남을 수 없음을 인식해야 한다.

둘째, 계속기업으로 경영활동을 유지하면서 발전하려고 한다면 생존의 가능성은 커질 수 있다. 그러나 그 방법이 필사적인 경쟁으로 일관한다면, 강한 힘에는 또 다른 강한 힘이 작용하게 된다는 자연법칙에 밀려 기업활동에 고립을 초래하게 된다. 그러므로 자신만 살고 자신만 성장하려고 하고 상부상조의 기본 틀을 벗어나게 되면 주고 받는 행위경로가 단절되며, 오히려 경쟁기업의 포로나 지배를 받게 된다. 따라서 경영경제 사회의 구조적 원칙과 질서를 존중하면서 기업간의 상호 이해관계를 중시하여 공존공영의 방법을 모색하는 경영자의 역할이 바람직하다.

셋째, 경영자의 인내력은 무서운 힘을 갖는 기회를 창출한다. 그러나 성급한 성격의 소유자는 항상 계략과 위장술에 휘말려 피해를 보거나 불리한 상태에서 모멸을 당하게 된다. 참고 기다리는 사람에게는 적이 없고 오직 협력과 화합만 있을 뿐이고, 또 그런 사람에게는 기회가 주어진다는 것이다. 그런데 참지 못하고 성급한 성격대로 동일업종을 주도하려고 나서면 많은 계략과 모함으로 뜻을 펴지 못하고 모멸을 당하게 된다. 그 뿐 아니라 성급한 성격의 경영자는 상대방에게 시간적 여유와 강력한 대비책을 강구할 수 있는 자료제공은 물론 기회를 제공하는 원인이 되기 때문에 항상 불리한 위치를 면치 못하고 모멸을 당하게 된다. 따라서 경영자에게는 위급할수록 기다리는 자제력이 필요하다. 그러므로 경영자는 진인사대천명으로 경쟁에 임하고, 경영의 과오를 최소하기 위한 오위를 지키면 경영자의 역할을 극대화시킬 수 있다.

경영자의 사소한 실수 하나가
기업을 죽일 수 있다

> 무릇 오위(五危)는 장수의 잘못이며(將之過也), 용병의 재난
> 이다(用兵之災也). 군대가 엎어지고, 장수가 죽는 것은 반드
> 시 이 다섯 가지 위험 때문이니, 살피지 않을 수 없다.
>
> *
>
> 凡此五者, 將之過也, 用兵之災也. 覆軍殺將, 必以五危, 不
> 可不察也.

대체로 이러한 다섯 가지의 위험요소는 주로 장수의 과실로 인해 그 용병이 재난을 받게 된다. 군대를 패망시키고 장수가 죽게 되는 것은 이 다섯 가지의 위험요소에서 비롯되는 것이니 장수가 신중하게 살피지 않을 수 없다는 장수의 필수준수 사항을 강조하는 말이다.

전쟁이 본래 엄한 규율을 준수하는 것을 원칙으로 하고 있듯이 경

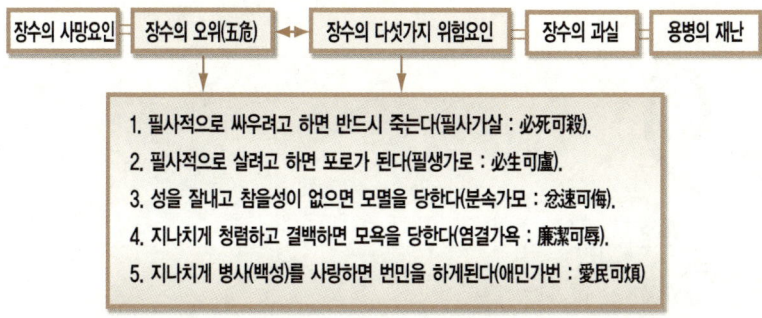

| 장수의 사망요인 | 장수의 오위(五危) | 장수의 다섯가지 위험요인 | 장수의 과실 | 용병의 재난 |

1. 필사적으로 싸우려고 하면 반드시 죽는다(필사가살 : 必死可殺).
2. 필사적으로 살려고 하면 포로가 된다(필생가로 : 必生可虜).
3. 성을 잘내고 참을성이 없으면 모멸을 당한다(분속가모 : 忿速可侮).
4. 지나치게 청렴하고 결백하면 모욕을 당한다(염결가욕 : 廉潔可辱).
5. 지나치게 병사(백성)를 사랑하면 번민을 하게된다(애민가번 : 愛民可煩)

영은 조직이고, 조직은 원칙과 규율을 지키는 것을 철칙으로 하는 무대이며, 여기에는 완전책임과 의무가 따르게 된다. 결국 기업의 각 조직이 계속기업 형태를 유지하지 못하는 책임은 경영자에게 있고, 또 구성원 전체의 운명을 바람직한 방향으로 인도하는 일도 경영자의 의무이다.

따라서 경영자의 과실로 인한 구성원의 재난은 경영자뿐 아니라 구성원 전체의 패배나 패망을 뜻하므로 오위를 준수하는 사고와 행동을 실현해야 한다. 왜냐하면 경영자의 실패는 구성원의 실직이고, 구성원의 실직은 그 가족의 생계유지를 위협하며, 동시에 국민 실업률을 증대시켜 국가 경제를 악화시키는 요인이 되기 때문이다.

경영자나 장수, 대통령은 전체 집단을 이끄는 리더인 만큼 책임도 크고 의무사항도 많기 때문에 오위를 비롯한 관련사항의 전문지식을 갖고 맡은 바 역할을 수행해야 한다. 경영자나 장수 그리고 대통령은 아무나 그 역할을 맡는 것은 아니라는 점을 각별히 유념해야 하겠다.

9_

행군편_行軍篇

심리적 지침과 원칙중심의 핵심역할전략

행군편(行軍篇)에서 행군이란 단순히 걷는 동작을 말하는 것을 뜻하는 것이 아니라 군대의 행진이나 주둔·정찰·작전과 군대통솔 등의 내용을 모두 포함하고 있는 뜻으로 정의할 수 있다. 손자는 행군편에서 지형에 따른 전투배치를 산악지역에서는 산지행군, 하천지역에서는 하천행군, 평지에서는 평지행군, 그리고 저습지역에서는 소택지 행군 등 네 가지로 구분하고, 지형에 따라 행군배치의 유형을 달리해야 한다고 주장하고 있다. 그뿐 아니라 행군 중의 정찰요령과 통솔요령 및 결집에 관한 심리적 방법, 즉 전투에 임하는 최후의 주의사항을 제시하고 있다.

적을 공격하고자 할 경우, 적이 건너오지 않기 때문에 물가에 접근해서 적을 기다리지는 말아야 한다. 그리고 주둔을 하거나 포진하는 위치는 전망이 트인 곳이 좋다. 그리고 강 하류에서는 상류에 있는 적과 싸우지 말아야 한다. 이것은 하천전투의 원칙이다.

지형을 이용하여
유리한 싸움으로 만들라

손자가 말하기를 무릇 군대를 배치하고 적을 상대할 때에는 산을 지나 계곡에 의지해야 하고(絕山依谷), 전망이 트인 높은 곳을 점거해야 하며(視生處高), 높은 곳과 싸울 때에는 적대하지 말아라(戰隆無登). 이것이 산악전의 원칙이다.

＊

孫子曰：凡處軍，相敵：絕山依谷，視生處高，戰隆無登；此處山之軍也.

이는 군의 행군, 즉 산악전의 요령으로 요약되는데, 산에서 행군하는 산행군은 계곡을 따르고, 전망이 트인 높은 곳을 점거하되, 고지에 있는 적은 올라가서 상대하지 말라는 산악전의 원칙으로 이해된다. 행군시 계곡을 택하는 이유는 식수와 말의 먹이를 쉽게 얻을 수 있기 때문이고, 점거지역은 적보다 높은 지역이라야 하는데

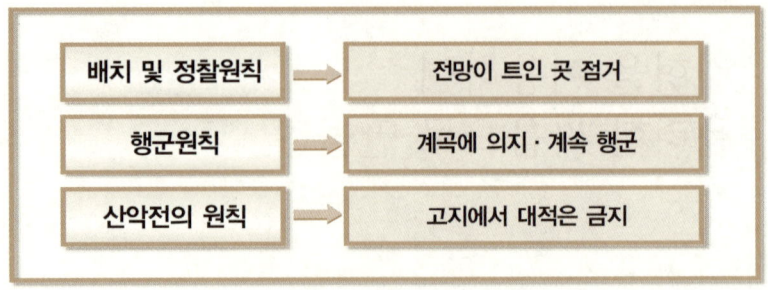

배치 및 정찰원칙	→	전망이 트인 곳 점거
행군원칙	→	계곡에 의지·계속 행군
산악전의 원칙	→	고지에서 대적은 금지

그 이유는 올라가 싸우는 것은 절대금물이기 때문이다. 이러한 산악전의 내용은 자연환경의 조건을 이용하면서 생리적·심리적인 요건을 충분히 고려하고 있는 내용으로 요약된다.

조직관리 차원에서 종업원의 배치는 우선 적재적소원칙(the right person for the right job)에 따라야 하고, 조직의 위치는 교통의 요지이면서 비용절감을 전제로 인력과 원자재 및 부자재를 쉽게 획득할 수 있는 요충지여야 한다. 물론 국가 차원에서 공단을 조성할 때에도 다양한 조건(근해에 인접지역으로 일일 공급하는 공업용수의 양과 근해지역 접속항구의 수심 등)이 있듯이 기업이 지역별 대리점이나 해외 공장부지 선택에는 인구밀집 지역이면 교통이 편리하고, 경쟁에 우위를 점할 수 있는 유리성과 수용인력의 모집이 용이한 지역을 전제로 한다. 특히 해외진출 기업의 경우는 거래량이 많은 반면 무역장벽으로 물류비용이 많이 드는 지역을 대상으로 현지 정부의 특혜와 유치정책이 유리한 지역을 선정하여 건설하는 것이 원칙이다. 이러한 조건이 충족되면 우선 선정 대상국으로 정하고 진출 차비를 하게 된다.

한 지역을 선점하면 다른 지역으로 공략지를 옮긴다

물을 건너면 반드시 물에서 멀리하고, 적이 물을 건너올 때에는 이를 물 속에서 맞이하지 말아야 한다. 적이 반쯤 건너 올 때에 공격하면 유리하다. 그리고 싸우고자 하면 물에 붙어서 싸우지 말고, 삶을 보고 높은 곳에 처하고, 물의 흐름을 맞이하지 마라. 이것이 하천에서 전투하는 원칙이다.

*

絕水必遠水; 客絕水而來, 勿迎之于水內, 令半濟而擊之, 利 ; 欲戰者, 無附于水而迎客; 視生處高, 無迎水流. 此處水上之軍也.

하천 전투시 강을 건너게 되면 반드시 멀리 떨어진 지역에 진을 쳐야 후속 부대의 진로를 터 줄 수 있고 동시에 홍수의 우려와 피해를 줄일 수 있다. 그리고 적이 강으로 진격할 때에 수중전투를 하게 되면 피해가 크므로 반쯤 건너올 때에는 적군의 병력이 분산

1. 도하 후 떨어진 곳에 진지를 구축할 것(후속부대 진로를 열어 줄 것)
2. 적이 공격시 물안에서 공격을 하지말 것(피해감소)
3. 적의 병력이 1/2이 수중에 있을 때 공격할 것(행동 부자유 병력 양분상태)
4. 하천을 공격하려면 하천 주변에 진지를 구축하지 말것(적이 도하하지 않음)
5. 주둔 지역은 전망이 트인 높은 지역을 택할 것(공격의 유리성)
6. 하류에서 상류에 있는 적을 공격하지 말것(병력의 불리성)

되고 또 양분될 수 있으므로 그때 공격하는 것이 유리하다. 그러나 적을 공격하고자 할 경우, 적이 건너오지 않기 때문에 물가에 접근해서 적을 기다리지는 말아야 한다. 그리고 주둔을 하거나 포진하는 위치는 전망이 트인 곳이 좋다. 그리고 강 하류에서는 상류에 있는 적과 싸우지 말아야 한다. 이것은 하천전투의 원칙이다.

여기서 '물을 건너면 물을 멀리하라(絶水必遠水)'는 뜻은 기업이 특정 시장을 지배하게 되면, 즉시 다른 지역의 개척 시장으로 이동하여 시장지배 범위를 확장해야 한다는 말이다. 물론 다른 지역으로 영업 활동을 이동하는 목표는 시장과 고객을 개척하는데 목적이 있겠지만 더 큰 목적은 신상품의 판로를 열어 주고, 시장과 고객을 위한 제품의 생명주기(product life cycle)를 연장시키는 효과를 기대하는데 있다. 특정 상품판매의 우위성은 영원히 유지할 수 있는 것도 아니고 또 특정 시장의 지배력도 영원히 보장되는 원칙도 없다. 따라서 한 지역을 지배한 상품은 그 지배력을 연장·이동시키고 우위성을 지속시킬 수 있는 신제품 개발로 계속성을 유지시키는 기회를 제공해야 한다.

불리한 상황에서는
빨리 발을 빼라

척택을 건널 때에는 속히 떠나되 머무르지 말고, 만일 군이 척택지대에서 싸울 때에는 반드시 물이나 풀에 의지하며 나무를 등지고 싸워라. 이것이 늪지대에서의 전투원칙이다.

*

絶斥澤, 惟亟去無留 ; 若交軍于斥澤之中, 必依水草而背衆樹, 此處斥澤之軍也.

이 말은 위험지역에서는 신속하게 떠나되 만일 전투를 할 경우에는 은신이나 은폐가 가능한 지역을 택하고 진격의 장애물을 뒤에 두고 싸우라는 소택지에서의 전투원칙을 뜻한다.

기업경영에서 경영환경이나 조건이 불리한 지역이나 업종은 속히 그 지역을 떠나든가 아니면 포기하는 것이 바람직하다. 그러나 부득이 악조건이나 불리한 지역에서 경쟁을 해야 할 때에는 기업이나 신

소택지(늪지대)의 전투원칙

1. 신속하게 통과하고 머물지 말것(유극거무유 : **惟亟去無留**).
2. 소택지에서 교전시
   ❶ 수초에 의지 할 것(필의수초 : **必依水草**)—(수초를 앞에 두고 은폐).
   ❷ 숲을 등뒤로 할 것(이배중수 : **而背衆樹**).

변을 쉽게 정리할 수 있는 태세를 취하는 것이 바람직하다는 내용으로 이해된다. 결국 부적당한 지역은 미련 없이 떠나라는 뜻이다.

이러한 경우의 사례는 경제조건과 기업환경의 악화, 그리고 다국적 기업의 경우에서는 민족주의(nationalism)에 밀려 해당 국가를 떠나는 경우를 들 수 있다.

경제여건과 기업환경, 그리고 경영상황은 예민한 관계를 맺고 있다. IMF의 외환위기, 즉 외화지원 시절의 경제여건이 기업환경을 악화시키고, 경영상황을 마비시켰던 사례라든가 동남아의 여러 국가에서 민족주의를 앞세워 일본 상품의 불매운동을 전개하여 일본의 기업환경과 경영상황이 악화된 사례도 있다. 즉, 기업은 환경이나 여건이 불리한 지역에서는 속히 떠나는 것이 좋겠지만 부득이 계속 경영활동을 해야 할 경우에는 철수나 퇴각의 배수진을 치고 경쟁을 해야 한다.

국가간의 외교적 마찰로 대사를 철수시키거나 유행 및 전염성 질환의 확산으로 경영환경이 악화되어 상사나 상주교민 그리고 대사관 직원까지 철수시키는 사례도 있다. 즉, 기업활동을 유지하기 어려운 지역에서는 신속하게 떠나는 철수전략(withdrawal strategy)을 택해야 하고, 경쟁활동을 하지 않으면 안 되는 극한 상황에서는 배수진전략을 활용해야 한다. 여기서 배수진전략(retreat cut off strategy)이란 상한선까지 경쟁을 하되 여건이 불리한 경우에는 즉시 철수하는 전환전략을 의미한다. 불리한 지역은 신속하게 떠나고, 불리한 여건에서의 경쟁은 철수나 퇴각을 전제로 최선을 다하며, 경쟁 시에는 전략의 전환을 전제로 해야 한다.

위치를 잘 잡아
공격의 포인트를 얻어라

평지에선 쉬운 곳에 처하고, 고지는 오른쪽 높은 곳을 뒤에
두며, 앞은 험준한 지형 뒤는 트인 지형을 택하는데, 이것
이 평지에 처한 군이다. 무릇 이 네 가지 군사의 이로움은
황제가 사제(四帝)를 이긴 이유이다.

＊

平陸處易, 而右背高, 前死后生, 此處平陸之軍也. 凡此四軍
之利, 黃帝之所以勝四帝也.

평지에서의 전투는 활동하기 편한 곳을 택하여 전방은 험준한
곳, 뒤는 퇴로를 보장하는 곳에서 싸우면 유리하다는 뜻이다.
전쟁은 승리를 목적으로 한다. 승리는 위치선정이 결정하므로 위치
선정에 신경을 쓰라는 뜻으로 이해된다.
　기업의 위치선정은 기업자체의 위치, 동일업종간의 위치 그리고

국제적인 위치 등에서 최적지를 선정하는 것을 원칙으로 하고 있다. 기업 자체는 자금조달과 종업원의 확보, 원자재의 조달이 쉽고 최소 비용이 가능한 지역을 선정해야 한다. 또, 동일업종간의 위치는 선발과 후발기업에 따라 다르고 경쟁력에 따라 다를 수 있으며, 국제적인 위치는 지배력과 자원력, 관련성과 유용성에 따라 그 위치가 변할 수 있다.

그러나 기업은 최적위치에서 최적활동을 하여 최적의 이윤을 극대화시키는 것이 목적인 만큼 위치선정이 매우 중요한 의사결정 요인이 된다. 스포츠맨도 게임시 위치선정에 따라 성적에 차이가 있고, 판매업이나 백화점의 경영도 위치선정에 따라 매출액에 차이가 있다. 따라서 기업경영과 경쟁에는 위치선정이 기본적인 과제가 된다. 인간도 위치선정에 따라 생활수준과 출세가도가 달라지고 또 위치선정의 유·불리성에 따라 주어지는 기회가 다르므로 '줄을 잘 서라'는 말이 나온 것 같다.

사무실·공장의 위치가
중요하다

무릇 군은 높은 곳을 좋아하고 낮은 곳을 싫어한다. 또 양지를 귀하게 여기고 음지를 천시한다. 건강에 유의하여 건실한 곳에 점거하면 군대는 아무런 질병이 없다. 이것을 필승이라고 한다.

*

凡軍好高而惡下, 貴陽而賤陰, 養生而處實, 軍無百疾, 是謂必勝.

기업은 우선 위치선정 원리에 따라 경쟁우위, 즉 기술개발의 선도적 지위와 자금 그리고 인력의 독보적 위치를 차지하는 것이 지상과제이다. 그러나 이는 기본적인 목표일뿐 달성하여 위치를 차지하는 데에는 많은 어려움이 따르게 된다. 다만 이러한 경쟁력만 확보할 수 있으면 상대기업의 어떠한 경쟁이라도 두렵지 않다.

사무실이나 공장은 배수가 잘 되는 높은 지역과 양지 바른 곳에 건설해야 질병의 원천을 배제하면서 근로자의 건강을 유지시켜 생산성 증대와 아이디어의 창출효과를 증대시킨다. 이는 최적 위치선정으로 비용을 절감시키고 구성원의 건강을 유지함으로써 목표를 쉽게 달성시킬 수 있는 방법이다.

　특히 농업경영에서 농장의 위치 선정, 즉 지형과 기후조건 그리고 농업용수확보에 유리한 최적지의 선정은 부대비용의 절감효과와 농산물의 생산성 증대효과로 농장의 이윤을 극대화시킬 수 있다. 기업의 최적 위치선정에는 대리점과 자사의 위치뿐 아니라 종업원의 적재적소배치와 기능에 따른 직무부여 등의 내용도 포함된다. 취업을 희망하는 사람도 자신의 전문지식과 능력 그리고 건강상태와 향후 미래의 비전 등을 고려해서 직업을 선택하는 것이 바람직하다. 위치의 선택은 자신의 진보적 행동을 위한 원천이고, 자신을 몰입시키는 방법이며 영구적으로 공헌할 수 있는 장소이면서 생활터전인 만큼 신중하게 선택하는 것이 장래성을 보장하는 길이다.

변화의 추이를 생각하라

구릉과 제방에서는 반드시 양지쪽에 진을 치고, 이를 오른쪽 뒤에 위치하도록 한다. 이것이 병(兵)에 유리하고 지형에 이점을 얻는다. 상류에 비가 와서 물이 세차게 흐르니 강을 건너려고 하는 자는 잠시 안정(수세가 가라 앉기)을 기다려야 한다.

*

丘陵堤防, 必處其陽而右背之. 此兵之利, 地之助也. 上雨, 水沫至, 欲涉者, 待其定也.

이 말 역시 자연환경의 중요성은 물론이고 위치선정의 이점과 지형의 이점을 활용하면 승리할 수 있다는 병법의 내용으로 이해된다. 이 병법은 특히 구릉이나 제방지역에 포진하는 방법과 도하작전의 주의사항에 대해 언급하고 있다.

기업경영에서도 업종을 선택할 때와 위치를 선정할 때에는 역시 자연환경을 역행하거나 무시하지 말아야 한다. 미국에서 서부의 디즈니랜드와 동남부의 디즈니월드는 관광의 명소로 세계인의 각광을 받고 있다. 또 사업의 수입성은 세계인이 잘 알고 미국인들이 자랑할 정도로 높아서 국가경제에도 큰 몫을 하고 있다. 그러나 이러한 사업을 캐나다나 러시아 등 한대 지방의 국가에서 시도한다면 자연환경의 역행일 뿐 아니라 그 비용이 수입보다 많고 지리적 요건이 맞지 않아 사업의 타당성을 잃게 된다.

한편 강력한 조직과 판매망 그리고 자본력을 갖고 있는 미국의 유수 기업들이 세계 제일의 인구를 자랑하는 중국에 적극적으로 투자하지 않고 있다. 그 이유는 투자 이전에 투자환경의 변화와 국민소득 수준의 향상 그리고 민족주의에 따른 저항감 등의 변화와 개혁시기를 기다릴 뿐 아니라 특히 완전 시장경제로 전화하는 시기를 기다리기 때문이다. 일반적으로 기업의 설비투자나 규모 확장 전략은 경기 변동 추세와 제도적 개선을 위한 정책전환과 깊은 관계가 있다. 특히 후진국의 경우는 정치적 환경변화에 민감한 반응을 보이기 때문에 투자시기를 조성하면서 변화의 시기를 기다린다. 이러한 현상은 기업이 자연환경의 중요성과 안정적 변화추세를 기다려 적극적인 투자활동의 시기를 확정하는 기본원리를 보여 주는 사례가 된다.

상대를 위험한 곳으로 몰아라

무릇 땅에 절간(絕澗 높은 절벽사이 골짜기)이나 천정(天井)·천뢰(天牢)·천라(天羅)·천함(天陷)·천극(天隙)에서는 반드시 신속하게 떠나고 접근하지 말라. 이러한 지역을 멀리하고, 적은 가깝게 하며, 나는 이를 맞이하고 적은 이를 등지게 하라.

*

凡地有絶澗, 天井, 天牢, 天羅, 天陷, 天隙, 必亟去之, 勿近也. 吾遠之, 敵近之；吾迎之, 敵背之.

여기서는 행군할 때에 절간(절벽)이나 물이 괴는 분지(천정), 험준함으로 둘러싸인 감옥 같은 곳(천뢰), 한번 들어가면 빠져나올 수 없는 곳(천라), 함정과 같은 늪지(천함), 지형의 요철로 빈틈이 없는 지역(천극) 등의 위험지역에서는 신속하게 빠져나오고 상대적으로 적은 위험지역으로 몰아넣는 것이 승리하는 방법이라고 강조

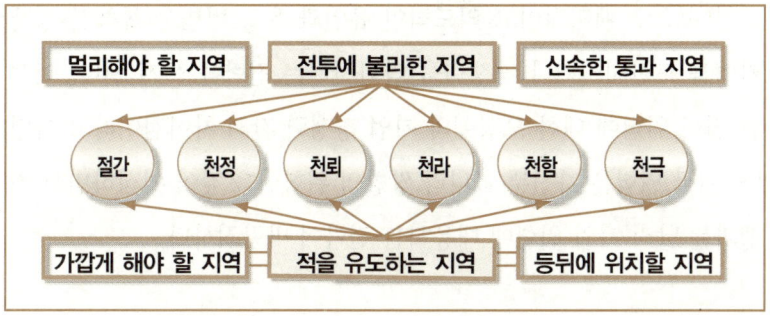

하고 있다. 즉, 행군시 위험지역은 신속하게 피하고, 적군은 위험지역으로 몰아가라는 뜻이다.

기업은 전쟁과 마찬가지로 위험에 대응하는 회피전략(evasion strategy)을 마련하면서 동시에 유인전략(allurement strategy)을 병행해야 유리한 입지를 차지할 수 있게 된다. 기업의 위험지역은 다양하다. 기업의 대외적 환경에서 발생 가능한 위험은 교역상대가 전쟁 중인 국가에 진입하거나 투자하는 경우, 경제적으로 불안정한 기업과 합작투자나 구상무역과 클레임 또는 지불보증, 그리고 원자재 확보를 경쟁기업이 독점하는 경우와 경쟁기업이 자금의 원천을 차단시키는 경우, 또는 고객이 불매운동을 하는 경우가 있다. 또 기업의 대내적으로는 전문기술과 관리 인력의 이직률 증대와 대주주 또 최고경영자의 사망·매출어음의 부도율 증대·매출부진으로 재고량이 증대되어 유동자산을 고정자산화 시켜 기업의 재무적 유동성이 마비되는 경우 등 다양한 사례가 있다.

기업은 이러한 위험요인을 극복하기 위해 많은 방법과 전략을 강구하게 된다. 그러나 기업은 상대적으로 경쟁기업을 이렇게 다양한 위험 속으로 계획적이고 의도적인 유인과 유도 방법을 통해서 경쟁 기업을 도산시키거나 경쟁력을 약화시키는 전략을 쓰게 된다. 이러한 점이 위험에 대한 모성애와 기업 경쟁력 간의 차이점이라고 하였다. 결국 위험은 자신뿐 아니라 쌍방의 위험임을 깊이 인식하면서 전쟁과는 달리 기업 위험에 대응하는 전략이 바람직하다.

혈투보다 무서운
정보전쟁에서 살아남기

군의 곁에 험조와 황정·겸가·임목·예회가 있으면 반드시 삼가 이를 반복 수색하라. 이것은 복간이 있는 곳이다.

*

軍旁有險阻, 潢井蒹葭, 林木翳薈者, 必謹覆索之, 此伏姦之所處也.

이는 군대가 주둔하고 있는 지역 근처의 험한 곳, 우묵한 웅덩이가 있는 곳, 갈대 밭, 초목이 무성한 곳이면 반드시 반복 수색을 해야 한다는 뜻이다. 그런 곳에는 복병이나 척후가 있게 마련이며, 위험지역을 행군할 때의 주의사항을 강조하고 있다. 결국 적이 은둔하면서 전황이나 정보를 얻기 위해 숨어서 탐색할 수 있는 곳이기 때문에 정보유출을 막는 방법으로 철저한 수색을 해야 한다는 뜻이다. 즉, 정보전쟁의 중요성을 강조하는 내용이다.

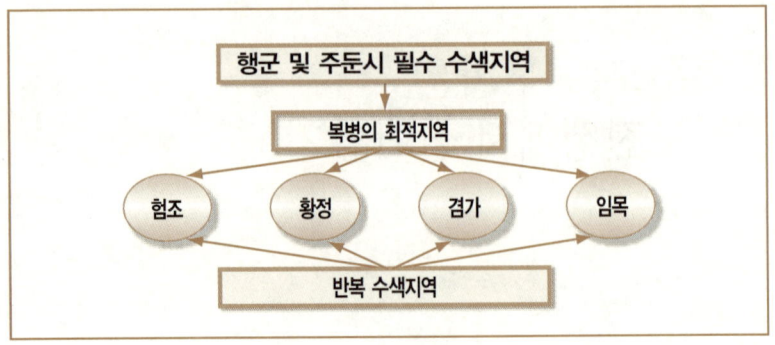

국가나 기업조직, 심지어는 개인에 이르기까지 정보는 매우 중요하다. 정보는 허점으로 이용되고, 허점은 공격에 있어 최상의 수단과 목표가 될 수 있으며, 허점은 피해와 몰락의 원인이 될 수도 있다. 따라서 정보의 유출을 차단하기 위해 위험지역이나 유출 가능성이 있는 곳은 사전에 철저한 수색과 색출에 신경을 쓰게 된다. 이렇게 정보유출이 가능한 지역은 역시 정보원이 은둔하기 쉬운 곳이다. 외교에서는 워싱턴 · 런던 · 모스크바 · 파리 · 북경 등의 외교중심지역을 들 수 있고, 경영경제 분야에서는 핵심 · 첨단기술의 집중지역 즉, 미국의 산호세 · 디트로이트 · 뉴욕 등과 같은 정보 집약적인 핵심지역이 그 대상이 된다.

특히 손자는 특정지역에 대한 반복 수색을 강조하고 있지만 시대적 변화에 따라 그 지역은 방대한 범위로 더욱 확대되고 있는 실정이다. 문헌에 따르면 제2차 세계대전 당시 독일과 소련의 전쟁시 폴란드 동쪽 국경에 인접한 소련 영토 내에서 남북으로는 약 400㎞, 동서방향으로는 약 300㎞되는 지역에서 소련의 게릴라 활동이 전개되었듯이, 현대의 정보전쟁은 국경과 그 한계를 넘어 광범위한 지역에의 정보전쟁이 끊이지 않는 실정이다.

따라서 국가나 기업조직이 극비로 정보관리를 시도하려고 할 때에는 의사결정 과정에 최소의 핵심인력만 참가하는 핵심 참여적 의사결정 방법을 이용한다. 이때에 그 내용은 문서화하지 않고 녹취 테이프를 이용하며 관리는 총책임자가 주도하는 핵심정보관리(core information management) 방식을 활용하는 것이 바람직하다. 정보의 정체는 돈과 같다. 돈은 아무도 모르게 소리 없이 들어오지만 나갈 때에는 요란한 소리와 함께 부모형제까지도 고려하지 않고 나간다. 이와 같이 정보는 눈도 없고 발도 없으며 또 보이지도 않는 신비의 물체인 것과 마찬가지로 나갈 때에는 주인도 모르고 방법과 경로도 보이지 않는 상태에서 큰 영향력을 행사하는 전쟁이나 혈투보다 무서운 존재임을 명심해야 한다.

경쟁기업이 개입하지 않을 때는
숨은 전략을 의심하라

적이 근접해도 조용한 것은 적들이 험준한 지형을 믿기 때문이고, 멀리 있으면서도 진격을 유인하기 위함이다. 적이 평지에 머무르고 있는 곳은 그곳이 유리하기 때문이다.

＊

敵近而靜者, 恃其險也 ; 遠而挑戰者, 欲 人 之進也 ; 其所居易者, 利也.

이는 전쟁에서 적이 가까운 곳에 있으면서도 움직이지 않는 것은 위험지역을 인식하기 때문이고, 먼 거리에 있으면서도 도전하는 것은 유인작전으로 보아야 하므로 평탄한 곳에 진을 치고 있는 것은 유혹의 수단으로 판단해야 한다는 뜻으로 이해된다.

이 내용도 정보전쟁의 일환으로 볼 수 있다. 기업이 시장경쟁을 주도할 때, 경쟁기업이 개입하지 않을 때에는 배후에 절대적인 계획이나 전략이 있다고 생각해야 한다. 특히 경쟁상대기업은 계획이나 전략을 은폐시키고 또 이에 관련된 정보가 유출되지 않도록 정보경쟁을 강화하게 된다. 더욱이 정보 자체를 위장시켜 오판에 따르는 공격을 유도하는 유도전략으로 판단해야 한다.

정보전쟁에서는 필요에 따라 위장된 정보를 유출시켜 경쟁자와의 오판을 유도하기도 하고, 때로는 역정보를 누설시켜 파급효과를 노리는 경우도 있다. 경쟁을 위한 완벽한 대비나 준비를 완료하고 경쟁시기를 기다리는 기업이 오히려 상대기업의 경쟁을 유도해서 부득이 대응하는 것처럼 위장해 경쟁기업을 제압하는 경우도 있다.

결국 정보는 실체를 알 수 없는 위장과 실체와 전혀 다른 형태로 둔갑하기도 하며, 모든 조건을 역으로 변신시켜 유출시키는 사례가 많이 있기 때문에 정확한 정보수집과 분석능력 및 방법을 개발하고 판단하는 제도적 장치가 필요하다. 이러한 과정에서 첩자라는 용어도 나오게 되고 또 첩자 중에서도 쌍방에 정보를 주고받는 이중간첩의 행위도 나타나게 된다는 사실을 보안전략 차원에서 유의할 필요가 있다.

특히 정보전쟁이나 경쟁의 매체역할 수행하는 정보원은 개인의 생명을 담보로 하고 있을 뿐 아니라 국가와 기업조직의 성패를 가름하는 중요하고도 위험스러운 행위이므로 이들의 역할을 지휘하고 감독하여 확인하는 책임자의 역할도 역시 주의를 요한다고 하겠다.

먼지의 움직임도
정보가 될 수 있다

무릇 나무가 움직이는 것은 적이 오기 때문이고, 많은 풀로 가리는 것은 의심을 증폭하는 일이다. 또, 새가 날아오르는 것은 복병이 있기 때문이고, 짐승이 놀람은 급습하는 병사가 있기 때문이고, 먼지가 높게 일고 날카롭게 일면 적의 전차가 오기 때문이다. 또 먼지가 낮고 넓으면 보병이 오고, 먼지가 흩어져 나뭇가지와 같으면 적군이 땔나무를 하는 것이며, 작은 먼지가 왔다갔다하는 것은 진영을 준비하기 때문이다.

*

衆樹動者, 來也 ; 衆草多障者, 疑也 ; 鳥起者, 伏也 ; 獸駭者, 覆也. 塵高而銳者, 車來也 ; 卑而廣者, 徒來也 ; 散而 條達者, 樵采也 ; 少而往來者, 營軍也.

이 말은 먼지의 형태로 적의 행동과 전략을 파악하는 간접적인 방법을 알려주는 내용이다. 즉, 직접적인 정보수집 이전에 먼지와 같은 간접적인 정황으로 적의 이동상황과 전술을 파악하는 방법을 제시한 내용으로 이해된다.

경쟁기업 간의 간접 정보수집 방법은 핵심 정보보다 경쟁 상대기업의 현상이나 현황을 기초로 예측하는 방법이라고 생각하면 된다. 이 방법은 확실성보다 불확실성이 클 수 있지만 예측분석 방법에 따라 타당성이나 정확성을 기대할 수도 있다. 기업간의 판매경쟁이 격화되어 서로 대치상황에 있을 때에 쌍방의 기업은 판매원의 방법과 행동 또는 경영자의 사고와 행동변화에 신경을 집중시키게 된다. 그 이유는 현황자료를 통해서 행동의 양상을 판단하고 동시에 기업의 정책이나 전략을 예측할 수도 있기 때문이다.

경쟁의 상대기업은 격화되는 경쟁으로 매출 이익도 감소되는 반면, 처우개선이나 판매촉진을 위한 비용부담으로 서로 어려움을 겪는 것이 현실이다. 물론 기업경쟁의 승리요인은 자금력과 품질 그리고 연구의 개발과 혁신으로 요약되므로 이 세 가지 요인의 변화추세와 그 형태가 예측요소로 작용하게 된다. 즉, 판매방법과 판매원의 양적 증대, 원자재 확보율과 재고율, 대리점이나 고객에게 우대적이고 호혜적인 정책과제도 변화제품이나 기업광고의 양적 증대, 물류방법과 서비스의 개선 등에 간접적인 기업행위의 변화요인은 경쟁력을 예측하는 자료가 될 수 있다.

표정만 봐도 상대의 생각을
읽을 수 있어야 한다

말을 겸손하게 하면서도 대비를 굳게 하는 것은 진격하려
는 것이고, 말을 강하게 하는 것은 퇴각하려고 하는 것이
며, 경거가 먼저 나와 옆에 있으면 진을 치려는 것이고, 약
속 없이 강화를 청하는 것은 모략이다.

*

辭卑而益備者, 進也 ; 辭强而進驅者, 退也 ; 輕車先出其側
者, 陣也 ; 無約而請和者, 謀也.

이 말은 전쟁에서 장수가 정확한 정보 없이 적의 행태를 파악하
는 지침의 뜻이다. 그러나 첨단과학에는 이보다 더 정밀한 정
보수집 기기와 정보망이 있기 때문에 여기서는 장수의 정신적 판단
에 초점을 두고 행동에서 유의 또는 참고할 사항을 조언하는 내용으
로 이해하면 되겠다.

기업의 최고경영자는 정신적인 면에서 감각기관인 5관의 예민성

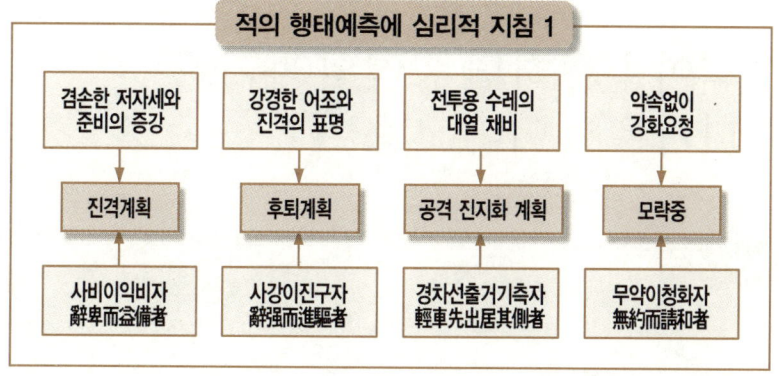

적의 행태예측에 심리적 지침 1

겸손한 저자세와 준비의 증강	강경한 어조와 진격의 표명	전투용 수레의 대열 채비	약속없이 강화요청
진격계획	후퇴계획	공격 진지화 계획	모략중
사비이익비자 辭卑而益備者	사강이진구자 辭强而進驅者	경차선출거기측자 輕車先出居其側者	무약이청화자 無約而請和者

과 추리력 그리고 미래를 바라보는 예견력을 개발해서 갖추어야 한다. 이는 감수성훈련(sensitivity training)을 통해 능력을 개발하는 것을 뜻한다. 즉, 기업경쟁에서 겸손은 경쟁의 의지를 뜻하고, 강경한 발언은 후퇴나 패배를 전제로 하며, 조직에서 판매원의 증대는 공격(경쟁)에 채비로 이해해야 하고, 특별한 여건에 변화 없이 기업연합이나 기업합동 또는 콘체른 형식으로 협상 이전에 음모나 계략으로 받아들이는 자제와 판단력이 필요하다는 뜻으로 이해된다.

태도와 사고를 바꾸면 미래가 보이고 행동이 달라져 미래를 지배한다는 말이 있듯이 경영자는 예리한 상상력이나 추리력을 갖추고 리더십을 발휘하게 되면 눈을 감고도 볼 수 있고, 귀를 막고도 들을 수 있으며, 입을 막고도 효과를 보게 된다. 이러한 내용은 경영자가 갖추어야할 필수요건이면서 실천해야 할 절대조건이다. 따라서 경영자는 간접적인 정보, 즉 상대의 행동과 근황을 직접 보고 판단하는 방법이 다양하기 때문에 상황에 따라 적합한 판단기준과 기법을 활용하는 리더십이 요구된다.

적이 분주하면 공격의 때가
다가온 것이다

병사가 분주하게 뛰면서 전차를 벌리는 것은 결전의 시기
가 닥친 것이고, 반은 전진하고 반은 후퇴하는 것은 유인하
려는 것이며, 지팡이를 짚고 서는 자는 굶주림을 의미하고,
물을 길러 먼저 마시는 자는 갈증이 심한 사람이다. 이러한
행태의 이점을 보고 진격하지 않는 사람은 피로해 있기 때
문이다.

*

奔走而陳兵者, 期也;半進半退者, 誘也. 杖而立者, 飢也;
汲而先飲者, 渴也;見利而不進者, 勞也.

이것 역시 경영자가 간접적으로 적의 상황과 행동을 판단하는 추
상적인 판단방법(abstractive decisions)이다. 경쟁기업을 주도하
는 경영자는 상대기업이 활발하게 움직이면서 판매원을 확대 채용하

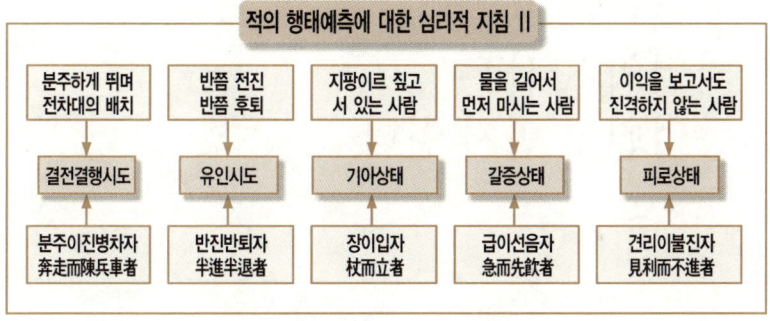

적의 행태예측에 대한 심리적 지침 Ⅱ

분주하게 뛰며 전차대의 배치	반쯤 전진 반쯤 후퇴	지팡이르 짚고 서 있는 사람	물을 길어서 먼저 마시는 사람	이익을 보고서도 진격하지 않는 사람
결전결행시도	유인시도	기아상태	갈증상태	피로상태
분주이진병차자 奔走而陳兵車者	반진반퇴자 半進半退者	장이입자 杖而立者	급이선음자 急而先飮者	견리이불진자 見利而不進者

면서 판매원의 기동력 향상을 위해 차량을 지급하는 지원제도의 실현은 본격적인 판매경쟁 시기에 대비하고 있는 것으로 이해하여야 한다.

한편 경쟁적 공격을 시도하면서 일부 협력적인 태도와 행동을 보이는 것처럼 경쟁에 미온적 태도를 취하거나 경쟁대열에서 후퇴하는 것처럼 행동하는 것은 경쟁을 유인하는 하나의 전략으로 볼 수 있다. 또, 상대적으로 판매원의 사기가 떨어지고 불평이나 불만이 팽배한 상태에서는 판매정책과 임금제도로 인한 저항형태로 볼 수 있다. 그리고 기업의 판매행위보다 자신의 개인행위와 안위 그리고 그 밖에 다른 수입원을 모색하기 위한 일과로 지속되는 행동을 보이게 되면 경제적으로 회사가 도움이 안 된다는 뜻으로 볼 수 있다. 특히 기업이 상대적으로 약체성을 보여 경쟁기업이 공격을 해도 특별한 대응전략이나 행동을 보이지 않는 것은 전체 구성원의 피로증대와 사기가 떨어져 전의를 상실한 것으로 이해할 수 있다. 그러나 전쟁과 기업경쟁에서는 진실도 없고 사실과 실체도 없을 정도로 위장술을 전략적으로 활용하기 때문에 경영자는 항상 진위파악에 신경을 써야 한다.

기업의 도산은
종업원이 먼저 안다

적진에 새가 모이는 것은 철수해서 빈 것이고, 밤에 부르는 것은 공포에 질려 있다는 징후이며, 군이 동요하는 것은 장수의 위엄이 없음을 뜻하고, 군의 깃발이 함부로 움직이는 것은 어지러움을 뜻하며 또 관원이 성을 내는 것은 게으름이나 지쳐있기 때문이다.

*

鳥集者, 虛也 ; 夜呼者, 恐也 ; 軍擾者, 將不重也 ; 旌旗動者, 亂也 ; 吏怒者, 倦也.

이는 장군의 심리적 대인관의 정립과 통솔할 때의 유의할 점을 지적하는 내용이다. 조직은 기업의 전체내용을 지니고 있는 거울이다. 거울은 투명하고 깨끗해야 한다. 그런데 기업의 조직이 존재하지 않는 곳에서는 구성원의 경영활동을 찾아볼 수 없고, 그러므

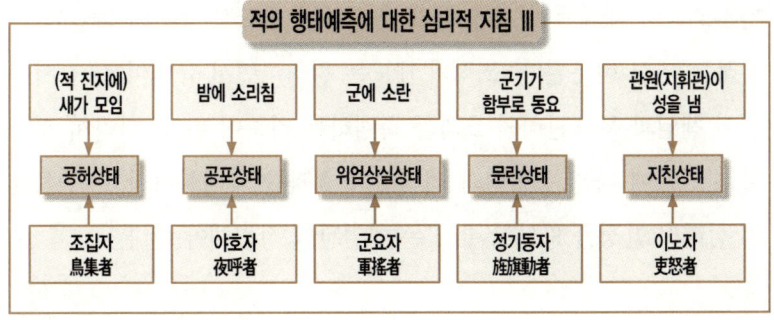

적의 행태예측에 대한 심리적 지침 Ⅲ

(적 진지에) 새가 모임	밤에 소리침	군에 소란	군기가 함부로 동요	관원(지휘관)이 성을 냄
공허상태	공포상태	위엄상실상태	문란상태	지친상태
조집자 鳥集者	야호자 夜呼者	군요자 軍擾者	정기동자 旌旗動者	이노자 吏怒者

로 경쟁기업에 대한 정보가 없어도 폐쇄하였거나 철수한 것을 알 수 있다.

한편 기업 구성원의 불평·불만이 조직 밖으로 세어나와 응집력이 깨지고 전체 조직의 사기가 떨어지면 도산의 징후를 보이게 된다. 특히 경영관리자의 명령체계가 무너지고, 리더십이 상실되면 조직은 동요가 심해 유기적인 조직의 운영이 어려워지며, 경영관리자는 조직관리의 의욕을 상실하여 리더십의 효과를 기대할 수 없게 된다.

기업의 정보는 생명과도 같다. 따라서 기업이 철수하거나 도산할 가능성은 동일업종에서 먼저 알 수 있게 된다. 그 이유는 종업원들이 심리적으로 불안과 공포를 느껴 그 징후를 보여주기 때문이다. 그뿐 아니라 조직 자체가 동요하게 되는데 그 이유는 질서를 잃은 상태에서 경영자의 명령의 일원화와 계층의 원칙이 무너져 권위를 상실하였기 때문이다.

특히 조직의 규범과 원칙 그리고 질서가 깨지면 책임관리와 목표관리가 어렵게 되고 조직은 유기적 기능을 상실하여 생산성과 고능률을 기대할 수 없게 된다. 이러한 상황은 조직이 정보관리 이전에 기본조직의 체계를 원칙에 따라 운영하는 제도적 정비의 확립을 경시하는 데서 비롯된다. 조직의 제도는 원칙이면서 규범이고, 질서이면서 책임과 목표관리의 효과를 측정하는 기준이 된다. 따라서 경영자는 기준에 따른 통솔력과 리더십의 효과를 극대화시키고, 구성원의 심리적 안정을 도모할 수 있는 대인관을 정립해야 한다.

신뢰와 원칙을 바탕으로 한
리더십이 필요하다

말을 잡아 고기로 먹는 것은 군량이 없다는 뜻이고, 부를 휴대하지 않고 집으로 돌아가지 않는 것은 궁한 도적이다. 반복적으로 말하는 자는 대중들의 신망을 잃은 자이고, 자주 상을 주는 자는 지휘에 궁색해짐이고, 자주 벌을 주는 자는 통솔이 곤란하기 때문이다.

＊

殺馬肉食, 軍無糧也, 懸缶, 不返其舍者, 窮寇也. 諄諄翕翕, 徐與人言者, 失衆也 ; 數賞者, 窘也 ; 數罰者, 困也.

이 말은 군대를 지휘하는 지휘자의 리더십의 역할을 설명한 내용이다.

나폴레옹이 군대를 이끌고 험준한 알프스산을 넘을 때 허기지고 목말라하는 군사들에게 '이제 우리는 이 산만 넘으면 시고 달콤한

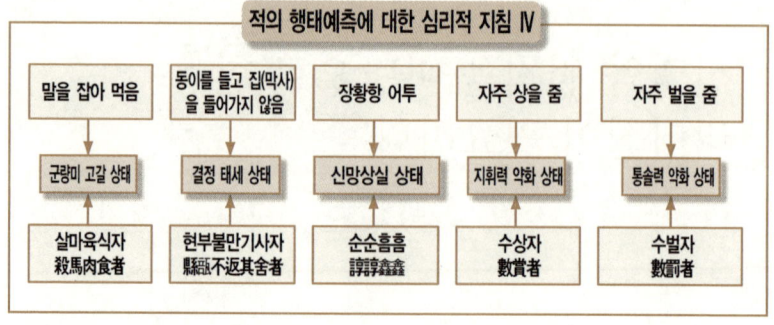

적의 행태예측에 대한 심리적 지침 Ⅳ

말을 잡아 먹음	동이를 들고 집(막사)을 들어가지 않음	장황항 어투	자주 상을 줌	자주 벌을 줌
군량미 고갈 상태	결정 태세 상태	신망상실 상태	지휘력 약화 상태	통솔력 약화 상태
살마육식자 殺馬肉食者	현부불만기사자 縣無不返其舍者	순순흡흡 諄諄翕翕	수상자 數賞者	수벌자 數罰者

포도밭이 여러분을 기다리고 있으니 끝까지 분투해 줄 것'을 당부한 말이 생각난다. 이 말은 군사들에 입에 침이 고여 침으로 갈증을 메우고 병사들은 그 기대에서 용기백배하도록 하여 목적지까지 이끌어 성공했다는 뜻이다. 이것은 허기지고 목이 타는 병사들의 노고에 보답하는 목표지향적 리더십의 효과로 볼 수 있다.

그러나 똑같은 말을 자주하게 되면 신뢰성과 신망을 잃게 되어 목표지향적 리더십의 효과는 감소되기 마련이다. 그렇다고 북한 군대의 병사 앞가슴에 훈장으로 덮을 정도로 훈장수여를 남발하는 것도 리더의 역할이나 행위가 지휘 차원에서 부족함을 보이는 증거이고, 동시에 지휘효과의 감소와 리더의 무능함을 훈장수여로 대신하려는 술책에 지나지 않는다. 더욱이 리더의 통솔과 지휘력의 부족을 질책이나 징벌의 남용을 방법으로 이용하는 것은 사기를 저하시키는 요인이 된다.

기업경영도 경영관리자의 태도와 사고에 따라 구성원의 사기와 적극성이 결정되고 또 능률과 성과의 차이가 발생한다. 이는 리더십의 역할이 조직력과 구성원의 자질 그리고 사고와 태도를 결정한다는 뜻이다. 따라서 경영관리자는 주고받는 원리를 주는 원리로 제도를 정비·완료하고, 제도와 원칙에 따라 능률과 성과를 기대하는 신뢰중심의 리더십(centered-reliance leadership)과 원칙중심의 리더십(principle-centered leadership)을 효과적으로 발휘해야 한다.

무능한 자가 난폭하다

먼저 사납고, 뒤에 그 무리를 두려워함은 부정의 극치이다. 와서 위시하는 자는 휴식을 원하는 것이다. 군사가 서로 노해 서로 맞선 채 오랫동안 합하지 않고 떠나지 않으면 반드시 이를 살펴야 한다.

*

先暴而后畏其衆者, 不精之至也 ; 來委謝者, 欲 休 息 也. 兵 怒而相迎, 久而不合, 又不相去, 必謹察之.

이말은 병사들을 난폭하게 다루고 그 후환을 두려워하는 것은 무능한 장수이며, 사자를 보내어 정중히 사과하는 것은 휴식을 원하는 것이고, 적군이 화를 내며 진격해오고 오랫동안 결전하지 않고, 또 철수도 하지 않는 것은 계략이 있는 것이니 이를 깊이 살피고 경계해야 한다는 뜻이다. 즉, 대응하는 적을 판단하되 과오가 따르지 않도록 장수의 리더십에 주목할 사항을 요약한 내용으로 이해된다.

원칙중심의 리더십은 추종자들이 두려움 때문에 경영자를 따르게 해서는 안 되고 또 개인의 혜택이나 이익을 얻기 위해 경영자를 따르게 해서도 안 되는 리더십을 말한다. 즉, 경영자는 강압적 지도력(coercive power)이나 실리적 지도력(utility power)을 쓰지 말고 원칙을 존중하는 지도력인 원칙중심의 지도력(principle-centered power)에 따른 원칙중심의 리더십(principle-centered leadership)을 발휘해야 한다는 뜻이다.

특히 국가간의 무역전쟁에서 경영관리자가 리더십을 발휘할 때에는 원칙중심의 리더십에 중점을 두어야 한다. 내적으로 구성원의 사기증대와 능률향상을 위해 강압적인 힘을 보이지 말고 자발적인 협력을 유도하면서 목표달성을 효과적으로 이루어야 한다. 또 외적으로는 거래선이 무엇을 무슨 이유로 협상을 하려하고, 또 가장 강조하고 있는 점이나 계략이 무엇인가를 면밀하게 관찰하고 분석하여 파악한 후에 협상이나 계약에 임하는 것이 바람직하다. 이것이 원칙중심의 리더십이다.

따라서 경영관리자는 구성원이나 거래선을 강압적인 방법으로 난폭하게 다루게 되면 독재적 리더(autocratic leader)로서의 무능함을 드러내어 경영관리의 효과를 기대할 수 없고 협상에 불이익과 경쟁에 낙후성을 면하기 어렵게 된다.

머릿수가 아니라
인력의 자질이 중요하다

병력이 많다고 유익한 것만은 아니다. 함부로 진력하지 않고, 힘을 집중시켜 적을 살펴 제압하면 족하다. 아무런 계략도 없이 적을 멸시하는 자는 반드시 사로잡히고 만다.

*

兵非貴益多也, 惟無武進, 足以幷力, 料敵, 取人而已. 夫惟無慮而易敵者, 必擒于人.

강한 힘을 자랑하지 말고, 강력한 권력으로 오만해서도 안 되며, 계략과 대책 없이 멸시나 능멸해서도 안 된다. 장수는 오직 힘의 집중화와 상대적인 분석력 그리고 관찰력을 기초로 판단력을 확실성으로 이끌면 성공한다는 뜻이다.

조직은 구성원 수의 양적인 증대보다 질적인 정례화가 필요하고, 복잡한 기능화보다는 핵심중심의 집중화가 조직력을 강화시킨다.

기업조직도 구성원의 양적 증대는 인건비의 낭비를 초래할 수 있고, 지휘통제 면에서 통일성을 확보하기 어려우며, 동시에 조직력의 다기능화 또는 분산화를 초래하여 조직력 약화의 원인이 될 수 있다. 그러므로 인적 자원의 양적 증대에 관한 과시보다 전문적인 관리능력과 기술개발 능력을 촉진시키고 창조적 아이디어를 낼 수 있는 핵심인력을 주축으로 질적 집중화를 이루는 것이 원칙이다.

질적 집중화(quality centralization)는 유능한 핵심인력의 능력과 기술을 목표 중심으로 모아 힘의 효력을 극대화시키는 방법을 의미하고, 이 방법이 조직의 경쟁력을 강화시키는 기본방법이다. 인력의 수적 증대를 요구하는 업종은 보험업과 자동차 판매업이고, 양적이고 질적인 면을 추구하는 업종은 기계공업과 바이오 계층의 첨단산업이 대표적이다. 그러나 이러한 업종도 인력이나 기술에 자만하고 조직력을 어떻게 놓느냐에 따라 그 대표성을 잃게 된다.

후발기업인 S사의 자동차 영업은 국내 자동차 업계에 핵심인력을 집중 채용하고 훈련시켜 선발주자인 H사와 대결해 대등한 위치를 차지한 사례도 있다. 따라서 집중화는 어려운 과정이기는 하지만 자만과 오만 또는 멸시하는 관습보다는 오히려 자발성과 창의력을 모아 조직의 응집력을 강화하고 경쟁력을 극대화시키는 방법임을 인식할 필요가 있다.

채찍이 먼저인가
당근이 먼저인가

병사들과 친하기 전에 벌을 주게 되면 곧 복종하지 않으므로 쓰기 어렵다. 반면에 병사와 친하게 되면 벌을 주지 않게 되어 위계질서가 없어져 쓰기 어렵다.
영(令)은 문(文)으로써 하고, 이를 정제하는 데에는 무(武)로써 하니, 이를 백전백승이라고 한다.

*

卒未親附而罰之, 則不服, 不服則難用也 ; 卒已親附而罰不行, 則不可用也. 故令之以文, 齊之以武, 是謂必取. 令素行以敎其民, 則民服 ; 令素不行以敎其民, 則民不服. 令素行者, 與衆相得也.

이는 장군과 병사간의 인간관계 방법에 따라 인적자원의 효율성에 차이가 발생한다는 뜻으로 이해된다.

조직에서의 상하 인간관계에서는 복종보다 협력을 중시하고, 협력보다 자기반성을 강조하며, 공포와 두려움보다 질서와 원칙을 존중하는 존엄성을 잊어서는 안 된다. 따라서 경영관리자는 인간관계의 기본개념인 인간의 존엄성(human dignity)과 동기부여(motivation), 상호이해(mutual interest) 그리고 개인의 차이(individual differences)를 전제로 리더십을 발휘하고 역할을 극대화시켜야 한다.

따라서 경영관리자는 덕과 정으로 부하를 선도하고 이끌며, 무위로 기강과 질서를 잡으면 백전백승한다. 조직이 대내적으로 평소 상하 간에 관계를 잘 맺게 되면 명령체계가 확립되고, 대외적으로도 경영자와 구성원간에 질서와 원칙 및 규율이 바로 서서 경쟁에 승리할 수 있다.

가정에서의 철저한 가정교육은 사회에서도 교육의 효과를 기대할 수 있듯이 기업조직에서 종업원의 교육과 훈련 그리고 경영자의 원칙중심 리더십은 조직의 질서와 명령체계의 확립, 조직의 일체성으로 성장 지향적 조직문화를 이룰 수 있다. 그래서 가정이나 기업조직에서 교육과 훈련을 중시하는 것이다. 교육은 정신적 차원의 전문지식과 도덕성·준법정신을 함양시키고, 훈련은 숙련된 기술과 기능 그리고 숙련도를 증대시켜, 이를 고생산성과 고능률 증대에 기여하도록 사고와 행동을 바꾸는데 공헌하게 된다. 이 과정에서 개인과 조직, 상사와 부하 그리고 부모와 자식간에 바람직한 인간관계가 형성되고 공공의 질서와 개인의 차이성을 인정하면서 일체감을 조성하게 된다. 이것은 경쟁의 기초이면서 인간성장의 기초가 되고 도덕성을 준수하는 준법정신을 높여 투명경영의 효과를 얻는 데 초석이 된다.

10_

지형편_地形篇

실패원인과 지형별 차별화전략

지형편(地形篇)에서는 전투에서 승리하기 위해 반드시 알아야 하는 승리의 4대 요강과 지형의 여섯 가지 유형, 패병의 여섯 가지 유형, 그리고 장수의 인격과 능력 그리고 책임의 중요성을 언급한 내용을 포괄하고 있다.

　승리의 4대 요강으로는 지형을 알고, 지기를 알고, 적을 알고, 천시(天時)를 아는 것을 강조하였고, 지형의 여섯 가지 유형으로 통형, 괘형, 지형, 애형, 험형, 원형 등으로 구분하고 있으며, 패병으로는 주병, 이병, 함병, 붕병, 난병, 배병 등 여섯 가지 유형으로 분류하고 있다. 여기서 지피지기(知彼知己)는 패병의 여섯 가지 유형을, 그리고 지천지지(知天知地)는 지형의 여섯 가지 유형을 아는 것이라고 하고 있다.

기업의 진로결정은 기업의 경영활동에서 유리한 길이라야 성장할 수 있지, 의롭지 못한 일로 야합을 하거나 부정적인 행위로 이윤을 추구하거나, 이해관계자와 구성원의 중요성을 배제하는 사고를 갖는 그러한 길은 경영관리자의 갈 길이 아니다.

길이라고 다 갈 수 있는 것이 아니다

손자가 말하기를 지형에는 통하는 것이 있고(通形), 걸리는 것이 있으며(掛形), 서로 버티는 것이 있다(地形). 또 좁은 곳이 있고(隘形), 험한 곳이 있으며(險形), 거리가 먼 곳(遠形)이 있다. 내가 갈 수도 있고 적군이 올 수도 있는 것을 통이라고 한다. 먼저 고양(高陽)에 있고 양도(糧道)를 이롭게 하면 싸움에 반드시 이긴다.

*

孫子曰：地形有通者，有挂者，有支者，有隘者，有險者，有遠者. 我可以往，彼可以來，曰通；通形者，先居高陽，利糧道，以戰則利.

가야할 길이 있고 가서는 안 되는 위험한 길이 있듯이 길은 찾고 알아서 가는 것이 중요하다.

전쟁이나 경쟁의 길도 마찬가지이다. 가야할 길을 찾지 못하면 전 병력이 몰살하고, 걸어야 할 길을 걷지 못하면 조직이 파멸에 이른 다. 그러므로 기업의 경영관리자도 가야할 옳은 길을 걸어야 구성원 의 동조와 협조를 얻을 수 있고, 이해집단의 지원을 받을 수 있다. 경제원리에서 수요와 공급이 균형을 이루어야 경영활동이 원활해지는 것과 같이 지형도 활동이나 경쟁에 적합한 곳이라야 목표를 달성할 수 있다. 그러므로 기업도 지형선택에 따른 의사결정을 중요시하고 지형에 따른 원활한 판매활동을 통해 생산경로와 보급로의 합리화를 이룰 때 경영활동에 있어 균형을 유지하게 된다.

기업활동에는 기업목표의 진로와 상통하는 길이 있고, 그 길이 투명하고 옳은 길이면 가야 한다. 즉, 기업의 진로결정은 기업의 경영활동에서 유리한 길이라야 성장할 수 있지, 의롭지 못한 일로 야합을 하거나 부정적인 행위로 이윤을 추구하거나, 이해관계자와 구성원의 중요성을 배제하는 사고를 갖는 그러한 길은 경영관리자의 갈 길이 아니다. 따라서 경영관리자는 장애요인이 있는 길은 피하고, 경쟁관계로 상호대치하고 있는 곳에서는 지지를 유도하며, 좁은 곳에서는 서로 양보해야 한다. 그리고 험한 곳에서는 각별한 주의를 해야하고, 먼 곳에서는 그에 따르는 노력과 시간을 갖고 경영활동을 하는 것이 원칙이다. 그러나 기업은 유리한 곳에서의 이윤추구 극대화가 기본 목표인 만큼 항상 공존하면서 공유하고 이윤을 극대화시키면서 균등 분배하는 원리만은 지켜야 한다.

출발할 때
돌아올 것을 생각한다

갈 수는 있고 돌아오기 어려운 지형을 괘형(掛形)이라고 한
다. 괘형에서는 적의 대비만 없으면 나아가 승리할 수 있지
만 적의 대비가 있으면 이기지 못하고 돌아오기도 힘들어
이로움이 없다.

*

可以 往, 難 以 返, 日挂 ; 挂形者, 敵無備, 出而勝之 ; 敵若
有備, 出而不勝, 難以返, 不利.

가기는 쉽지만 돌아오기 어려운 지형인 괘형에서는 승산이 없을
경우 싸움을 삼가야 한다. 물론 기업경쟁에서 상대기업이 무
방비 상태인 경우에는 경쟁을 쉽게 승리로 이끌 수 있지만 완벽한 방
비상태에서는 승산이 없을 뿐 아니라 철수조차 어려워 패하게 된다
는 뜻으로 이해된다. 이러한 현상은 지형과 자신 그리고 적을 모르는

상태에서 공격을 하게 되면 패전이 당연하다는 의미이다.

기업은 조직력을 바탕으로 계획하고 실행하며 확인하는(PDS 방식, Plan-Do-See) 과정을 통해 성공적인 경영활동을 하게 된다. 이 과정에서 기업은 상대기업에 대응할 수 있는 치밀한 계획을 통해 지형의 유·불리성에 대한 분석과 대응책을 강구하고 자기 기업의 능력과 상대 기업의 능력 및 잠재력을 비교·분석해 완벽한 준비를 한 다음, 경쟁에 임해야 하고, 그래도 불리하다고 판단되는 경우에는 미련 없이 경쟁을 포기해야 한다.

일반적으로 국내기업은 해외로 진출할 때에 큰 어려움이 없다고 생각한다. 그러나 해외진출 자체는 쉽지만 적응은 어렵고, 적응을 한다고 해도 현지의 불리한 정책과 제도 변화는 기업경영 자체를 상당히 어렵게 한다. 특히 기계·설비시설에 대자본을 투자한 경우에는 철수전략 자체도 어려워지는 경우가 있다. 경영자의 의사결정은 확실성을 전제로 하고 있기는 하지만 확실성이 항상 보장되는 것은 아니다. 시설확장을 위한 기계와 장비 도입, 시장 확대를 대비한 대량생산으로 재고가 누적될 경우, 현지 자원금융의 혜택을 받고 대량의 현지인을 고용하고 있는 경우, 진입국 현지는 불리한 상황이지만 인접국의 진입과 시장여건이 좋을 것으로 예상되는 경우 등 이러한 사례는 아주 많다. 따라서 가기는 쉽고 오기는 어려운 곳에서는 가는 방법을 결정하기 전에 충분한 타당성 분석(validity analysis)과 나올 때의 어려움을 예상해서 많은 대체전략(alternative strategy)을 마련해야 한다. 그러나 이런 지역에서는 경쟁 자체를 자제하는 것이 바람직하다.

섣불리 달려들지 말고
적이 나와 반기게 하라

내가 나아가도 이로움이 없고, 적이 나아가도 불리한 곳을 지형(支形)이라고 한다. 지형은 적이 아군을 이롭게 한다고 해도, 나가지 말아야 한다. 후퇴하여 잠시 물러나 적으로 하여금 반쯤 나오게 해서 공격하는 것이 이롭다. 애형(隘形)은 내가 먼저 병목형 지역에 있으면, 반드시 이를 차지하여 적을 기다려야 한다. 만약 적이 이에 충실할 때에는 쫓지 말고, 충실치 않을 때에는 이를 공격하라.

*

我出而不利, 彼出而不利, 曰支 ; 支 形者, 敵雖利我, 我無出也 ; 引而去之, 令敵半出而擊之, 利. 隘形者, 我先居之, 必盈之以待敵 ; 若敵先居 之, 盈而勿從, 不盈而從之.

이 말은 진퇴양난인 지형에서는 후퇴한 후 반쯤 유인해서 공격하는 것이 유리하다는 뜻이다. 즉, 지형(支形)은 쌍방이 경쟁에 불리한 지역이므로 적이 유인을 해도 일정한 거리(재차 공격이 가능한 거리)까지 후퇴하였다가 공격을 하게 되면 유리하다는 의미로 해석된다.

막히면 돌아가고, 불리하면 유리한 쪽을 찾으며, 필요하다면 후퇴하라는 말과 같이 세계화로 나아가는 기업은 확고한 전략에 따라 경영활동을 하겠지만 진입에 장애가 있으면 피하거나 아니면 우회하는 회피·우회전략(avoidance·detour strategy)을 활용하고, 그 다음에 적을 회유하고 유도하여 공격할 수 있도록 유인전략(inducement strategy)을 이용해서 공격 가시거리까지 오게 되면 강력하게 밀어붙이는 강습전략(assault strategy)을 쓰는 것이 가장 좋다.

회피와 우회전략에서 회피는 정면대결을 하거나 저항을 하는 태도를 버리고 일시적으로 관망자세와 준비 또는 강화의 기회를 갖는 것을 말한다. 다만 회피전략으로 일관하는 것을 회피-회피전략(avoidance-avoidance strategy)이라고 하는데 이는 패배를 의미한다. 쌍방이 모두 불리한 지역에서는 공격보다 관망이, 또 관망보다 내적 강화의 기회로 삼는 것이 경쟁을 유리하게 이끄는 리더십이다.

또한 병목지역에서의 경쟁은 경쟁 진입구를 통제하는 방어전략(defense strategy) 차원에서 완벽한 태세를 갖추고 경쟁자의 진입시기를 기다리는 것이 유리하다. 경쟁자가 동일한 방법으로 완벽한 방어전략을 쓸 때에는 경쟁에 대응하지 말고 공격에 철저히 대비하면서 경쟁자의 공격을 기다리는 관망전략(observation or watching strategy)을 활용하면 승기를 잡을 수 있다. 이러한 전략을 관리적 차원에서는 병목기법(bottle-neck skill)이라고 하고 그 효과를 병목현상

효과라고 부른다.

투자활동에서도 그레샴 법칙에 따라 소자본의 투자로 큰 이익을 창출하는 이익병목 효과도 있고, 반면에 대자본을 투자하였다가 손실이 증대되는 손실병목 효과도 있으므로 투자 시에 신중성이 요구되기도 한다.

최근 도로사정으로 기업의 물류비용 증대가 원가를 상승시켜 수익성이 없는 사업이 아니면 출혈수출이라는 말을 많이 한다. 특히 서울에서 브라질로 수출하는 경우, 서울에서 부산까지의 물류비용이 부산에서 브라질의 브에노스아이레스까지의 물류비용과 같다는 것은 병목현상으로 물류비용이 원가를 상승시키고 수익을 감소시켜 손해를 초래하는 원인이라고 볼 수 있다. 이러한 경우에는 지속적인 수출 이전에 물류비용 절감 방법과 현지로 진출하는 현지투자 전략을 체계적이고 계량적으로 모색하는 일이 필수적인 과제일 것이다. 이러한 현실에서는 관망전략(observation strategy)과 진입전략(entry strategy), 또는 대체전략 등 다양한 차원에서의 활로 모색이 필요하다.

어려운 상황에서는
선제공격을 기다려라

험형(險形)은 내가 먼저 이에 있으면, 반드시 고양에 있으면서 적을 기다린다. 만약 먼저 적이 이에 있으면, 이끌어서 이를 떠나고 쫓지 말아라.

*

險形者，我先居之，必居高陽以待敵；若敵先居之，引而去之，勿從也.

이 말은 험형에서는 아군이 먼저 그곳을 점거하면 높고 양지바른 쪽(유리한 지역)을 차지하여 적군을 기다려야 하고, 만약 적군이 먼저 점거하면 철수하고 따라가 싸우지 말라는 뜻이다. 이 말은 지형이 험난하고 고도가 불리하여 공격이 곤란한 지형에서 아군이 먼저 점령하게 되면 유리한 곳을 택해 공격을 기다리고, 적이 먼저 점령한 경우에는 철수하면서 공격을 하지 말라는 뜻이다.

경쟁시 쌍방의 기업은 다양한 장애요인으로 어려움을 겪게 마련이다. 특히 지형적으로 경쟁이 어려운 상황에서는 선제경쟁을 피하고, 상대기업이 선제공격하기를 기다렸다가 철수하면서 경쟁을 하지 말고 철수하는 기업을 따라 계속 공격하지 말아야 한다.

유가공업계의 S사와 P사가 장기간에 걸쳐 치열한 경쟁을 하고 있을 때 M사가 어부지리격의 신뢰를 취한 사례가 있다. 또 운송업계에서는 조선업계의 부두노조 파업으로 화물이 적체현상을 보여, 선적기일을 지키기 위해 수출업체들이 항공편을 이용함으로써 항공업계가 활황을 이룬 경우도 있다. 그리고 철강업계에서는 미국이 한국에 덤핑제소로 수출장애 요인에 대해 타협하고 협상하는 과정에서 중국과 일본의 철강업계가 활황을 이루고 동시에 중국이 세계적 철강기업을 설립하게 하는 기회를 제공한 사례도 있다.

멀리 떨어진 곳에서의 싸움은
실리를 얻기 힘들다

원형(遠形)은 기세가 균등하면 그로써 도전이 어렵다. 싸움
은 이롭지 못하다.

*

遠 形者, 勢均, 難以挑戰, 戰而不利. 凡此六者, 地之道
也, 將之至任, 不可不察也.

이 말은 원형에서는 양군의 위치가 멀리 떨어져 있고 또 세가 비
슷하면 먼저 공격하는 측이 손해를 보게 되고 싸워도 승리를
거두지 못한다는 뜻이다. 예로부터 부모형제도 멀리 떨어져 살면 이
웃사촌만 못하다는 말이 있다. 이는 이익과 실리가 보장되는 지역이
라고 하더라도 그 거리가 멀리 떨어진 외국이면 가까운 국내에서 그
이익을 찾는 것이 실리적이라는 말로 해석된다. 또 능력이 비슷한 두
개의 경쟁기업이 이익을 보장하는 상호 먼 경쟁지역에서 실질적인

상호경쟁을 하게 되면, 쌍방이 얻는 이익이 반으로 나뉘게 되므로 경영자는 지형적 이점을 고려해서 경쟁의 참여여부를 결정해야 한다.

자동차업계에서는 다국적 기업인 BMW사와 BENZ사가 우리나라를 비롯한 동양지역을 중점으로 판매경쟁을 하고 있는 사례와 우리나라 가전제품업계의 S사와 G사, D사, A사 등 4개 가전사가 유럽지역에서 판매경쟁을 하고 있는 상황도 동일한 사례라고 할 수 있다. 이러한 원거리 지역에서의 동일경쟁은 물류비용이나 제조원가, 판매비용 및 홍보비용 등의 여건이 같기 때문에 각 사가 일정한 판매효과를 본다고 해도 국내 판매에 비하면 박리다매의 효과는 동일한 수준이라고 볼 수 있다. 이러한 현상에서 기업은 경쟁을 해도 기대이익을 얻을 수 없다는 의미로 이해되어야 한다. 다만 이러한 상황에서 우리나라가 격지판매전략(regional sale strategy)을 이용하는 이유는 협소한 국내시장의 한계성과 인접 근거리에 있는 상대국이 한정되어 있기 때문이다.

이상의 내용은 전투나 경쟁에서 승리하기 위해 필수적으로 6가지 지형의 형태를 이해하고 전략으로 고려해야 할 경영자의 필수요건을 설명한 것이다. 따라서 이 내용을 경영자의 역할수행에 관한 책임성이라고 보아도 무방하다. 따라서 경영관리자가 기업을 성장시켜 세계화 기업으로 발전시키기 위해서는 경쟁 지역별로 통 · 괘 · 지 · 애 · 험 · 원 등의 형태에 따라 이용하고 적응하며 지배할 수 있는 전략을 모색하는 책임을 다해야 할 것으로 본다.

싸움에서 지게 되는
여섯 가지 이유

군사에는 달리는 사람(走者)이 있고, 해이한 사람(弛者)이 있으며, 빠지는 사람(陷者)이 있다. 또 무너지는 사람(崩者)이 있고, 어지러운 사람(亂者)이 있으며, 도망치는 사람(北者)이 있다. 무릇 이 여섯 가지는 천지의 재앙이 아니고 장수의 과실이다.

*

故兵有走者, 有弛者, 有陷者, 有崩者, 有亂者, 有北者. 凡此六者, 非天之災, 將之過也.

여기서 손자는 여섯 가지 요인(주·이·함·붕·난·배)은 패병의 원인이면서 동시에 장수의 과실 요인이라고 지적하고 있다. 즉, 지형의 이점은 쌍방이 모두 같은 상황인데 도망을 치거나, 병사는 강한데 지휘자가 약해서 집단 전체가 해이해지며, 반대로 지휘자는 강한데 병사가 적을 감당하지 못해 어려움에 빠지는 경우가 있다. 그리고 고급간부들이 화를 내면서 장수에게 불복하고, 제멋대로 싸우거나 또는 장수가 화를 내면서 적의 능력이나 실정을 모르는 경우, 반면에 장수가 약하고 위엄도 없고 교육방법도 불투명하여 질서가 무너지고 전투배치에 혼란을 가져오거나, 장수가 적의 전력을 파악하지 못하고 또 정예부대도 없으면 패한다.

최고경영자는 동일지역에서 동일조건으로 경쟁을 할 때 실천력과 기동력을 기초로 하는 최적의 전략구상을 통해 의사를 결정하는 리더십을 발휘해야 한다. 특히 경쟁에서 동일조건이 전제가 된다면 최고경영자의 신중한 사고와 행동이 의사결정력과 리더십에 크게 작용하여 구성원을 목표 지향적으로 몰입시킬 수 있다는 사실에 유념해야 한다.

그러나 최고경영자는 강력한 리더십을 갖추고 있는데 오히려 구성원의 능력이 따르지 못하거나, 임원이나 중간관리자들이 지시에 불복하여 이합집산격의 경쟁행위를 보일 경우에도 경쟁효과를 기대할 수 없다.

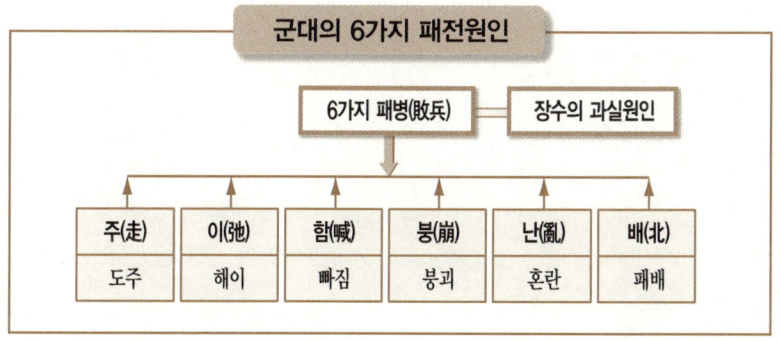

6패병의 종합 내용

패병유형	조 건	원 인	결 과
주병(走兵)	지형의 이점은 동일	병력 규모가 1/10	싸우기 전에 도주하는 병사
이병(弛兵)	쌍방의 동일한 상황	병사는 강한데 장교는 약함	심리적으로 해이해짐. 지휘력의 상실로 응집력의 약화
함병(陷兵)	장졸의 개인능력 차이	장교는 강한데 병사는 약함	병사의 훈련부족으로 약체 병력 지휘력과 실천력간의 괴리 현상
붕병(崩兵)	리더의 감정상태	심리적 분노와 흥분	상사에 불복하고 무질서한 행동, 무능력
난병(亂兵)	리더의 능력차이	리더십의 약체 상실	장수 위엄 상실, 교육방법 불투명, 무질서·혼란
배병(北兵)	분석·검토 능력차이	정예부대 대보유	약체병력으로 패배

최고경영자의 솔선수범하는 자세가 첫째다

무릇 세력이 같아서 하나로써 열을 치는 것을 주(走)라 하고, 졸이 강하고 관리가 약한 것을 이(弛)라고 한다. 또 관리가 강하고 졸이 약한 것을 함(陷)이라고 한다.

＊

夫勢均, 以一擊十 ; 曰走   卒强吏弱, 曰馳 ; 吏强卒弱, 曰陷

지형의 이점은 같지만 1의 병력으로 10의 병력규모를 공격한다면 싸우기도 전에 달아날 수밖에 없으므로 이를 주병이라 하고, 병사들이 강한데 장교들이 약하면 군대가 해이해지므로 이를 이병이라고 한다. 반면에 장교들은 강한데 병사들이 약하면 감당하지 못해 수렁에 빠지게 되므로 이를 함병이라고 한다. 여기서 주병·이병·함병의 상태가 되면 상위자의 책임으로 보는 경향이 있으나 근본적인 원인은 최고 장수의 조직 관리력 부재라고 보고 책임을 물어야 한다.

최고경영자의 과오는 조직 전체의 피해로 나타나고, 그 피해는 조직의 붕괴로 나타난다. 결국 조직관리의 전체적인 책임은 최고경영자에게 있다. 다만 중간관리자들은 위양된 범위 내에서 권한을 행사하면서 책임을 지고, 의무를 다할 뿐이다. 이것을 조직관리의 기본인 분권관리 체제라고 한다.

따라서 최고경영자는 미래지향적이고 실용적인 목표를 설정하고, 목표에 따른 세부전략과 전술을 수립·검토한 다음, 하위관리자들의 동의와 지지를 확보해야 한다. 이는 조직의 실질적인 유효성 증대와 전체 구성원의 힘과 응집력을 목표 지향적으로 모으는 과정이다. 이 과정에서는 내·외적 정보와 자료가 매우 중요하고, 동시에 위양의 범위에 따라 권한과 책임 그리고 의무의 한계를 명확하게 인식시켜야 한다. 그리고 조직의 정신적인 지주인 최고경영자는 중간관리자들에게 임전무퇴의 정신을 주입시키기 전에 조직력을 정확하게 파악하고 있어야 한다. 또 조직의 질서를 확립시키고 구성원들의 안전관리에 책임을 지는 원칙중심의 리더십을 발휘하는 솔선수범자가 되어야 한다.

패배하는 경영자에게는
이유가 있다

큰 관리가 노하여, 장수에게 불복하고 적을 만나면 원한을 품고 스스로 싸우며, 장수가 그 능력을 모르면 붕괴되는 것을 붕병(崩兵)이라 한다. 그리고 장수가 약해서 엄하지 못하고, 교육방법이 명백하지 못하면, 장수와 사병 간에 질서가 없고, 전투배치가 종횡으로 혼란해진다. 이것을 난병(亂兵)이라고 한다. 또, 장수가 적을 헤아리지 못하여 소(少)로서 중(衆)과 합(合)하고, 약으로 강을 치고, 군사에 선봉이 없으면 패하는 군대이므로 이를 배병(北兵)이라 한다.

*

大吏怒而不服, 遇敵懟而自戰, 將不知其 能, 日崩 ; 將弱不嚴, 敎道不明, 吏卒無常, 陳兵縱橫, 日亂. 將不能料敵, 以少合衆, 以弱擊强, 兵無選鋒, 日北. 凡此六者, 敗之道也 ; 將之至任, 不可不察也. 夫地形者, 兵之助也. 料敵制勝, 計

險阨, 遠近, 上將之道也. 知此而用戰者必勝, 不知此而用戰
者必敗.

이 말은 고급장교가 총사령관에 불복하게 되면 전투 자체가 고급장교들의 뜻대로 진행되므로 총사령관이 그 실정을 모르게 되어 조직이 붕괴된다는 뜻이다. 그뿐 아니라 총사령관의 리더십이 약화되어 위엄이 없고 교육의 효과도 없어, 조직이 무질서한 상태에서 혼란을 거듭하게 된다는 뜻이다. 이는 조직에서 중간 허리역할을 하는 중간관리자 역할의 중요성을 강조하는 말이다.

기업조직에서 중간관리자는 최고경영층과 일선 관리감독층(하위관리층)간의 교량역할을 하는 중요한 위치에 있다. 조직의 명확한 목표만 정해지면 그 후의 관리 책임문제는 중간관리자의 역할에 달려 있을 정도로 중대한 과업을 수행하는 핵심인력이다.

기업의 최고경영자도 전쟁의 장수역할과 다름이 없다. 장수가 전쟁에서 패하는 여섯 가지의 요인은 기업경영자가 경쟁에서 패배하는 것과 같은 요인으로 본다. 경영자의 역할은 패배원인(주 · 이 · 함 · 붕 · 난 · 배)을 효과적으로 피하기 위해 상대기업의 정보를 어느 정도 정확하고 신속하게 얻을 수 있으며, 이를 어떤 방법으로 분석하고 파악하여, 어떤 대비책을 강구하느냐에 달려 있다. 이것이 최고경영자의 책임이면서 역할이라고 하겠다.

이러한 여섯 가지 패배원인으로 기업이 망한 사례는 수없이 많으며, 상대적으로 패배원인을 고려하여 기업의 성공전략으로 삼은 예도 많다.

잘 사는 사람이 있으면 반면에 못 사는 사람이 있듯이 사람마다 사고와 행동의 차이가 있다. 기업의 경우도 현실에 만족하면서 유혹을 뿌리치고 오직 나의 길을 걸으면서 단계적으로 변신하는 기업은 성장하겠지만, 단기간의 성공을 위해 계량적이고 과학적인 분석과 대비책 없이 확장전략과 확대전략을 무리할 정도로 쓰게 되면 패배를 면치 못한다. 이는 경영자 자신의 패배뿐 아니라 조직구성원의 미래를 어둡게 하고 동시에 국가 경제발전에 저해요인으로 나타나게 되므로 경영자의 신중한 역할은 기업 경영자로서의 책임은 물론, 사회적 책임을 다하는 중요한 일이라고 하겠다.

소신을 굽히지 않는 것이
중요하다

전쟁에서 반드시 이길 수 있다면, 설사 군주가 싸우지 말라고 해도, 반드시 싸우는 것이 옳다. 전쟁에서 승리할 수 없을 때에는 군주가 싸우라고 해도 싸우지 않는 것이 옳은 일이다. 그러므로 장수가 나아감도 공명을 구함이 아니고, 후퇴도 죄를 피함이 아니며, 오직 백성을 보호하고, 군주를 이롭게 하려 함이니, 이런 자는 나라의 보배이다.

*

故戰道必勝, 主曰無戰, 必戰可也 ; 戰道不勝, 主曰必戰, 無戰可也. 故進不求名, 退不避罪, 惟人是保, 而利合于主, 國之寶也.

이 말은 장수는 자기 판단으로 국가의 이익 차원에서 군을 움직이라는 뜻으로, 장수가 군주에게 저항하는 것이 당연하다는 말은 아니다. 즉, 전쟁법칙에 따라 반드시 이길 수 있다는 확신이 섰을 때는 군주가 싸우지 말라고 하더라도 싸워야 하고, 승산이 없다고 판단되면 군주가 싸우라고 강요해도 싸우지 말아야 한다는 뜻이다. 다만, 자신의 공명도 아니고 후퇴나 처벌이 두려워서도 아니며, 오직 백성을 보호하고 군주를 이롭게 하여 국가의 이익을 고려하는 장수가 국가의 보배라는 뜻이다.

최고경영자는 원칙적으로 상대기업을 결정하고 경쟁의 필요성만 판단한다. 경쟁의 강도와 경쟁방법 그리고 공격과 후퇴의 결정권은 경쟁 관리책임자의 역할이면서 책임이다. 물론 경쟁을 할 때에는 기업과 전체 구성원 그리고 이해관계자의 이익을 고려하는 차원에서 역할이 수행되어야 책임을 다한다고 할 수 있다. 최고경영자가 경쟁에서 불리한 상황인 데에도 불구하고 경쟁을 강요한다거나 경쟁상황이 유리한 상태인데 경쟁을 저지할 경우에는 경쟁을 주도하는 책임자의 판단으로 결정하는 것이 바람직하다. 이러한 결정은 위임된 권한의 행사로 이해되어야 한다.

조직에서 권한의 위양원칙은 일정한 규정과 원칙에 따라 이루어지게 마련이다. 그 규정과 원칙 이외에 목표달성을 위한 세부적인 방법이나 전술은 창의적이고 독자적인 의사결정권이 위양된 부분으로 인정하고 실행과 실천을 추진하는 위양된 권한으로 인정해야 한다.

대기업에서 기업의 합병이나 합작투자, 기술도입, 원자재구매, 교육과 훈련 등과 관련된 권한 위양도 정해진 기본원칙과 목표를 벗어나지 않는 범위에서 세부적인 방법에 따른 권한행사를 위임하는 것이 관례로 되어있다.

부하 사랑도 직책에 따라
달리한다

병사 보기를 어린이 같이 보게 되면, 이와 함께 깊은 골짜기도 갈 수 있고, 병사를 사랑하는 자식과 같이 보면 이와 더불어 함께 죽을 수도 있다. 그러나 후하게 해도 부릴 수 없고, 사랑해도 명령할 수 없으며, 어지러워 다스릴 수 없다. 비유하건데 교만한 자식과 같아서 쓸 수가 없다.

*

視卒如嬰兒, 故可與之赴深溪 ; 視卒如愛子, 故可與之俱死. 厚而不能使, 愛而不能令, 亂而不能治, 譬若驕子, 不可用也.

장군이 병사를 돌볼 때 젖먹이 아이를 대하는 것 같이 다루게 되면 험한 골짜기도 함께 갈 수 있고, 병사를 친자식과 같이 생각하면서 다루게 되면 죽음도 함께 할 수 있다. 그러나 지나치게 후한 우대를 하게 되면 교만해지고 질서가 무너져 혼란을 초래하게 되므로 장수의 리더십을 발휘하기 어렵다.

최고경영자의 효율적인 리더십 기술은 경영기술과 인간기술, 전문기술을 적합한 상태로 혼합한 리더십 혼합기술(leadership skill-mix)을 갖추고 발휘되어야 한다.

이 때에 하위감독자는 전문기술에 역점을 두고, 중간관리자는 인간기술에 역점을 두어 기술혼합을 하게 되므로 최고경영자는 경영기술에 역점을 두고 기술 3요소를 혼합하여 리더십을 발휘하는 것이 좋다.

따라서 전체 조직의 신뢰성은 원칙을 중심으로 하는 최고경영자, 사랑과 후대는 중간관리자, 전문지식과 기술의 향상은 하위감독자의 역할로 이해하는 것이 바람직하다. 이렇게 리더의 계층에 따라 기술요소의 비중을 달리 하면 분권관리 원칙에 따라 조직의 기술력과 응집력을 강화시켜 조직력을 강화시키는 부문별 또는 계층별 리더십이 실현될 수 있다.

최고경영자가 경영기술과 인간기술 그리고 전문기술을 모두 발휘하게 되면 중간관리자와 하위감독자의 역할이 모호해지는 것은 당연하다. 더욱이 이들이 해야 할 일을 최고경영자가 모두 처리하고 책임지게 되면 인간 능력의 한계로 효율적인 조직관리가 어렵게 된다.

계층별 경영관리자나 감독자의 역할 범위를 인정하면서 존중하는 조직의 풍토 조성과 위양과 책임, 그리고 의무수행의 효과를 증대시킬 수 있도록 계층별 리더십 기술혼합을 적절히 고려해야 한다.

수비·대체전략으로
완승을 노려라

아군의 군사로 적을 공격할 수 있음을 알고, 적을 칠 수 없음을 모르면 승리는 반이다. 적을 칠 수 있다는 것을 알고, 나의 군사로 칠 수 없음을 모르면 승리는 반이다. 적을 쳐야 함을 알고, 나의 군사로 쳐야 함을 알아도, 지형이 공격해서는 안 됨을 모르면 승리는 반이다.

*

知吾卒之可以擊, 而不知敵之不可擊, 勝之半也 ; 知敵之可擊, 而不知吾卒之不可以擊, 勝之半也 ; 知敵之可擊, 知吾卒之可以擊, 而不知地形之不可以戰, 勝之半也.

아군의 공격능력만 알고, 적의 대응태세를 모르면, 공격의 기회가 있어도 승리의 확률이 반에 지나지 않는다. 특히 공격할 수 있는 능력이 있다고 하더라도 지형 자체가 싸울 수 없는 곳이라는 것을 모르면 승리는 반반이라는 뜻이다.

공격과 수비는 창과 방패와 같으며, 이들의 관계는 항상 모순된 관계성을 갖게 마련이다. 이러한 모순된 관계성은 항상 SWOT분석 (강점·약점·기회·위협요인의 분석) 방법을 필요로 하며, 이에 따른 대응 또는 대체전략의 마련이 필수요건이 되고 있다.

경쟁에 있어서는 경쟁 이전에 항상 상대기업의 정보와 현황을 수집·분석하는 수비전략이 필요하다. 물론 수비전략에 따라 보완과 강화를 위한 다양한 대체전략을 마련하는 과업이 선행되어야 한다. 일반적으로 공격의 승률은 반반이라고 하지만 내외적 환경의 이해와 활용, 기밀보장 그리고 수비와 대체전략으로의 대응책을 강구하게 되면 완승을 기대할 수 있다.

그러나 여기에는 의사결정 이후의 환경변화 요인과 정보 입수가 어려운 극비상황 등에 관한 확인과 재확인 그리고 예측자료를 이용한 대체전략 내용의 추가적인 보완책 마련 과정이 요구된다.

컴퓨터 업계의 선발주자인 IBM사에 도전하여 실패한 RCA사의 예를 살펴보자. RCA사는 후발기업으로 컴퓨터 업종에 투자하여 IBM사와의 경쟁을 시도하였으나 IBM사는 시장의 70%를 점유하고 있으면서 후발기업의 도전을 예상해 항상 대비하고 있었다. 즉, 고객이 요구하는 소프트웨어와 하드웨어의 복잡한 기술문제를 고차원적 기술을 통해 대비하고 있었기 때문에 RCA사의 도전은 실패전략으로 끝나게 되었다. 이는 IBM사의 정보를 파악하지 못하고 경쟁 대상기업의 선정과 자본·기술의 수준을 모르는 상태에서 경쟁을 시도한

RCA사의 실패전략 사례라고 할 수 있다.

국내의 경우는 선발기업인 미원사가 조미료 시장의 60% 이상을 점유하고 있을 때 재벌그룹인 제일제당이 후발기업으로 도전하였으나 정보유출로 실패한 사례가 있다. 후발기업인 제일제당은 시장 지배권을 차지하기 위해 새로운 기술과 기계 도입으로 핵산이라는 신제품을 개발하였으나 시판 직전에 정보가 경쟁기업으로 유출되어 전략에 실패했다. 반면에 선발기업은 정보입수 후 완벽한 대응책을 마련함으로써 선발기업의 위치를 고수하는 데 성공했다.

알면 과감한 경쟁을 펼쳐
반드시 승리할 수 있다

군사를 아는 자는 움직이면 미혹하지 않고, 일어나면 궁하지 않는다. 그러므로 말하기를 적을 알고 나를 알면, 승리는 곧 위태롭지 않고, 하늘을 알고 땅을 알면 승리는 곧 완전할 수 있다.

*

故知兵者, 動而不迷, 擧而不窮. 故曰 : 知己知彼, 勝乃不殆 ; 知天知地, 勝乃可全.

이 말은 병사를 아는 사람(아군의 능력과 지형을 아는 사람)은 군사를 움직여 망설이지 않고 거사를 일으켜 실패하지 않는다는 뜻이다. 그러므로 적을 알고 나를 알면 승리는 위태롭지 않고, 더욱이 지리(地利)와 천시(天時)까지 알면 항상 승리한다는 뜻이다. 즉, 싸움에서 승리는 우연한 것이 아니고 자신감과 용기를 갖고 동시에 실전에 천시와 지리를 전쟁에 응용할 능력을 갖출 때 가능하다는 말이다.

군대조직이나 기업조직을 경영하는 과제는 결코 쉬운 일이 아니다. 그러나 경영은 경영자의 자질과 전문지식을 갖추고 상황변화에 대응하는 응용능력을 갖추어야 전문경영자라고 할 수 있다. 전문경영자는 이외에도 성공의 4대 요강인 지형을 알고, 자기를 알며, 상대경쟁자를 알고, 천시를 알아야 한다.

경영자의 유형은 소유경영자(owner manager)와 고용경영자(emplo -yed manager), 전문경영자(professional manager)로 분류되는데, 여기서 말하는 경영자는 전문경영자로서 고용되고 있는 경영자를 뜻한다.

전문경영자는 세부 계획안까지 마련되어 있고, 자사의 능력과 경쟁기업의 능력을 비교·분석하여 완벽한 전략을 수립한 후, 자신을 알고 상대를 알게 되면 자신감을 갖고 경쟁대열에 뛰어들어 대결하면 성공을 이끌어낼 수 있다.

여기서 GM사가 다양한 가격정책을 활용하여 Ford사의 50% 시장점유율 중에서 12%를 차지하여 성공하게 된 사례를 살펴보자. GM사는 자동차의 가격을 정책적으로 여섯 가지 계층으로 분류하여 소득수준별 고객을 유치하는 전략을 수립했고, 이것의 성공의 직접적인 요인이 되었다. 이러한 가격정책의 계획내용을 분석·정리하면, 첫째 가격의 차등은 규격과 모델 및 품질을 중심으로 정하고, 둘째 인기상품의 판매 증대분 만큼 가격을 인하하며(이때 이익의 일부는 사회에 환원하는 것을 원칙으로 하였음), 셋째 경쟁기업의 가격과 품질의 비교로 타당성과 요인 분석을 실시해 그 결과를 자사의 가격 정책에 즉시 반영시키고, 넷째 차량의 모델을 쉽게 바꿀 수 있는 표준을 결정함으로써 원가절감을 시도하였으며, 다섯째 차량의 모델 수를 적정수준에서 제한시켜 거기서 얻어진 이익으로 대형차량의 경쟁을 위한 자본으로 이용하였다. 이러한 가격전략이 성공을 이룬 것이다. 역시 경쟁전략 차원에서는 완벽한 계획과 분석 그리고 대응 전략이 마련되면 과감하게 경쟁을 시도하여 승리를 이룰 수 있다는 것을 알 수 있다.

승리 자체는 우연한 것이 아니다. 이러한 전략은 전문경영자와 전문요원에 의해 창출되고 성공을 이룰 수 있는 것이므로 완벽한 자사의 대비와 경쟁사에 대한 완전무결한 분석, 그리고 과감한 추진력이 원동력이 된다고 하겠다. 알면 활용하고, 모르면 정보를 찾고, 능력을 키우면서 용기와 함께 과감한 경쟁을 시도해야 승산을 기대할 수 있다.

11_

구지편_九地篇

이해관계와 순응 및 적응전략

구지편(九地篇)에서 구지라 함은 용병법에서 활용되는 아홉 가지의 땅이라는 뜻이다. 즉, 전지에서 전략적으로 이용되는 지형을 아홉 가지 유형으로 분류해서 전략에 활용하는 내용을 의미한다. 손자는 구지편(九地篇)에서 자기 국토에서 싸우는 곳을 산지(散地), 적국의 영토이지만 깊숙한 곳이 아닌 곳, 즉 동요되기 쉬운 곳을 경지(輕地), 쌍방이 빼앗고 빼앗기는 곳은 쟁지(爭地), 공격하기 좋은 곳을 교지(交地), 여러 국가가 인접해 있어 점령하게 되면 외교적으로 유리한 곳을 구지(衢地), 적진에 깊숙한 곳으로 들어가면 돌아오기 어려운 곳은 중지(重地), 험준한 지형으로 행군하기 어려운 곳을 비지(圮地), 산과 강으로 둘러싸인 곳은 위지(圍地), 적의 포위로 퇴로가 차단되어 죽는 곳을 사지(死地)라는 아홉 가지의 지형을 이해관계의 지역으로 분류하고, 이를 전략에 활용되어야 함을 주장하고 있다.

방어와 공격의 우선순위는 상황에 따라 다를 수 있다. 그러나 상황이 어떻게 변하든 간에 철저한 방어전략은 공격전략보다 강할 수 있다는 것은 자명하다. IBM사가 지금까지 컴퓨터 시장에서 존속하는 것도 기술 방어전략의 강화라고 볼 수 있다.

이해관계에 따라 분류하는
아홉 가지 전략

손자가 말하기를 용병법에는 산지가 있고, 경지가 있으며, 쟁지, 교지, 구지, 중지, 비지, 위지가 있고 사지가 있다. 제후가 스스로 자기 국토에서 싸우는 것을 산지라 하고, 남의 땅으로 들어가도 깊지 않은 곳을 경지라 하며, 쌍방이 점령하면 서로 유리한 곳을 쟁지라고 한다. 또 나도 할 수 있고 적도 올 수 있는 곳을 교지라 하고, 삼국의 국경이 인접하여 있는 곳에 먼저 이르면 천하의 무리를 얻는 곳을 구지라 하며, 남의 땅에 깊숙이 들어가 성읍을 등지는 일이 많은 곳을 중지라고 한다. 그리고 산림과 험준한 지형, 늪지대 등 행군하기 어려운 곳을 비지라 하고, 들어가는 곳은 좁고 멀리 돌아야 하고 소수의 적이 다수의 아군을 칠 수 있는 곳을 위지라고 하며, 속히 싸우면 살아남고 빨리 싸우지 않으면 망하는 곳을 사지라고 한다.

孫子曰：用兵之法，有散地，有輕地，有爭地，有交地，有
衢地，有重地，有泛地，有圍地，有死地．諸侯自戰其地，
爲散地．入人之地不深者，爲輕地．我 得 則利，彼得亦利
者，爲爭地．我可以往，彼可以來 者，爲交地．諸侯之地三
屬，先至而得天下眾者，爲 衢地．入人之地深，背城邑多
者，爲重地．行山林，險阻，沮澤，凡難行之道者，爲泛
地．所由入者隘，所從歸者迂，彼寡可以擊吾之眾者，爲圍
地．疾戰則存，不疾戰則亡者，爲死地．是故散地則無戰，
輕地則無止，爭地則無攻，交地則無絕，衢地則合交，重地
則掠，泛地則行，圍地則謀，死地則戰．

孫자는 산지 · 경지 · 쟁지 · 교지 · 구지 · 중지 · 비지 · 위지 · 사
지 등 쌍방의 이해관계가 얽힌 아홉 가지 유형에 따른 용법을
분류하고 있다. 기업의 경우, 자국 내에서의 경쟁과 경쟁상대국의 국
경지역에서의 경쟁, 경쟁쌍방의 접전지역에서의 경쟁, 출입이 편한
지역에서의 경쟁, 국경지대의 요지에서의 경쟁, 진입하면 퇴각하기
어려운 지역에서의 경쟁, 출입이 어려운 황무지 같은 지역에서의 경
쟁, 포위된 지역에서의 경쟁, 사지에서의 경쟁 등 해관계가 얽힌 지역
에서 경쟁을 할 때에는 지역별로 최적의 적응전략을 모색해야 한다.
 첫째, 산지(散地)는 자기 영토 내에서의 경쟁이기 때문에 연고나

인간관계로 얽혀 심리적으로 해이해져서 조직의 응집력이 약화되기 쉬운 곳이다. 따라서 이러한 지역에서는 경영관리자가 명령의 일원화 원칙에 따라 친화적인 인간관계와 동정적인 심리변화를 차단시키는 독재적 리더십을 발휘해야 한다. 이는 조직의 응집력 강화로 경쟁효과를 기대하는 수단이다. 외국기업이 국내로 진입하여 성공하는 이유는 내국기업의 대응책이 외국기업의 시장개척 전략보다 약하고 소극적이기 때문이다. 국내 자동차 시장에서 BMW와 BENZ의 시장점유율이 계속 증대되는 이유는 내국인 기업의 방어전략이 공격전략에 밀리는 결과라고 볼 수 있다. 특히 세계화 과정에서 국산차에 대한 애국심은 소득 수준의 증대에 따라 소비자 선호도의 변화로 국내시장의 절대적인 점유의식이 희석된다고 보고 경쟁을 강화하는 방향에서 전략적인 대비책을 마련해야 하겠다.

둘째, 경지(輕地)에서의 기업경쟁은 어려운 경쟁으로 보아야 한다. 외국의 국경지대로 들어가서 판매경쟁을 할 때에는 양국의 물가정책과 상관습 및 법률적인 차이로 인해 유리한 경우도 있지만 불리한 경우도 있다. 이러한 기업경쟁은 인접국가가 밀집되어 있는 유럽대륙에서 흔히 볼 수 있는 현상이다. 스위스에서 주유소를 경영하는 사람까지도 주말여행을 할 때에는 인접국가인 오스트리아의 국경지역에 있는 주유소에서 저렴한 가격으로 주유하는 사례가 대표적이다. 그뿐 아니라 독일인이 자국에서 직장생활을 하면서 생활비가 저렴한 지역에서 가정생활을 하는 사례도 있다. 따라서 이런 곳에서의 기업경쟁은 쉬운 일이 아니다. 경지에서의 기업경쟁을 위한 방법으로는 교육프로그램에 따른 철저한 교육·훈련을 강화시키는 정신교육 강화전략이 필수적이며, 동시에 경쟁활동에 전념할 수 있는 경제적 보상을 통한 생계안정전략(living stability strategy)이 요구된다.

셋째, 쟁지(爭地)에서의 기업활동은 치열한 경쟁 없이는 계속기업으로 유지되거나 존속하기 어렵다. 쟁지에서의 경쟁은 쌍방기업 중 어느 기업이 시장을 선점하느냐에 따라 유리성과 불리성이 결정되기 때문이다. 고객은 현명하면서 냉정하다. 그래서 영원한 고객도 없고 영원한 동반자도 없다는 말을 하게 된다. 따라서 기업이 쟁지에서 경쟁을 시도할 때에는 고객중심의 상품, 즉 우수한 디자인과 저렴한 가격, 이용의 호환성과 편의성, 제품의 견고성과 유용성 등이 상대 경쟁기업과 비교가 될 수 없는 수준의 최상의 상품을 갖고 시장경쟁을 해야 한다. 여기에는 연구개발전략(R&D strategy)과 제품개발전략(products developing strategy)이 요구된다.

넷째, 교지(交地)에서의 기업경쟁은 고차원의 전문지식과 활동력을 필요로 한다. 교지는 도로망이 편리하게 구축되어 있을 뿐 아니라 왕래가 편한 곳이므로 경쟁자들이 쉽게 모여 강력한 경쟁력이 없으면 기업의 존속과 유지가 어려운 곳이다. 이러한 교지는 다국적 경쟁지역이면서 세계적 시장을 형성하게 되므로 경쟁보다 방어에 치중하는 방어전략이 절대적으로 필요하다. 방어와 공격의 우선순위는 상황에 따라 다를 수 있다. 그러나 상황이 어떻게 변하든 간에 철저한 방어전략은 공격전략보다 강할 수 있다는 것은 자명하다. IBM사가 지금까지 컴퓨터 시장에서 존속하는 것도 기술 방어전략의 강화라고 볼 수 있고, 시어즈(Sears)사가 지금까지 성장을 유지하는 것도 박리다매와 지속적인 광고, 선전을 통해 경쟁기업에 대응하는 방어전략을 이용하였기 때문이다. 첨단산업을 주도하는 삼성반도체도 기술개발을 위한 지속적인 투자정책과 기술개발을 방어전략으로 활용하고 있다.

　다섯째, 구지(衢地)에서의 기업경영은 역시 고도의 외교전, 즉 협상과 화해, 자원과 협동 등의 대외전략이 필수적이다. 구지의 지형은 교통의 요지 중에서도 요지인 만큼 다수국의 국경 인접은 물론 인구밀도가 높은 지역이라 선점하는 기업의 이익이 매우 크다고 할 수 있다. 특히 선점에 따르는 인적 자원과 물적 자원의 확보가 유리하기 때문에 현지인과의 인간관계와 현지 정부와의 협력관계를 위한 지속적인 노력이 요구된다. 따라서 상호협력을 통한 우호전략과 호혜전략이 외교경로와 함께 모색되어야 한다. 우리나라의 건설업체가 열사의 사막지역인 사우디아라비아로 진출한 사례나 이념과 사상 그리고 종교가 다른 종교지배 국가인 이란과 이라크에 진입하여 교역에 성공한 것은 경쟁 이전에 외교전술로 해결한 상호 호혜적 협력과 우호전략(friendship strategy)의 결과라고 볼 수 있다.

　여섯째, 중지(重地)에서의 기업경영은 최후까지 경쟁에서 경쟁기업을 침몰시키는 결사항쟁적인 투쟁력이 요구된다. 원래 중지라는 곳은 경쟁국의 깊숙한 지역이므로 여러 가지 불리한 경쟁조건에서 생존하지 못하면 기업이 망하기 때문에 기업의 생존을 위한 결사항전의 공격전략만이 절대적인 생존방법이다. 이러한 중지에서의 기업경쟁은 매우 어렵고 위험성이 높기 때문에 가급적 진출하지 않는 것이 바람직하다. 다만 선점에 따른 기득권을 얻는데 의의를 둘 뿐이다. 일본의 도시바사의 사례를 들어보면, 도시바사는 중국 이전에 중공과 수교도 없는 상태에서 전자제품의 핵심부품인 콘덴서 하나만을 갖고 중공으로 진출하여 수익성도 없이 오직 선점이라는 명분으로 십여 년 동안 고전을 했다. 우리나라의 대기업도 국가간 외교경로가 없는 상태에서 어려운 여건에도 불구하고 유럽의 적성국가로 진입하여 오늘날 교역상대국으로 만든 것도 역시 중지의 사례로 볼 수 있다. 역시 중지에서는 인내와 끈기를 갖고 생존을 위한 공격적인 전략만이 생존수단이 될 수 있다.

일곱째, 비지(圮地)는 진입에 장애요인이 많은 곳이므로 가급적이면 진입을 삼가고, 부득이한 사정으로 진입하게 된다면 빨리 철수해야 하는 지역이다. 이 지역은 수익보다 손실이 큰 곳으로, 진입을 자제하면서 진입과 동시에 완벽한 철수전략을 마련해야 한다. 일본이 동남아 지역에서 모든 상품에 저항을 받는 경우와 국가의 제도적 미비와 정치적 불안정에 따른 계속기업 유지의 불능, 계약 또는 유치조건의 일방적인 무효화 또는 몰수 행위를 자행하는 지역의 사례는 흔하게 볼 수 있다. 이라크 전쟁에서 외교관계를 맺고 있던 많은 국가들이 공관이나 자국민을 철수시킨 사건은 대표적인 사례가 된다. 따라서 비지에서는 경영활동 자체를 단기전을 전제로 하여 속전속결 원칙에 따라 진입과 철수의 동시전략(back to back strategy) 또는 이중전략(double strategy)을 수립하는 것이 바람직다.

여덟째, 위지(圍地)는 입구가 좁으며 출구는 멀고 우회해야 하는 불리한 지역이므로, 소수의 경쟁기업들이 단합하여 많은 자본과 인력을 투자한 진입기업을 공격하기 쉬운 취약지역을 의미한다. 그러므로 진입기업은 가급적이면 진입을 삼가하는 것이 기업경쟁에 도움

산지 (散地)	자기 영토에서 싸우는 곳	전투금지
경지 (輕地)	적의 영토에 침입했으나 깊이 들어가지 않는 곳	주둔금지
쟁지 (爭地)	쌍방이 공히 점령시 유리한 곳 (필요시에는 적의 후방을 공격)	공격금지
교지 (交地)	쌍방이 왕래가 편리한 곳 (공격보다 수비를 신중히 해야함)	정보두절 방지
구지 (衢地)	다수국의 국경 인접지역을 선점시 백성을 얻는 곳 (외교 관계를 견고히 함)	외교관계 체결
중지 (重地)	적의 영토에 깊숙히 침입하여 쉽게 돌아올 수 없는 곳 (식량확보가 과제)	병참·현지조달
비지 (圮地)	행군이 어려운 곳(산림, 험조, 저택 등) 신속한 이동전략이 필요함	신속 통과
위지 (圍地)	입구는 좁고, 출구는 우회길이며, 소수의 적군이 다수의 아 군을 공격할 수 있는 곳(결사항전지)	계략으로 탈출
사지 (死地)	속전시에는 살고 그렇지 않으면 죽는 곳 (죽을 각오의 의지)	필사항전

이 된다. 특히 위지에서의 진입기업은 경쟁기업들의 담합으로 고립되거나 경영활동을 할 수 없도록 포위당할 수 있으므로 되도록 진입을 하지 않는 방향에서 유리한 지역으로 진입하는 우회전략을 활용하는 것이 바람직하다. 원래 모든 국가는 자국의 기업을 우선 보호하는 정책을 쓰는 것이 원칙이지만 국가별 국민성에 따라 외국기업의 활동을 위축 또는 제한시키는 국가가 중국이다. 지금은 투자의 바람직한 국가로 인식하고 모든 기업이 중국으로 진출하는 경향을 보이고 있지만, 중국의 소득수준이 증대되어 선진대열로 진입할 때에는 중국대륙 전체가 위지로 변모할 가능성이 크다고 본다.

마지막 지역인 사지(死地)는 단어의 뜻과 같이 죽음의 지역이다.

즉, 속전속결의 비상전략으로 살아날 수 있지만 그러한 대응책이 없으면 십중팔구 전멸위기에 빠지는 곳을 사지라고 한다. 이 지역에서는 목숨을 걸고 싸우는 최후전략만이 사는 방법이다.

특히 기술력이 약한 기업이 산호세 지역에 있는 실리콘밸리에 진입한다거나 의상업체가 패션의 메카인 파리로 진출하는 경우는 사지로 가는 길임을 명심해야 한다. 사지를 피하는 길은 단계적인 성장에 따라 자본의 규모와 기술수준을 고려해서 단계적인 준비로 진출하는 것뿐이다.

우리 기업의 경쟁력 강화로
상대를 교란시킨다

이른바 예로부터 용병을 잘하는 자는 능히 적군으로 하여금 전후 서로 미치지 못하게 하고, 많고 적은 것이 서로 의지하지 못하게 하며, 귀천이 서로 구하지 못하게 하고, 상하가 서로 거두지 못하게 하며, 군사가 서로 떨어져 모이지 못하게 하고, 군사가 합해서 정제하지 못하게 한다. 이에 합하면 행동을 하고, 불리하게 되면 그친다.

*

所謂古之善用兵者, 能使敵人前后不相及, 衆寡不相恃, 貴賤不相救, 上下不相收, 卒離而不集, 兵合而不齊. 合于利而動, 不合于利而止.

원래 명장은 용병술에 능하다. 용병술이 능한 장수는 적군으로 하여금 전후연락을 두절시키고, 대소 부대 간에 지원을 못하게 하며, 좌우군 간에 구원도 못하게 하고, 상하 간에 협조도 못하게 하면서, 병사를 흩어지게 만들어 놓고 공격을 못하게 한다. 그리고 상황이 유리하면 공격을 하고 불리한 상황으로 판단되면 공격을 중지한다는 뜻이다. 이는 적의 전력을 교란·약화시키는 전략내용, 즉 적의 전력을 약화시키기 위한 전술로 이해된다.

기업의 경영자는 기술혁신의 급속한 발전과 질적 변화에 대응하는 과제와 경제사회의 구조적 변화에 동참하는 과제, 그리고 세계경제시대에 대처하는 능력개발 등 어려운 과제를 해결할 책임과 의무를 지고 있다. 그러므로 국내외적 기업경쟁에 직면하게 되면 우선 경쟁상대 기업의 경쟁력을 약화시키는 일이 가장 시급한 당면 과제가 된다. 따라서 경영자는 직·간접적인 전략을 개발하여 경쟁사의 경쟁력을 약화시키고 시스템 자체를 교란시키는 전략을 개발하게 되는데, 이 전략이 손자가 주장하는 교란 및 약화전략이라고 하겠다.

교란전략(harassing strategy)의 주 내용은 경쟁력을 약화시키는 내용이 핵심을 이루므로 이를 약화전략(weakening strategy)이라고도 부른다. 경쟁기업의 약화 또는 교란전략의 내용은 조직의 수평·수직적인 정보교환 경로를 두절시켜 상호지원과 협조시스템을 마비 또는 분열상태로 만들기 위한 방법이 핵심이고, 그 다음에 상황이 유리한 시점을 택하여 승산이 있는 경쟁을 하게 되는데, 경우에 따라 불리한 요건이나 환경일 경우에는 경쟁을 중단하는 방법이다. 이러한 교란전략의 방법은 자금의 원천을 교란시키거나 원자재 공급원천을 간접적으로 약화시키거나 아니면 핵심인력의 활동을 저지시키는 등 매우 다양하다.

기업의 자금원천을 교란시키는 사례로, 상대 경쟁기업이 발행하는 어음을 모두 수거한 후 대금결제 기간을 초월해서 일정기간 동안 보유하고 있으면 상대 경쟁기업의 정상적인 자금계획과 운영이 어렵게 된다. 그리고 이렇게 혼란한 시기를 택해서 일시에 어음결제를 요구하게 되면 경쟁력의 약화뿐 아니라 부도위기를 맞게 된다.

또, 원자재 공급 원천의 교란전략 사례는 경쟁 상대기업의 원자재 공급원을 간접적으로 차단시키는 방법이 될 수 있다. 즉, 제3자를 통해 공급원의 생산 전량을 3개월간 고가로 매입하는 방법이다. 그리고 핵심인력(계획ㆍ개발팀)의 스카우트 전략으로 경쟁 상대기업의 경영활동을 교란시키는 방법도 있다.

그러나 이들의 교란전략 내용은 경영원칙과 상도 차원에서 바람직한 방법으로는 생각되지 않는다. 따라서 투명경영과 기업의 도덕성을 중시하는 현대 경영사회에서는 고려할 가치가 없는 전략으로 보면 되겠다. 다만 교육훈련을 통해 상대적으로 질적 차원을 높이고, 기술개발을 기초로 혁신적 상품을 개발한다든가 시스템과 제도의 혁신을 통해 경쟁력을 강화시키게 되면, 상대적으로 경쟁 상대기업의 경쟁력이 약화되어 경영활동에 지장을 초래하게 하는 방법이 정상적이고 건전한 교란전략이라고 하겠다.

영원한 승자란 없는 것이니
항상 도전에 대비하라

감히 묻노니, 적의 무리가 정연하여 장차 오려고 하면 어떻게 기다리겠는가? 말하기를, 먼저 적이 사랑하는 것을 빼앗으면 말을 들을 것이다. 군대에 관한 정보는 신속함을 주로 하고, 남이 미치지 못함을 틈타, 생각지도 않은 길을 따라, 경계하지 않는 곳을 공격해야 한다.

*

敢問 : 敵衆整而將來, 待之若何 曰 : 先奪其所愛, 則聽矣. 兵之情主速, 乘人之不及, 由不虞之道, 攻其所不戒也.

이 말은 질서정연한 적이 공격해 오면 상대의 급소를 찔러 주도권을 잡고 생각지 못한 허점을 공격하라는 뜻이다.

기업경영에는 항상 도전과 경쟁이 따르기 마련이다. 물론 기업은 도전과 경쟁의 기회가 없으면 발전할 수 없는 것은 사실이다. 그러나 경쟁은 기업이 경영관리 과정에서 가장 힘이 들고 비용 지출이 많은 부문이다. 그러므로 이 문제는 기업뿐 아니라 경영사회에서 해결해야 할 중요한 과제가 되고 있다. 경쟁의 핵심은 언젠가는 경쟁 상대 기업이 나타날 것이라는 예측행위(estimating behavior)와 나타났을 때를 대비한 대처방안(confrontation plan)의 사전준비 행위로 요약되는데, 이 과정에서 정보경쟁을 통해 상대기업의 허점과 약점을 신속하게 파악하고 분석 및 대응하는 일이 승패를 가름한다고 해도 과언이 아니다. 경영사회에서 기업들이 핵심적인 예측행위와 사전준비 행위를 소홀히 하고, 안이한 상태에서 경영활동을 하다가 예상치 못한 경쟁기업의 출현으로 고전은 물론이고 경영권까지 위협 받는 사례는 흔히 볼 수 있다.

경쟁에서 기업이 우위를 점하는 것은 쉽지 않은 일이고, 또 우위를 점했다고 해도 그 기간은 일정 주기가 있게 마련이다. 따라서 그 주기를 미래대책 기간으로 보고 기술개발과 제품혁신에 투자를 아끼지 말아야 한다. 성업과 번영은 영원한 것이 아니고, 나만의 전유물도 아니다. 다만 그 위치가 변할 뿐이므로 항상 공유의 개념을 갖고 경쟁력 강화에 전념하는 것이 경영자가 해결해야 할 과제이다.

해외시장 개척은
어려운 가능성에의 모험이다

무릇 객(客)의 길은 깊이 들어가면 곧 전력을 다하므로, 주인이 이기지 못한다. 풍요로운 들판을 노략해서 삼군의 식량이 넉넉하게 되면, 길을 터 수고롭게 하지 말고, 기운을 모아 전력을 쌓고, 군사를 움직이는 계략을 써서 적이 예측하지 못하도록 하면, 곧 갈 길이 없어 도망하지 못하고, 죽을 힘을 다해 싸울 것이다.

*

凡爲客之道：深入則專，主人不克；掠于饒野，三軍足食；謹養而勿勞，併氣積力；運兵計謀，爲不可測. 投之無所往，死且不北. 死焉不得，士人盡力.

이는 원정군이 적진 깊숙한 곳으로 진격할 때에 결사항전을 할수 있는 원정군의 작전방법을 제시한 내용이다. 즉, 원정군이 적진으로 진격할 때 단결하면 적이 이기지 못하고, 적진을 점령하게 되면 그곳에서 식량을 자급자족한 후, 사기진작을 위해 휴식을 시켜 피로를 풀게 하고, 예측불허의 계략으로 막다른 곳에 원정군을 투입하게 되면 결사항전으로 싸우게 되지 도망가지는 않는다는 뜻으로 이해할 수 있다.

세계화 시대에서 각국의 기업들은 자국시장뿐 아니라 지구촌 어느 곳이라도 진출하려는 시대적 요구에 따라 원정군과 유사한 해외진출을 시도하고 있다. 기업의 해외진출은 여러 가지 불리한 조건에서 이루어지므로 이에 대한 대비책과 보완책도 다양하기 마련이다. 인적·물적 자원의 수급전략(supply and demand strategy)과 물류전략(logistic strategy) 및 구성원의 완벽한 정신교육, 전문기능 훈련 그리고 현지적응 능력 등으로 무장시킨 첨예인력을 갖추고 진출하게 된다. 특히 해외 진출시에는 장기간에 걸쳐 미래기업이 당면할 것으로 예상되는 중요한 기회와 위험 그리고 해결해야 할 다양한 과제를 체계적으로 대처할 수 있는 세부적인 전략계획을 갖고 진출하여야 한다.

외국으로 진출한 기업의 경쟁상태는 항상 불리한 조건이기는 하지만 활동과정과 적응과정에서 기회도 있을 수 있고, 또 최적의 전략방안을 창출할 수도 있기 때문에 결사항전식의 정신무장과 임전무퇴의 강한 경쟁의식으로 조직을 강화시키면 성공이 가능하다.

기업이 해외로 진출하는 방법에는 원자재 원천국가로 진입하여 물류비용을 절감시켜 경쟁력을 강화시키는 방법과 현지국의 저렴하고 숙련도 높은 인력을 활용하여 제조원가를 절감시키는 방법, 또 수요가 격증할 가능성이 있거나 중계 또는 중간 기점으로의 활용성이 큰 지역을 선택하여 조직의 관리비용을 절감시키는 방법 등 여러 가지가 있다.

전쟁이나 사업도 모두 동일한 성격을 갖고 있어서, 최후의 순간까지 정신력으로 승부하면 그 만큼의 효과를 기대할 수 있고 사운을 걸고 경쟁할 때에는 역시 그 힘도 강해서 기대에 어긋나지 않는 결과를 얻을 수 있다. 다만 경쟁 중에서 원정경쟁은 국내경쟁 시장보다 10배의 노력과 활동이 필요함을 명심해야 한다.

신뢰만 쌓이면 알아서
먼저 몸을 던진다

병사가 깊이 빠지면 곧 두려워하지 않고, 갈 곳이 없으면 곧 굳혀지며, 들어감이 깊으면 구속되고, 부득이한 경우에는 싸운다. 그러므로 병사가 정비하지 않고 경계하고, 구하지 않고 얻으며, 약속도 하지 않고 친해지고, 명령을 하지 않고 믿는다. 상(祥)을 금하고 의심을 버리면, 죽을 때까지 전장을 이탈하지 않는다.

*

兵士甚陷則不懼; 無所往則固, 深入則拘, 不得已則鬪. 是故其兵不修而戒, 不求而得, 不約而親, 不令而信. 禁祥去疑, 至死無所之.

이 말은 병사가 적진 깊숙이 진격하게 되면 두려워하지 않고 장수의 훈시나 지시 또는 통제행위가 없어도 자발적으로 경계

태세를 갖추고 대비하면서 싸우게 된다. 그러므로 장수와 병사 간에 신뢰가 쌓여 명령이나 지시가 없이도 성실하게 따르므로 미신을 믿는 것을 막고 상호 의심을 하지 않게 하면 죽을 때까지 싸우게 된다는 뜻이다. 이는 리더가 추종자를 다루는 기법으로 이해하는 것이 바람직하다.

기업은 끊임없이 종업원의 교육훈련 프로그램을 개발하고, 이러한 프로그램은 정신교육과 신기술 개발 그리고 시스템의 강화 등에 초점을 맞추게 되며, 기대효과는 조직력의 강화로 요약된다. 이러한 교육훈련 프로그램을 계속 추진하고 실행하게 되면 종업원의 정신무장 강화로 위기를 극복하는 능력과 자발적으로 조직의 일체감을 조성하는 능력을 배양하게 된다.

특히 종업원은 조직의 수평·수직적 인간관계를 원활하게 하여 상호신뢰와 협조 행위로 제도적 관리 이전에 시스템의 자발적 운영에 적극성을 보이게 되며, 이러한 현상은 경영자가 리더십을 발휘할 수 있는 최적의 환경이라고 할 수 있다. 이러한 환경이 조직력을 극대화시킬 수 있고 상사와 종업원간에 신뢰분위기가 조성될 수 있으며, 기업조직과 경영자에게 공헌할 수 있는 기회를 갖게 되는 것은 당연하다. 그러므로 기업은 종업원을 위하고, 종업원은 기업을 위해 헌신하게 되는 것이다. 따라서 경영자는 종업원에 대한 교육훈련 프로그램을 기본으로 상호신뢰를 쌓고 공헌도를 증진시키는 리더십 기술을 개발해야 한다.

기업에서 장기적 전략계획을 수립하거나 단기적인 경영관리의 중요한 과제를 해결하려고 할 때에 프로젝트팀(project team)을 구성하

상황 변화에 따른 자발적 효과

죽는 상황에서는 사력항쟁, 임전무퇴(사언부득, 사인진력 : 死焉不得, 士人盡力)

극심한 위기상황에서는 용감해짐(병사심함즉불구 : 兵士甚陷則不懼)

모면할 길이 없으면 더욱 단결함(무소왕즉고 : 無所往則固)

깊이 들어가면 부득이 결사항전을 함
(입심즉구, 부득이즉투 : 入深則拘, 不得已則鬪)

수련(지시, 통제)이 없어도 자발적 경계를 함(기병불수이계 : 其兵不修而戒)

얻으려고 노력하지 않아도 얻게 됨(불구이득 : 不求而得)

약속이 없어도 친밀해짐(불약이친 : 不約而親)

명령이 없어도 신뢰하고 따름(불령이신 : 不令而信)

미신을 금지시키고 의심을 버리게 하면 죽을 때까지 사운다
(금상거의 지사무소지 : 禁祥去疑, 至死無所之)

는데, 이는 특수임무 수행을 위한 특공대의 역할과 같다. 여기에는 기능별 전문지식과 기술이 전제요건이 되며 교육훈련의 효과를 극대화시킬 수 있도록 무장된 인력이 투입되어 목표를 해결하게 된다. 이러한 교육훈련 효과에 관한 사례는 수없이 많지만 여기서는 일본 삿뽀르 맥주회사 영업부장의 역할 사례를 살펴보기로 한다.

일본 맥주업계에서 삿뽀르 맥주와 아사이 맥주가 쌍벽을 이루던 시대의 일이다. 아사이 맥주회사의 치밀한 전략계획 활동으로 삿뽀르 맥주회사는 3개 공장 중 1개 공장만 가동하는 위기 상황에 놓이게 되었다. 이때 영업부장이 사장에게 200만 엔을 달라고 하였다. 영업부장과 사장간에는 신뢰가 돈독했기 때문에 사장은 사용처와 이유도 묻지 않고 200만 엔을 영업부장에게 주었다. 이때부터 영업부장

은 북부지역을 순회하면서 동경대학 동창생들 중에서 지역유지로 성장한 친구들을 만나서 맥주를 마시기 시작하였다. 이때는 이미 아사이 맥주가 전국 시장을 석권하고 있는 상태였고, 맥주를 마실 때마다 삿뽀르 맥주만 요구했으니 재고품을 찾아 마신 격이 되었다. 이렇게 1개월간 순회한 후 회사로 돌아와 보니 2개 공장이 가동되고 있었다. 그 후 영업부장은 다시 200만 엔을 갖고 중남부 지역에 산재해 있는 동경대학 동창생들과 만나면서 계속 삿뽀르 맥주를 마셨고, 그가 공장으로 돌아올 즈음에는 3개 공장이 가동되어 활발한 생산을 하고 있었다. 얼마 후, 그 영업부장은 간암으로 세상을 떠났다. 그는 자신의 죽음을 감지하고, 회사를 위해 마지막 살신성인의 전략을 펼친 것이었다. 그래서 삿뽀르 공장에는 지금까지도 창업주가 아닌 영업부장의 동상이 서 있다. 이러한 사례는 사장과 영업부장 간의 신뢰적인 인간관계는 물론, 리더인 사장과 추종자인 영업부장 간의 인간기술로서의 리더십을 분명하게 보여주는 사례라고 하겠다.

도망갈 곳이 없으면 용맹해지기
마련이니 위기를 활용하라

나의 병사에 남긴 재물이 없음은 재물을 싫어해서가 아니다. 남은 목숨이 없음은 오래 살기를 싫어해서가 아니다. 명령이 내려지는 날, 사졸 중 앉은 사람은 눈물로 옷깃을 적시고, 누운 사람은 눈물이 턱에까지 고인다. 이를 갈아 없는 곳에 던지면 재귀와 같이 용맹스럽게 싸운다.

장수가 병사와 더불어 결전할 때에는 높은 곳에 오르게 하고, 그 사다리를 버리는 것과 같다. 장수와 더불어 깊이 제후의 땅에 들어가, 그 기가 발하면, 배를 태워 버리고 가마솥을 깨뜨리며, 양떼를 모는 것과 같이 한다. 몰아가고, 몰아와도 가는 곳을 알지 못하게 한다.

＊

吾士無余財, 非惡貨也 ; 無余命, 非惡壽也. 令發之日, 士卒坐者涕霑襟, 偃臥者涕交? 投之無所往者, 諸劌之勇也. 帥輿

之期 如登高 而去其梯. 帥與之深入諸侯之也. 而發其機 若驅
群羊 驅而往 顧 驅而來 莫知所之.

이는 병사들이 재물에 욕심이 없는 것은 재물을 싫어해서가 아
니고, 목숨을 초개와 같이 생각하는 것은 살기 싫어서가 아니
라는 뜻이다. 다만, 전투명령을 내려 벗어날 수 없는 곳에 투입시키
게 되면 용맹스럽게 싸운다는 말이다. 이 것은 위급한 상황에 처하게
되면 물욕이나 생명의 연장욕구보다 위기상황을 벗어나고자 하는 욕
구가 강해져 용감하게 싸우게 된다는 뜻이다.

기업경영에서 위기관리(crisis management)는 기업기능의 일부 또
는 전체가 사면초과의 위급한 경영환경에 처할 때 이를 슬기롭게 벗
어날 수 있는 방안을 찾는 과정을 뜻한다. 기업의 위기는 예고 없이
오는 것은 아니다. 그러나 기업을 효율적으로 운영한다고 해도 경제
순환과정에서 연쇄적인 효과로 인해 예고 없이 오는 경우도 있다. 위
기가 닥치면 위기를 극복하려는 노력 이외에 다른 것은 생각할 수 없
다. 그러므로 위기에 처한 상황에서는 오직 벗어나는 방법만을 생각
하게 되는데, 이 과정에서 개인이나 조직의 응집력이 매우 강하게 나
타난다.

이러한 위기극복의 수단을 위기관리전략(crisis management
strategy)이라고 하고, 이 전략의 유형을 위기를 극복하는 전략과 위
기를 조장하는 전략으로 구분하기도 한다. 한편 기업의 건전한 재무

구조를 확립하기 위한 구조조정 과정에서 그룹기업에 가장 수익성이 좋고 창업기업이면서 전망이 좋은 업종을 먼저 매도하는 자발적이고 신속한 의사결정, 즉 한화그룹이 모체인 한국화약을 미련 없이 매도·처분한 것은 위기관리의 대표적인 사례라고 볼 수 있다.

전쟁터에서 싸울 때에는 승리를 위해 물러섬 없이 필사적으로 싸워야 하듯 기업의 경쟁전략은 성공을 위해 임전무퇴의 정신무장으로 최선을 다해야 한다. 이 때에 전제조건은 전체 구성원으로부터 협력과 협동을 이끄는 리더십의 발휘와 전체 병력을 목표에 집중시킬 수 있는 후퇴 없는 용기와 자발성을 유인하는 시스템을 확립하는 일이다. 경쟁에서 구성원의 협동행위와 자발적 행동은 승리의 결정적 요인이고, 경영자의 자발적 시스템의 확립을 위한 상황적합적 리더십은 승자의 위치를 확정하는 원동력이 된다.

따라서 기업경쟁의 우위확보는 경영자의 자발적 시스템의 확립을 위한 전략적 용병기술과 능력에 좌우된다고 하겠다. 이때에 요구되는 전략으로는 자발적 시스템 전략(voluntary system strategy)이나 용감성과 협동성 그리고 명령에 추종하는 유인전략(inducement strategy)과 협동전략(corporative strategy) 및 상황적합적 리더십 전략(strategy of contingency leadership)을 들 수 있다.

부하직원을
어떻게 다루느냐가 핵심이다

군사를 잘 다루는 사람을 비유하면 솔연과 같다. 이 솔연은 성산의 뱀이다. 머리를 치면 꼬리가 덤비고, 그 꼬리를 치면 머리가 이르며, 그 중간을 치면 머리와 꼬리가 함께 이른다. 감히 묻노니, 군사를 솔연과 같이 부릴 수 있는가? 말을 줄지어 묶어 놓고, 수레바퀴까지 묶어도 아직 믿을 수 없다. 병사들을 하나 같이 용감하게 하는 것이 도이다. 강유를 다 얻는 것은 지리(地利)이다. 따라서 군사를 잘 다루는 사람은 손을 잡아 한 사람을 부리듯이 한다.

*

故善用兵者, 譬如率然; 率然者, 常山之蛇 也. 擊其首則尾至, 擊其尾則首至, 擊其中則首尾俱至. 敢問：兵可使如率然乎?曰：可. 是故方馬埋輪, 未足恃也；齊勇若一, 政之道也；剛柔皆得, 地之理也. 故善用兵者, 携手若使一人, 不得已也

경영조직은 일반적으로 최고경영층과 중간관리층 그리고 하위 감독층으로 나눈다. 이러한 계층별 경영자와 관리자는 모두 기업목표에 따라 각자의 역할을 수행하게 되는데, 이때에 최고경영 자의 용병술에는 어려움이 따르게 된다. 최고경영자가 임원(CEO) 중심으로 조직관리를 하게 되면 하위감독층의 불만이 나오게 되고, 하위감독층의 전문지식과 기술을 중심으로 조직을 관리하게 되면 더더욱 경영층(CEO)의 저항을 받게 된다. 그렇다고 중간관리층 중심의 조직관리를 하게 되면 최고경영층과 하위감독층이 함께 저항과 불만을 가지게 된다.

이처럼 전체 구성원이 조직을 위해 유기적인 관계를 맺고 있기 때문에 계층과 관계없이 모든 구성원이 중요하다. 그러므로 전체 조직구성원을 다루는 최고경영자는 원칙중심의 리더십을 발휘하는 것이 바람직한 용병술이라고 하겠다.

그러나 여기서 주장하는 용병술은 전체 조직구성원을 대상으로 철저한 책임관리(responsibility management) 의식을 주입시켜 실현할 수 있는 조직 풍토를 조성하여 조직의 계층과 관계없이 조직에 공헌할 수 있도록 유인하는 용병술을 의미한다.

따라서 공헌과 유인전략(contribution-inducement strategy), 전사적 요원화전략(over-all staffing strategy)을 활용해서 강한 인적자원으로 개발시키는 방법이 가장 바람직한 용병술이라고 할 수 있겠다.

리더는 창조적 리더십(creative leadership)과 열성적 리더십(enthu--siastic leadership)을 발휘해야 한다. 또, 경험적 리더십(experienced leadership)과 직관적 리더십(intuitive leadership) 및 미래예측 리더십

(future forecasting leadership)을 이용해서 의사결정을 하게 된다.

삼성 그룹의 창업자인 이병철 회장은 경험과 직관력도 풍부하지만 용병술의 장점을 이용하여 우수인재를 확보하고 활용함으로써 강력한 미래예측적 리더십을 발휘했다.

LG그룹의 창업자인 구인회 회장 역시 창조적이고 경험적 및 미래예측 능력이 풍부하지만 안전성 위주의 보수적인 리더십(conservative leadership)이 강했기 때문에, 결국 안전성 위주의 경영활동에 있어 대표적인 위치를 차지하게 되었다고 본다.

한편, 현대 그룹의 창업자인 정주영 회장은 미래예측에 따른 창조적인 사업관과 열성적인 추진력에 의해 축적된 근면·성실한 자세로 사업을 확장한 사업가이다. 무엇보다 정주영 회장은 열성적 리더십과 직관적 리더십의 대표적인 경영자라고 볼 수 있다.

오월동주, 어제의 적이
오늘의 동지가 된다

무릇 중국 오나라 사람과 월나라 사람이 서로 미워하나 배를 같이 타고 가다가 풍랑을 만나면 서로 구원하는 것이 좌우의 손과 같다.

*

夫吳人與越人相惡也,　當其同舟而濟,　遇風,　其相救也如左右手.

국가간의 외교관계가 냉전에서 화해로 전환되듯이 기업간에도 경쟁관계에서 협력관계로 변모하는 사례가 많이 있다. 기업은 이윤극대화가 기본 목적이므로 목적을 충족시키는 조건이라면 언제든지 관계개선이 있을 수 있으며, 이것이 경영철학이나 시장의 원리와 상이한 점이다.

기업은 내외적 환경변화와 필요에 따라 경쟁기업과 합작투자

(joint-venture)도 하고, 또 합병이나 매수(mergers and acquisition) 행위도 서슴지 않는다. 그뿐 아니라 창업시 진출한 업종과 관계없이 다양한 업종으로 확대하는 이종기업 중심의 결합방법까지 활용하고 있다. 우리나라에서도 구조조정이나 규모의 대형화의 명분으로 기업이나 은행이 변모하고 있는 실태를 흔히 볼 수 있으며, 이러한 관계 개선이나 변화는 세계화 시대에서 자연적인 현상으로 인식되고 있다. 그 이유는 자본규모의 대형화로 공신력을 확보하고, 국제적 경영방식을 통해 투명경영을 보임으로써 세계적 고객과 이해관계의 범위를 확대시킬 수 있기 때문이다.

책임자는 원칙중심의
리더십을 가져라

장군의 일은 고요하면서 그윽하여야 하고, 바름으로 다스
려야 한다.

*

將軍之事 : 靜以幽, 正以治.

이는 조직을 운영하는 책임자는 침착하게 행동을 하면서 사려
깊고 냉정한 사고를 해야 하며, 엄정하고 바르게 조직을 이끌
어야 한다는 뜻으로 이해된다. 원래 경영자는 조직은 계속 유지하면
서 충분한 이익을 얻어야 하고, 또 조직구성원의 생활안정을 도모하
며, 이익집단의 이해조정과 후계자 양성에 관한 책임을 지고 있다.
그러므로 항상 침착한 태도와 사려 깊은 생각을 하면서 올바른 길로
조직을 이끌어야 한다.

그래서 경영자는 외롭다고 한다. 즐거운 일이나 슬픈 일이 있더라

도 이를 그대로 나타내거나 또 행동하기가 어려운 것이다. 더욱이 조직의 운명과 종업원의 운명을 책임지고 있는 만큼 원칙과 규범에 따라 냉정하면서도 엄격하게 생각하면서 행동하고, 결정하면서 책임을 져야 한다. 이러한 경영자의 리더십을 원칙중심의 리더십이라고 하고 그 관리유형은 공적관리(official management)라고 하며, 그러한 경영을 하는 사람을 엄정한 경영자(impartial manager)라고 부른다. 따라서 조직의 책임자는 공정관리와 엄정한 관리태도 그리고 원칙중심의 리더십을 존중해야 한다.

특히 경영자가 기만과 야합으로 일관하거나 공익보다 사리를 추구하게 되면 구성원의 추종이나 신뢰를 기대할 수 없으므로 공익성과 투명성을 갖고 조직을 이끈다는 사명감을 가지고 경영자의 역할을 수행하는 것이 바람직하다.

직원의 복지는
최고의 전략이다

삼군의 무리를 모아, 이를 험지에 투입하는 것이 장군의 일이다. 구지에 따른 변화와 굴신(屈伸)에 따른 이익과 병사의 심리까지 살피지 않으면 안 된다.

대체로 객이 되는 길은, 깊으면 곧 전일(專一)하고, 얕으면 곧 흩어진다. 나라를 떠나 국경을 넘어서 군사를 내는 것은 곧 절지(絶地)이다. 사방으로 통하면 구지(衢地)이고, 깊이 들어간 것은 중지(重地)요, 얕게 들어간 것은 경지(輕地)이다. 등이 굽고 앞이 좁은 것은 위지(圍地)요, 갈 곳이 없는 것은 사지(死地)이다.

그런 까닭에 산지(散地)는 내가 장차 그 뜻을 하나로 하려 하고, 경지는 내가 장차 이로 하여금 소속되게 한다. 쟁지(爭地)는 내가 장차 그 뒤에 달려가려 하고, 교지(交地)는 내가 장차 그 지키는 것을 삼가려 하고, 구지는 내가 장차 그

결합을 굳게 하려 한다. 중지는 내가 장차 그 먹는 것을 얻으려 하고, 비지(泛地)는 내가 장차 그 길을 나가려 한다. 위지는 내가 장차 그 궐한 것을 막으려 하고, 사지(死地)는 내가 장차 여기에 살지 못할 것을 보이려 한다.

＊

能愚士卒之耳目, 使之無知. 易其事, 革其謀, 使人無識; 易其居, 迂其途, 使人不得慮. 帥與之期, 如登高而去其梯. 帥與之深入諸侯之地而發其機. 焚舟破釜, 若驅群羊. 驅而往, 驅而來, 莫知所之. 聚三軍之衆, 投之于險, 此謂將軍之事也. 九地之變, 屈伸之利, 人情之理, 不可不察.

凡爲客之道：深入則專, 淺則散. 去國越境而師者, 絕地也; 四達者, 衢地也; 入深者, 重地也; 入淺者, 輕地也; 背固前隘者, 圍地也; 無所往者, 死地也. 是故散地, 吾將一其志; 輕地, 吾將使之屬; 爭地, 吾將趨其后; 交地, 吾將謹其守; 衢地, 吾將固其結; 重地, 吾將繼其食; 泛地, 吾將進其途; 圍地, 吾將塞其闕; 死地, 吾將示之以不活.

이 말은 장수가 전 병력을 소집하여 위험한 곳에 투입시킬 때에는 구지에 따른 변화와 진퇴로 인한 손실 그리고 병사의 심리 상태를 고려해야 한다는 뜻이다. 즉, 장수는 전쟁에서 병사의 위험을 신중하게 생각하라는 의미이다.

장수가 사병의 안전을 살피는 것과 같이 경영자도 종업원의 생활 안정과 건강을 보호해야 할 의무가 있다. 그러므로 경영자는 기업의 목표달성 이전에 안전한 기업환경과 근무조건 차원에서 종업원의 생계유지에 안정과 건강 그리고 심리적인 요인까지 고려하면서 경영활동을 하게 된다.

이렇게 신중한 사고와 행동을 하는 것은 경영자의 책임이기도 하지만 경영자와 더 나아가서 기업과 국가를 위한 수단이 되기 때문이다.

그러므로 경영자는 종업원의 관리문제를 다양한 차원에서 배려하는 정책을 마련하게 된다. 이를 종업원의 복지와 안전관리(safety management) 및 처우개선을 위해 심리적으로 안정을 느끼도록 다양한 배려로 마련되는 복리 또는 복지전략(welfare strategy)이라고 한다.

복지전략의 내용은 나날이 향상되고 있는 실정이다. 그래서 경영자의 복지를 위한 활동범위도 점차 늘고 있다. 작업장에서 산재가 발생하면 종업원의 실수라 하더라도 발생한 모든 책임이 경영자에게 귀속되므로 환자의 보호자 역할까지 해야 할 의무를 진다. 그뿐 아니라 사망할 경우에는 상주 역할도 해야 하고, 병이 나면 부모의 역할도 해야 할 뿐 아니라 여성종업원의 분만과 육아문제 그리고 교육의 기본문제까지 의무가 따르니 경영자의 복지활동은 참으로 복잡하고 어려운 실정이다.

이것은 개인은 물론이고 기업이나 국가가 인간의 존엄성을 인정하고 보호하는데 그 책임과 의무의 중점을 두고 있음을 뜻한다.

이제 국내 기업들도 이러한 책임과 의무에 대해 좀더 신중한 고민과 성숙된 기업이념을 추구해야할 것이다.

위험한 장사는
절대 해선 안된다

병사의 정(情)은 포위당하면 스스로 방어하고, 부득이한 상황이면 싸우며, 위협이 지나치면 순종한다. 그래서 제후의 계략을 알지 못하면 미리 사귈 수 없다. 또, 산림과 험조, 저택의 지형을 모르는 사람은 행군할 수 없다. 그리고 향도를 쓰지 않는 사람은 땅의 이점을 얻을 수 없고 사오 중 하나라도 모르면 패권을 다투는 군사가 아니다. 무릇 패왕의 군대가 대국을 공격하면 대국은 미처 군대를 집결시키지 못하고, 위세가 적에게 미치면 그 나라는 곧 제3국과 외교를 맺지 못한다.

*

故兵之情：圍則御，不得已則鬪，過則從．是故不知諸侯之謀者，不能預交；不知山林，險阻，沮澤之形者，不能行軍．不用鄕導者, 不能得地利. 四五者, 不知一, 非覇王之兵也. 夫覇王之兵, 伐大國, 則其衆不得聚；威加于敵, 則其交不得合.

인간은 억압을 하면 저항을 하고, 공격을 하면 능동적인 수비자세를 취하며 포위당하면 스스로 헤쳐 나가려고 노력하면서 최악의 경우는 싸움도 불사하는 능동적인 행동을 취하는 것이 본능이다. 그러다가 자신에게 불리하거나 능력이 부족하다고 느끼면 화해나 협상 또는 순종과 굴복을 하게 된다. 이러한 인간의 본능을 심리적으로 전쟁이나 기업경쟁에서 많이 활용하고 있다.

경쟁사회에서 기업은 위험한 곳에서 경쟁은 피하는 것을 원칙으로 하는데, 일부 경영자는 위험한 곳에서 사업이익을 얻을 수 있다고 주장한다. 즉, 위험한 장사가 이익을 많이 남긴다는 말이 있다. 그러나 기업은 경영자 혼자서 하는 사업이 아니므로 종업원의 안전을 위해 피하는 것이 원칙이다.

따라서 경영자는 경쟁환경, 즉 지리·경제·문화·사회·정치·법률적 환경을 고려해서 불리하면 피하고 유리하면 경쟁의 핵심기업으로 활동하면서 경쟁기업이 추종할 수 없는 창조적 아이디어로 경영전략을 구상하고 활용해야 한다. 또 경우에 따라 경쟁에서 굽힐 것은 굽혀 협상을 통해 공생하는 것이 옳은 방책이다. 오기로 경쟁을 지속하거나 반감으로 일관하면 그 결과는 뻔하다.

따라서 기업은 경영활동에 위협을 받거나 불리한 지역에서는 경

쟁활동을 축소하거나 철수하고, 유리한 지역을 선점하기 위한 선제
공격으로 타 경쟁업체가 대응하거나 준비할 여유를 주지 않으면서
경쟁의 우위를 점하는 것이 원칙이다. 이것이 경영자의 역할이면서
종업원에 대한 책임을 다하는 일이고 경쟁의 정도라고 할 수 있다.

고기 잡는 자만이
고기를 먹을 수 있다

전쟁에서 지면 외교문제에서 천하의 분쟁을 일으킬 이유도 없고, 구태여 강대국의 도움을 받아 천하의 강자가 되기 위해 패권을 기르지 않으며, 자국의 힘을 믿고 적에게 위세를 가한다. 그러면 적의 성도 함락시킬 수 있고, 적국도 파괴시킬 수 있다.

*

是故不爭天下之交, 不養天下之權, 信己之私, 威加于敵, 故其城可拔, 其國可墮

이는 경쟁에서 기습 선제공격을 하면 상대가 무방비 상태이므로 외교문제로 양국간의 분쟁이 일어날 이유도 없고 패권을 행사할 필요도 없으므로 자국의 힘으로 위세를 가하면 적국을 지배할 수 있다는 뜻이다. 즉, 경쟁에서 승복하면 협상과정에서 순종과 추종만 있을 뿐이므로 오직 자사의 경쟁력 강화로 경쟁기업을 지배해야 한다는 뜻으로 이해된다. 이렇게 단독적인 경쟁력으로 위세를 가하면 경쟁상대 기업을 지배하게 되는데, 이때에 기업은 공헌자에 대한 우대조치를 고려해야 한다.

원래 기업의 자발적인 경쟁력은 지원적인 경쟁력보다 강하고 그 위력도 크므로 경쟁의 우위를 점할 수 있다. 그 이유는 강력한 경쟁력을 갖고 있는 기업의 지원은 자사의 경쟁력을 약화시키기 때문이다. 여기서 인생살이에 도움이 되는 깊은 뜻을 이해할 필요가 있다. 평생을 도움만 받고 산 사람이나 지원만 받고 기업경영을 한 경영자는 모두 계속된 지원이나 도움이 없으면 비참한 생을 마감하게 된다. 그러나 자수성가를 한 사람이나 자립으로 성공한 기업은 영원한 삶과 영화를 누릴 수 있다. 여기서 필요한 전략은 탐구적 지식과 전문적 능력을 자력으로 개발하는 자발성 개발전략(spontaneity development strategy)이라고 하겠다.

전시에는
포상을 강화하라

법에도 없는 상(賞)을 베풀고, 규정에도 없는 법령을 발표하면, 전 병사의 무리를 한 사람을 쓰는 것과 같이 한다. 병사를 쓰는데 일로써 움직이게 하고, 말로만 해서는 안 된다. 병사를 쓰는 데에는 이(利)로써 하고, 해(害)가 되는 것은 고하지 말라.

＊

施無法之賞, 懸無政之令, 犯三軍之衆, 若使一人. 犯之以
事, 勿告以言; 犯之以利, 勿告以害. 投之亡地然后存, 陷之
死地然后生. 夫衆陷于害, 然后能爲勝敗. 故爲兵之事, 在於
順詳敵之意, 并敵一向, 千里殺將, 此謂巧能成事者也.

이는 전쟁터에서는 상벌규정에도 없는 파격적인 상을 주고 평소와 다른 격려성격의 법령을 발표함으로써 전군의 많은 군대의 병사를 부리는 것 같은 효과를 볼 수 있다, 말보다는 실행으로 실리적이고 유리한 전망을 알려주고 움직이도록 하라는 뜻이다. 즉, 평상시와는 달리 전시에는 규정과는 상관없이 상황에 적합한 유인책으로 용병술을 발휘해야 한다는 뜻으로 이해된다. 경영관리는 원칙과 규정을 지키면서 효율과 능률을 기대한다. 또 종업원의 사기진작과 능률향상 및 목표달성을 위해 제도적 차원에서 능률급이나 성과급 또는 특별상여금과 같은 보상제도를 활용한다.

이러한 제도적 운영은 전체 조직을 운영하는데 기본적인 원칙이다. 그러나 기업이 위기에 처한 상황변화에 따라 필요시에는 예외원칙(principle of exception)과 사기앙양원칙(principle of moral and leadership)을 쓸 수 있는 경영자의 탄력성 원칙(principle of dynamics)을 이용하는 경우도 있다. 그리고 필요할 때에는 예외규정을 별도로 마련해서 합리적인 원칙에 따라 탄력적인 경영관리를 하기도 한다.

세계화 시대에서 기업이 변동하는 환경요인에 대처하기 위해 프로젝트팀(project team)에 속하는 종업원에게 기존기업의 규정과 원칙을 벗어난 예외규정을 적용하는 사례를 많이 볼 수 있다. 기업이 경쟁과정에서 공헌한 종업원의 우대나 공헌을 유인하기 위해 실적에 따른 파격적인 성과급제도를 별도로 운영하거나 활동촉진을 위해 옵션제도나 차량을 제공하기도 하며, 일정범위의 접대비를 인정하는 예외규정을 두는 사례도 있다. 또 해외 근무자의 경우, 지역별로 현지수당의 항목으로 생활안정을 보장해주는 사례도 있다. 특히 공헌도가 큰 종업원에게는 예외로 특진을 시키는 경우도 있고, 평생직장으로의 보장이나 높은 수준의 포상금을 지급하는 사례도 있다. 이렇게 경영자가 종업원을 다루는 용병술을 상황적합적 리더십이라고 하며, 이때에 이용되는 전략에는 예외 특수전략(specific exception strategy)과 신축적 경영전략(flexibility management strategy), 혁신적 포상전략(innovative prizes strategy) 등이 있다.

처음에는 처녀처럼
소리 없이 다가간다

처음에는 처녀와 같이 행동과 태도를 취하고, 적군이 문을
연 후에는 탈토(脫兎)하여 적이 미처 막을 여유를 갖지 못
하게 한다.

＊

是故政擧之日, 夷關折符, 無通其使, 勵于廊廟之上, 以誅其
事. 敵人開闔, 必亟入之, 先其所愛, 微與之期. 踐墨隨敵,
以決戰事. 是故始如處女, 敵人開戶, 後如脫兎, 敵不及拒

이 말은 전쟁초기에는 마치 처녀의 행동이나 태도와 같이 얌전
하고 조용하게 있다가 적이 이에 속아 방심하여 관문을 열게
되면 마치 달아나는 토끼처럼 신속하게 공격하여 미처 적이 막지 못
하게 한다는 뜻이다.

기업이 시도하는 경쟁은 처음부터 강한 세력을 과시하면 상대적

으로 강력한 수비력을 보이게 마련이다. 이는 경쟁을 장기화시킬 뿐 아니라 세력이 소진되어 경쟁의 승패를 결정하기가 어렵게 된다. 그러므로 초기에는 기업 경쟁력의 1/10정도의 세력으로 경쟁하면서 은폐전략을 쓰거나 협력관계로 위장된 위장전략을 쓰는 것이 유리하다. 왜냐하면 그 과정에서 경쟁자가 안심을 하거나 방심할 때 수비나 방어할 기회조차 주지 않을 정도로 전력을 총동원해서 상대기업을 공격하게 되면 승패를 결정지을 수 있기 때문이다.

기업의 경쟁차원에서 후발기업은 초기에는 항상 인적 자원이나 물적 자원의 불리성을 안고 있으므로 설사 강력한 경쟁력을 갖고 있다고 하더라도 선발기업과의 협력관계를 유지하려고 노력한다. 그 과정에서 선발기업이 후발기업의 이익을 차단시키거나 확대 진출을 저해할 때에는 자본력과 기술력을 총합시켜 경쟁대열에 참여하게 된다. 이 때에는 막강한 자본력과 기술력을 과시하면서 신속한 관리행동과 의사결정으로 선발기업이 수비 내지 방어할 수 없는 수준에서 경쟁활동을 하여 동일업계에서 선두주자의 위치를 확보한 사례가 많다. 이러한 경우에 정치적 배경을 위주로 경영활동과 경쟁활동을 한 기업은 일시적인 성장으로 끝났지만, 기술력과 자본력을 갖추고 우수 전문인력을 주축으로 경쟁을 단계적으로 시도한 기업은 대기업으로 성장한 사례가 많이 있다.

따라서 후발기업은 초창기에는 동일업종 간에 협력과 유대관계를 강화하여 선발기업의 지원과 협조를 받으면서 경쟁력을 키우고 기술력을 강화시켜야 성장의 기반을 조성할 수 있다.

머리를 숙이면서 나약성을 보이면 경쟁대열에서 제외되고 동시에 자립적 경영활동으로 경쟁력을 키우는 기회를 얻을 수 있다. 그런 관계가 유지되면 단계적으로 기업의 형태를 확대시키고, 경영자의 자질을 향상시켜 대등한 지위를 확보하는 전략을 찾아야 한다. 이때에는 거대한 자본력과 첨단의 기술력 그리고 최상의 인적·물적 자원을 총동원하여 경쟁대열에 참여해야 한다. 이 경우에는 단계별로 필요에 따라 다양한 전략을 개발해서 활용해야 하는데, 특히 주의할 것은 과장된 과시나 과욕은 금물이라는 것이다.

12_

화공편_火攻篇

유지와 특수 및 대응전략

화공편(火攻篇)에서 화공이란 전쟁에서 적을 불로 공격하는 전술을 뜻한다. 화공편의 앞부분은 적을 불로 공격하는 방법을 소개하고 있지만 뒷부분에서는 불과 관계없는 심리적인 면, 즉 지도자의 감동적 행동을 경계하면서 주의를 환기시키는 병법을 소개하고 있다. 화공법의 반대개념은 수공법(水攻法)이지만 현대사회에서 화공이 수공보다 더 유용할 뿐 아니라 그 위력도 비교될 수 없는 수준이다. 따라서 기업경쟁 차원에서 화공법을 활용하는 전략중심으로 손자병법을 풀어 해석하기로 한다.

한 나라의 주인인 군주는 국민의 안전과 번영에 중점을 두고 통치하며, 기업의 주역인 경영자들은 내적으로는 종업원을 그리고 외적으로는 고객의 안정과 성장을 전제로 경영철학을 실현하게 된다.

다섯 가지 방법으로
상대를 초토화하라

손자가 말하기를 무릇 화공에는 다섯 가지가 있다고 한다. 첫 번째는 화인(火人)이고, 두 번째로는 화적(火積)이며, 세 번째로는 화치(火輜)이고, 네 번째로는 화고(火庫)이며, 다섯 번째로는 화대(火隊)이다. 불을 쓰는 데에는 반드시 까닭이 있어야 하며, 연화(煙火)는 반드시 처음부터 갖추어야 한다.

*

孫子曰：凡火攻有五：一曰火人，二曰火積，三曰火輜，四曰火庫，五曰火隊. 行火必有因，煙火必素具.

이 말은 화공의 다섯 가지 유형을 제시하면서 화공법을 사용할 때에는 그 이유가 뚜렷해야 하고, 화공의 도구를 반드시 갖추어야 하다는 주장이다. 화공법의 다섯 가지 유형은 화공의 목적이나 대상을 분류한 것으로 이해된다.

화공법을 쓰는 목적이 사람을 태우는데 있으면 화인(火人)이라고 하는데, 화인은 적군을 불로 섬멸하는 것을 의미한다. 이를 기업경쟁에 비유하면 경쟁상대기업의 종업원이 영업활동을 할 수 없도록 마비시키는 경쟁행위로 볼 수도 있다. 그러므로 화인은 상대기업의 종업원을 스카우트하거나 정책과 제도적인 요인으로 활동을 할 수 없도록 저지시키는 전략을 뜻한다. 이러한 화인은 대기업이 경쟁기업의 유능하고 핵심적인 인적자원을 고임금으로 유인하여 경쟁활동을 마비시키는 것으로, 우리나라에서도 1970년대에 유행하였던 스카우트 전략(scout strategy)이 있다. 이는 결국 동일업종의 임금수준을 향상시키는 결과로 경쟁활동에 절대적인 효과는 없었다고 보여진다.

두 번째, 쌓아 놓은 군수품이나 식량을 태우는 화적(火積)은 경쟁사회에서 활용할 수도 없고 이용되어서도 안 되는 방법이다. 다만 화적방법은 경쟁기업의 화인방법을 기초로 고객의 격감과 상품매출의 감소로 재고품이 누적현상을 증대시켜 유동자산을 고정화시킴으로서 자금압박으로 경쟁력을 약화시키는 경쟁방법으로 이해하는 것이 바람직하다. 이 방법은 자본력과 기술력 또는 인적 자원과 물적 자원을 매체로 실행이 가능하다. 이 방법은 건축업계의 신소재 개발과 이에 따른 새로운 공법의 개발로 기존 건축자재 생산업체가 재고누증으로 도산한 사례를 많이 볼 수 있다. 후발기업이 새로운 기술과 새로운 소재 그리고 기발한 아이디어에 따른 디자인과 포장방법을 이용해서 선발기업의 제품을 완전히 제압하고 고객을 독점하는 사례는 제조업뿐 아니라 패션업계와 전자기기업계 및 음반업계에서 흔히 볼

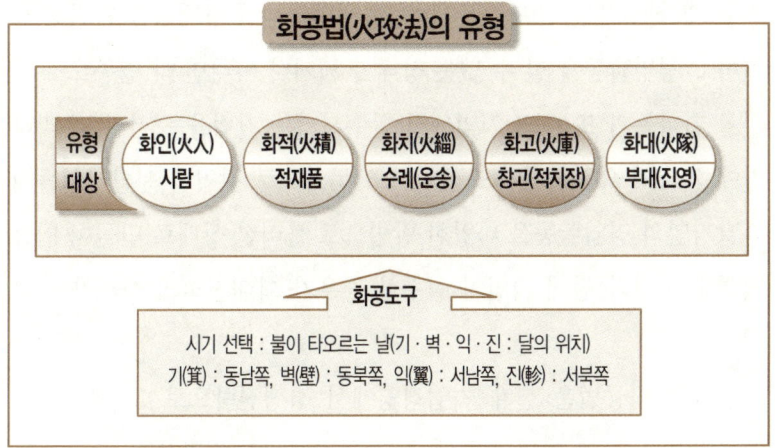

화공법(火攻法)의 유형

유형 대상	화인(火人) 사람	화적(火積) 적재품	화치(火輜) 수레(운송)	화고(火庫) 창고(적치장)	화대(火隊) 부대(진영)

화공도구

시기 선택 : 불이 타오르는 날(기 · 벽 · 익 · 진 · 달의 위치)
기(箕) : 동남쪽, 벽(壁) : 동북쪽, 익(翼) : 서남쪽, 진(軫) : 서북쪽

수 있는 사례이다.

세 번째, 수송차량을 불태우는 화치(火輜)전법에서는 불을 태운다는 뜻을 수송경로의 차단이나 원자재 원천봉쇄의 의미로 이해하는 것이 좋겠다. 그러므로 화공법에서 화치방법은 경쟁 상대기업의 보급경로를 차단시키거나 원자재의 원천 확보를 봉쇄하는 전략을 뜻한다.

네 번째, 화공법의 유형 중에서 적의 창고를 불태우는 화고(火庫)전법 역시 현대 경영사회에서 실행이 불가능한 방법이다. 다만 이 방법은 기술혁신과 제품의 개발로 창고에 쌓인 경쟁기업의 상품을 재고품이나 폐기품으로 사장시키는 방법으로 설명될 수 있다. 이 화고전법은 제품창고가 아닌 폐기물 창고로 만드는 전략이다. 이 전략은 화적전법과 유사한데, 창고의 기능형태를 변화시켜 유용성을 상실하게 하는 기법이다.

다섯 번째, 적군의 진영이나 부대를 태우는 화대(火隊)전법은 경쟁기업이 경쟁지역에서 경쟁활동을 중지 또는 종식하거나 타 업종으로 전환 및 철수하는 전략을 뜻한다. 경쟁과정에서 경쟁력을 완전히 상실하고 경영활동을 할 수 없는 상태가 되거나 아니면 타 업종으로 전환을 한다든가 또는 그 지역에서 철수시키는 기법을 뜻한다. 우리나라에 외국의 요식업계가 프렌차이즈 형식으로 진입한 선발기업들이 후발기업의 영업활동을 다양한 방법으로 불리한 상태로 만들어 업종 폐쇄뿐 아니라 전체 기업이 철수한 경우가 화대전법의 사례라고 하겠다.

손자의 화공법은 실제 기업경영에서 경쟁전략으로 그 유용성이 인정되고 있을 뿐 아니라 현대 첨단 화력전에서 전략을 수립하는 과정에 있어 중요한 지침이 될 수 있다. 그러므로 화공법의 내용을 세부적이고 다양한 측면에서 이해할 필요가 있다.

시장에 최적화된 제품을 만든다

불을 발하는 데에는 때가 있고, 불이 일어나는 데에는 날이 있다. 그 때란 하늘이 건조해야(燥)하고, 그 날은 달이 기(箕)·벽(壁)·익(翼)·진(軫)에 있을 때이다. 무릇 이 사수는 바람이 일어나는 날이다.

*

發火有時, 起火有日. 時者, 天之燥也; 日者, 月在箕, 壁, 翼, 軫也. 凡此四宿者, 風起之日也.

이 말은 전쟁에서 화공법을 쓸 때에는 기후가 건조하고 바람이 잘 부는 기·벽·익·진에 해당되는 날을 택하여야 한다는 뜻이다. 이 뜻은 고대 중국의 천문학을 기초로 화공법을 이용할 수 있는 날을 택일한 것으로 이해되는데, 이는 당시 장수는 천문학의 지식도 갖추어야 함을 강조하는 내용으로 이해된다. 손문이 화공법에서 주장하고 있는 내용을 기업의 경쟁상황에 비유한다면 불은 경쟁, 즉 기업경쟁의 대상과 방법으로 보고, 기·벽·익·진은 바람이 많이 부는 별자리, 즉 경쟁의 격화나 시작의 최적기 또는 최적일로 간주할 수도 있다. 이러한 가정에 따라 기업경쟁을 시도할 때에는 경쟁방법으로 기후와 기상을 고려해서 경쟁의 효과와 유리한 공격행위에 장애가 없는 최적기나 최적일에 경쟁환경을 조성하는 것이 바람직하다. 물론 현대 경영사회에서는 의사결정자가 천문학을 기본 지식으로 택하고 있지는 않으나 현지의 기후나 기상조건을 고려해서 생산과 경쟁활동을 하고 있는 것은 사실이다. 우리나라의 자동차 제조업체들이 동남아나 아프리카 및 남미지역 등을 대상으로 판매경쟁을 시도할 때에는 난방장치보다 냉방장치에 중점을 두고 설계하여 제품의 차별화를 갖고 경쟁을 시도한 사례도 볼 수 있다. 특히 사계절이 뚜렷하거나 연중 눈이 많이 내리는 지역에서의 제품차별화는 설계시 난방장치에 역점을 두고 생산한다. 동시에 도로 제설용 마그네슘으로 생기는 차체 하단부의 부식 방지를 위한 특수코팅을 의무화하는 등 지역별 제품차별화가 좋은 사례이다.

이렇게 기후나 기상조건을 고려해서 생산제품을 특화시키는 사례는 다양한 업종에서 많이 볼 수 있다. 이때에 필요한 전략유형으로는 물론 지역별 기후 및 기상조건을 고려한 제품이 차별화 전략(differential strategy)이 있겠고 경쟁의 최적시기를 결정하는 타이밍전략(timing strategy)과 경쟁에서 단기간에 경쟁결과를 보고 속전속결할 수 있는 총괄적 집중화전략(total centralization strategy) 등이 있다. 특히 현대 경영사회에서는 첨단과학의 발달로 기상과 기후조건을 조작하는 방법의 개발로 임의로 변화시킬 수 있는 조작적 조건전략(operative conditioning strategy) 등도 이용될 수 있다.

고객의 기호를 변화시켜
내것으로 만든다

무릇 화공(火攻)은 반드시 다섯 가지 불의 변화에 따라 이에 대응해야 한다. 불이 안에서 일어나면 즉시 밖에서 응하라. 불이 나도 적군이 조용하면 잠시 기다리면서 공격하지 말고, 그 화력이 극에 달하면 쫓을 가능성이 있으면 쫓고 쫓을 수 없으면 공격을 중지한다.

*

凡火攻, 必因五火之變而應之. 火發于內, 則早應之于外. 火發兵靜者, 待而勿攻. 極其火力, 可從而從之, 不可從而止.

이말은 아군을 지원하는 사람이나 첩보원이 적진으로 들어가 방화를 하면 즉시 공격을 하되, 내부의 혼란상황이 아닐 경우에는 기다렸다가 공격 가능 시점을 택해 공격하라는 뜻이다. 국가의 사회적 치안문제나 기업경쟁 활동에 혼란을 초래하는 요인은 다양하

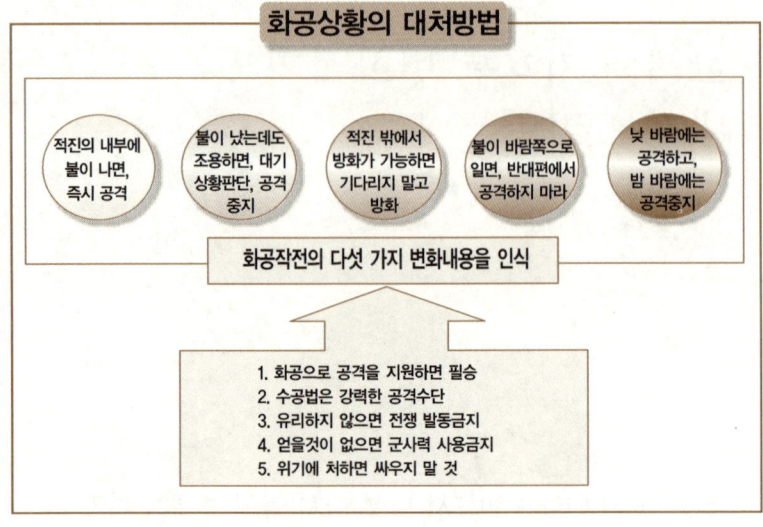

화공상황의 대처방법

| 적진의 내부에 불이 나면, 즉시 공격 | 불이 났는데도 조용하면, 대기 상황판단, 공격 중지 | 적진 밖에서 방화가 가능하면 기다리지 말고 방화 | 불이 바람쪽으로 일면, 반대편에서 공격하지 마라 | 낮 바람에는 공격하고, 밤 바람에는 공격중지 |

화공작전의 다섯 가지 변화내용을 인식

1. 화공으로 공격을 지원하면 필승
2. 수공법은 강력한 공격수단
3. 유리하지 않으면 전쟁 발동금지
4. 얻을것이 없으면 군사력 사용금지
5. 위기에 처하면 싸우지 말 것

겠지만 화재나 수재도 혼란 초래 요인으로 크게 작용하고 있다. 그래서 옛날에는 수재와 화재의 요인을 전쟁의 한 방법으로 활용하기도 했다.

현대 기업에서는 기업이 해외로 진출하여 경쟁을 하려고 준비할 때, 진출 전에 진출 현지국의 내부경쟁을 조장시키는 간접적인 경쟁 방법으로 향후 경쟁을 하게 될 대상기업의 수와 경쟁력을 약화시킨 후, 기회가 조성되면 신속하게 진출하여 경쟁하는 방법이 있다. 이 경쟁방법은 1차적인 해외진출 방법인 수출입 형태에서 가능하다. 진출 대상국에 자사의 상품을 수출하여 현지의 국내 상품과 경쟁을 할 때 가격인하나 다양한 재무적 혜택의 제공으로 현지국의 동일업종에 혼란기를 조성시키는 방법이다. 이 방법은 동일한 가격이라고 하더라도 품질의 차별화로 고객과 시장을 지배하게 되면 내국 기업들간의 가격인하 또는 제품개발을 위해 많은 투자경쟁이 발생해 혼란기가 거듭될 때 공식적으로 해외에 진출하여 경쟁하는 것으로, 많이 쓰이는 방법이다.

국교정상화가 이루어지지도 않은 나라를 상대로 국경을 초월하여 세계 전역을 침투하여 음료업계를 지배하고 있는 코카콜라사가 대표적인 기업이라고 할 수 있다. 코카콜라사는 고객의 기호를 변화시켜 해당국가의 음료업계를 혁신시키고 혼란기를 거친 후, 제조활동까지 진출하여 세계적 경쟁력을 과시하고 있다. 이는 코카콜라사가 손자의 화공법을 기업경쟁 차원에서 가장 효과적으로 이용하고 있음을 보여주는 대표적인 사례라고 할 수 있다.

이 경우에 이용되는 전략유형으로는 변화에 대응하는 대처전략과 변화와 혼란을 유도하는 첩보활동전략(intelligence activities strategy), 경쟁의 최적기를 모색하여 상대국으로 진입하는 적시적기전략(time and timeliness strategy), 그리고 공격이 경쟁의 수위를 조절하는 조정전략(adjustment strategy) 등이 있다.

누가 더 많이, 더 정확히
아느냐가 관건이다

불을 적지의 밖에서 낼 수 있으면 굳이 안에서 불이 나기를 기다리지 말고, 때를 맞추어 불을 붙여라. 이 때에 불이 바람 부는 쪽으로 일어나면 바람이 마주치는 곳에서 공격하지 말고, 낮 바람을 뒤따라 공격해 들어가지만 밤바람에는 쫓아 들어가지 마라.

*

火可發于外, 無待于內, 以時發之. 火發上風, 無攻下風. 晝風久, 夜風止.

경쟁기업간에 서로 격렬하게 대치하고 있는 지역에서는 정면경쟁을 하지 말고, 기다리고 있다가 대치지역이 아닌 다른 곳에서 유인경쟁의 행위를 보이게 되면 상대기업은 혼란상태에 빠질 수 있다. 특히 경쟁 상대기업은 유인지역을 방어하기 위해 강력한 경쟁력을 투입하여 대응하게 된다. 이때에 상대기업의 경쟁력이 강하고 약한 지역으로 양분되는 시점을 택해 약한 지역을 먼저 대상으로 정면경쟁을 시도하면 성공할 수 있다. 물론 경쟁력이 강한 지역도 점차 약화되므로 공격을 하지 않아도 승리할 수 있다.

전쟁에서는 첩보원이나 위장특공대를 공격 전에 활용하는 전법을 쓰지만 기업경쟁에서는 정보 원천을 지역별로 확보하거나 정보원을 현지에 투입하는 사전전략을 쓰기도 한다. 그리고 정보를 기초로 전략을 확정하거나 변경하게 되는데 기업경쟁은 끝나는 시점도 없고 계속기업을 유지하는 동안은 항상 대비해야 하는 문제로 남는다. 이때에 활용되는 전략은 정보전략(information strategy)을 기초로 정면경쟁전략(frontal competitive strategy)과 전환전략(diversion strategy) 공수양면전략(offense and defensive strategy) 등이 있을 수 있다.

불이 강한가,
물이 강한가

무릇 군사는 반드시 다섯 가지 불의 변화를 알고 수(數)로
서 적의 화공에 대비한다. 그러므로 불로써 공격하는 것을
돕는 자는 밝고, 물로 공격을 돕는 자는 강하다. 물은 끊일
수는 있어도 빼앗을 수는 없다.

＊

凡軍必知有五火之變, 以數守之. 故以火佐攻者明, 以水佐攻
者强. 水可以絶, 不可以奪.

이말은 화공작전에 다섯 가지의 변화를 알고 적의 화공을 대비
할 때 불로 공격을 도우면 승리가 명백하고 수공법을 쓰면 강
력한 공격수단이 된다는 뜻이다. 이러한 수공법은 모두 적을 차단할
수는 있으나 노획하지는 못한다는 뜻을 가진다. 즉, 화공작전은 승리
와 노획물을 얻을 수 있지만 수공작전은 강력한 수비력은 있어도 전

리품을 얻지는 못한다는 것이다.

　기업의 경쟁도 강력하고 절대적인 경쟁력을 갖추면 승리의 결과는 명백하다. 그러나 아무리 강력한 경쟁력을 갖춘 기업이라고 하더라도 세계적인 대자본을 갖고 흡수합병이나 제휴방법(merger and affiliations)을 쓰게 되면 피할 길이 없다. 일반적으로 이 경우에는 완전하게 기존기업의 독립성을 잃고 법률적으로나 실질적으로 상호 결합하여 새로운 독립기업을 설립하게 되므로 수공법과 유사하다. 기업협동(kartell)이나 기업결합(konzern)과 지주회사(holding company) 등에 기업의 집중(concentration) 형태는 지배의 목적은 달성할 수 있지만 어떤 형태로든 간에 관계성과 독립성은 유지되므로 이는 화공법과 유사성이 있다. 그 외에도 이중기업간의 합병(conglomerate)이나 계열화(integration)와 집단화(combinate) 등의 방법도 있으나 이는 모두 화공법과 유사한 성격을 갖고 있을 뿐이다.

　이러한 합병과 제휴(M&A)나 기업이 집중형태는 경쟁의 실전 이전에 전략적 방법으로 기업간의 관계를 완전히 흡수하거나 상호 집중시키는 방법으로 이용되고 있다.

이익이 확실할 때만
싸움을 걸어라

무릇 싸워 이기고 탈취하더라도 그 공(功)은 흉이며 비류(費留)이다. 그러므로 현명한 군주는 이 점을 생각하고 훌륭한 장수는 이를 신중하게 고려하여, 이롭지 않으면 전쟁을 발동하지 않고, 얻는 것이 없으면 군사를 사용하지 않으며, 위태롭지 않으면 싸운다.

*

夫戰勝攻取而不修其功者凶, 命曰費留. 故曰 : 明主慮之, 良將修之. 非利不動, 非得不用, 非危不戰

이 말은 전쟁의 목적을 달성시키지 못하면 비용낭비일 뿐이므로 전쟁의 이익효과가 있을 경우에만 싸우라는 뜻이다. 즉, 실리 없고 명분 없는 전쟁은 하지 말라는 뜻으로 이해된다.

기업의 성장과 발전은 경쟁을 매체로 한다. 그러나 기업성장에 있어서 경쟁만이 절대적인 방법은 아니다. 그 이유는 경쟁 없는 기술개발이나 혁신은 기업의 의무이면서 책임이기 때문이다. 그러므로 경쟁은 경쟁상대기업간에 실리(實利)나 명분이 뚜렷하지 않으면 경쟁을 시도할 이유도 없고 필요도 없다. 다만 기업간의 경쟁은 시간과 노력 그리고 비용의 낭비라는 오명만 남을 뿐이다. 그래서 기업은 경쟁 이전에 타협과 협상 및 조정을 앞세우고 최악의 상황을 상호 피하려 하는 노력을 하게 된다.

기업경쟁에서 경쟁사간에 가격을 인하한다든가 판매조건이나 지불조건을 차별화시키는 방법은 실질적인 경쟁효과 면에서 실리도 없고 명분도 없다. 다만 시장질서의 문란과 고객의 소비성향에 증대효과만 남기게 되어 기업과 국가 경제에는 도움이 되지 못한다. 가격을 인하하면 고정된 원가로 이익이 감소되고 판매조건이나 지불조건을 유리하게 제시하는 경쟁일 때에는 재무적 손실이 증대되므로 역시 실리 없는 경쟁으로 끝나는 것이 당연하다.

이러한 과정을 거쳐 기업이 망한 사례가 많은 것은 어쩌면 당연한 일이라고 하겠다. 따라서 명분을 얻고 실리를 찾는 경쟁은 공개경쟁 체제로 다양한 기술개발과 관리기법의 개발로 비용을 줄이면서 시장 원리에 따라 고객의 신뢰성을 확보하여 매출을 증대시키고 경영관리자는 과욕을 버리고 경제순리에 따라 새로운 시장을 개척하는 과제를 해결하는 것뿐이다.

대안 없는 싸움엔
나서지 않는다

군주는 노여움을 갖고 군사를 일으켜서는 안 된다. 또, 장
수는 성을 냄으로써 전쟁을 해서도 안 된다. 이익과 일치되
면 움직이고 이로움과 일치되지 않으면 그친다.

*

主不可以怒而興師, 將不可以慍而致戰. 合于利而動, 不合于
利而止.

이는 군주는 일시적인 분노나 감정으로 전쟁을 일으키지 말고
또 장수는 자신의 감정상태로 성이 난다고 전투를 해서는 안
된다는 뜻이다. 즉, 전쟁은 군주나 장수의 감정적 요소보다 국가의
이익 차원에서 결정되어야 한다는 뜻으로 이해된다.

경영관리자의 의사결정은 경영관리 과정에서 나타날 수 있는 불
확실성과 위험을 최소화하고, 능률과 효율을 증대시키기 위한 정확

한 판단을 하는데 목적을 두고 있다. 그래서 경영관리자들은 목표달성을 위한 몇 가지 대안을 갖고 비교·평가하여 실행 가능한 대안을 선택하게 된다. 이때에 경영관리자들은 기업의 이익을 우선으로 선택하면서 기업의 내외적 명분을 찾게 된다. 경영관리자들은 프로그램화된 정형적 의사결정(programed decisions)이든 프로그램화되지 않은 비정형적 의사결정(non-programed decisions)이든 간에 기업의 이익과 명분을 전제로 결정하게 된다. 이 과정에서 경영관리자의 개인적인 욕구나 이익 그리고 감정요소가 개입되는 것은 기업의 목적과 일치되지 않으므로 강력히 배제시키는 것을 원칙으로 해야 한다.

기업이 의사결정의 과오로 망하는 사례는 흔히 볼 수 있다. 조직을 요원화하는 과정에서 혈연을 중시하면 가족기업이 되고 학연을 중시하면 동창기업이 되며, 지연을 중시하게 되면 향토기업이 된다. 그리고 감정을 앞세우면 개인의 욕구충족이나 사리사욕을 충족하게 되고 동시에 기업의 이익을 추구하기 이전에 승부욕만을 충족하려는 과욕과 만행으로 기업의 이익을 잃게 되는 경우가 많다. 그러므로 경영관리자의 의사결정은 공공성과 공익성 그리고 형평성과 공정성 원리를 전제로 기업과 국가 경제에 도움이 되고 소비자와 이해관계자들의 편의성과 경제성을 고려하는 차원에서 이루어지는 것이 원칙이다.

의사결정 과정에서 공익성을 경시하면 매국노가 되고, 공정성을 무시하면 구성원의 저항을 받는 불신임 경영관리자가 되며, 기업의 수익성을 무시하고 개인의 사리사욕을 충족하는 의사결정자는 무능한 경영관리자의 탈을 벗을 길이 없다. 이 말은 기업이 자신의 이익만을 생각하고서 국민경제와 시장경제를 무시하면 국민과 시장이 기업을 배척하게 되고, 따라서 기업의 이익을 종업원에게도 분배하는 종업원 지주제도나 이윤분배제도를 활용해야 하며, 기업을 개인기업으로 생각하거나 독자적인 의사결정밥법을 쓰는 것은 성장을 저해하는 요인이 된다는 뜻이다. 따라서 기업경쟁에 관련된 의사결정은 오직 기업과 국가 경제 차원에서 결정하는 것이 바람직하다고 하겠다. 그리고 경영활동에서는 경영자가 개인의 감정을 이유로 기업간에 경쟁하는 것은 결국 경쟁으로 경제적 손실을 보게 되고 또 경쟁으로 기업이 망하는 경우도 있으니 이 점을 유의해야 한다.

화는 가라앉게 마련이지만
죽은 기업은 회생할 수 없다

노여움은 다시 기쁠 수 있고 분노도 다시 기쁠 수 있지만 한번 망한 국가는 다시 존재할 수 없으며 죽은 자를 다시 살릴 수도 없다. 그러므로 어진 군주는 이를 삼가고 명장은 이를 경계한다. 이것이 나라를 평안하게 하고 군을 온전하게 하는 길이다.

*

怒可以復喜, 慍可以復悅, 亡國不可以復存, 死者不可以復生. 故明君愼之, 良將警之. 此安國全軍之道也.

이 말은 성이 나도 다시 기뻐질 수는 있지만 망한 나라는 다시 존재할 수 없고 죽은 자도 다시 살아날 수 없다. 그러므로 현명한 군주는 전쟁을 삼가고, 훌륭한 장수는 전쟁을 경계하게 되는데, 이것이 국가의 안정과 군대를 보전하는 방법이라는 뜻이다. 즉 이는

> 1. 개인의 감정이나 권위를 전쟁(경쟁)과 연계시키지 말 것
> 2. 한번 망한 국가는 다시 존재하지 못함을 인식할 것
> 3. 현명한 군주(경영자)는 전쟁을 최후의 수단으로 인식하고 항상 경계할 것
> 4. 국가(기업)는 군주(경영자) 개인의 소유물이 아님을 인식할 것

군주와 장수가 국가의 안정과 군대의 보전을 이루는 방법을 제시한 내용이다.

사람의 감정은 심리적인 변화에 따라 희로애락이 순환되기도 하고 변하기도 하지만 군주의 의사결정에 대한 과오는 국가 전체를 패망시키고 또 국가의 군인들도 다시 살릴 수 없는 상태를 만든다. 그러므로 군주와 장수는 모든 의사결정을 국가의 안정과 군대 보전을 전제로 해야 한다. 물론 기업의 경영관리자도 마찬가지이다. 기술혁신의 급속한 진전과 그 질적 변화와 경제·사회의 구조적 변화, 그리고 세계화 시대에 대처하는 과제를 해결하는 의사결정은 기업의 이익을 전제로 이루어져야 한다. 동시에 관리자들은 전시적 통제를 위한 이익관리와 장기 경영계획, 연구개발과 제품라인의 지휘와 통제, 합병과 매수, 국제적 업무활동과 경영정보시스템, 대외관계와 종업원관계 그리고 관리자 육성 등의 과제를 기업차원에서 생각하고 가동하며 유지·발전시켜야 한다.

의사결정의 과오로 기업이 망하면 경영자를 비롯한 모든 관리자와 전체 종업원은 조직에 존재할 수 없다. 조직이 없으면 종업원도 없다는 말이다. 그러므로 경영자는 관리자들을 비롯한 전체 구성원

의 안전과 향상된 삶을 위해 노력해야 하고 관리자와 전체 구성원은 조직이 있어 내가 일할 수 있고, 따라서 오직 기업목적에 전력을 다 하게 되면 노사관계가 원활해져 조직도 성장하고 개인도 성장할 수 있다는 사실을 잊지 말아야 한다.

13_

용간편_用間篇

간첩의 이용방법과 지적정보전략

용간편(用間篇)은 손자병법의 마지막 편으로 여기에서는 지피지기는 백전백태(知彼知己, 百戰不殆)를 실현시키는 정보활동에 대해 다양한 주장을 펴고 있다. 용간(用間)이란 간자(間者), 즉 간첩(間諜)을 이용하는 방법을 뜻한다. 간첩을 사용하는 방법으로 다섯 가지를 제시하고 있는데, 향간(鄕間)과 내간(內間), 반간(反間), 사간(死間) 및 생간(生間) 등이 있다고 하였다.

여기서 향간은 전 국민을 간첩으로 이용하는 방법이고, 내간은 전국의 관리를 간첩으로 이용하는 방법이며, 반간은 적의 간첩을 역이용하는 방법을 말한다. 그리고 사간은 허위사실을 퍼트리는 간첩을 뜻하고, 생간은 적의 실정을 파악하여 보고하는 간첩이라고 규정하고 있다. 이 다섯 가지 첩자 유형 중에서 반간은 매우 중요하고 고도의 기술이 요구된다.

결국 손자는 전쟁에서 간첩의 적극적인 활용과 활동 없이는 적군의 정보를 파악할 수 없어 실패하게 되므로 많은 비용을 쓰더라도 적극적인 정보와 첩보활동을 해야 한다는 주장을 펴고 있다.

경영활동에서 기업의 내외적 환경에 관한 자료와 정보는 전략적 계획에 있어 필수요건이 된다. 정보나 자료가 없으면 가상적인 계획으로 실효성도 없고 시간과 노력의 낭비만 커질 뿐이다. 정확한 정보는 계획의 핵심내용이 되며, 대응전략을 세우는데 위험성과 불확실성을 줄일 수 있는 중요한 자료가 된다.

해외진출은
단계적으로 진행하라

손자가 말하기를 무릇 10만의 군사를 일으켜 천리를 출정하면, 백성의 부담과 국가의 재정이 하루에 천금이나 소비된다. 내외적으로 소란하게 되면 도로에서 지쳐 생업에 종사할 수 없는 자가 칠십만 호나 된다.

*

孫子曰：凡興師十萬, 出征千里, 百姓之費, 公家之奉, 日費千金; 內外騷動, 怠于道路, 不得操事者七十萬家.

이 말은 대군을 동원하여 먼 길의 원정을 하게 되면 비용이 증대될 뿐 아니라 국내적으로 부역을 하는 사람이 많아 사회가 어지러워진다는 뜻이다. 즉, 원정은 국가재정을 고갈시키고 민생을 어렵게 해 사회를 혼란으로 몰고 간다는 의미이다.

기업 중에서 제조업체는 생산활동과 판매 및 구매활동이 주축을 이루어야 정상이다. 그런데 해외진출로 국제적인 경쟁을 하게 되면 상대국인 현지국보다 비용과 시간, 노력 면에서 불리한 것이 사실이고, 원가 면에서도 많은 부담을 안게 된다. 특히 국제적인 경쟁을 위한 인적·물적 자원의 투자는 현지보다 불리한 상황일 뿐 아니라 기업의 재정을 약화시키는 직접적인 원인이 된다. 특히 미개척 시장을 침투하는 개발비용은 항상 예산을 초과하기 때문에 재무적 부담이 가중되게 마련이다. 그뿐 아니라 투입되는 인력의 노력과 시간 및 비용의 부담은 국내기업의 자금사정을 약화시키는 요인이 될 수 있다. 따라서 아무리 세계화 시대에서 기업은 세계기업으로 성장해야 한다지만 신중하게 해외진출에 대한 의사결정을 하는 것이 바람직하다.

　따라서 단계적인 전략에 따라 해외진출을 모색하는 것이 바람직하다고 하겠다. 기업이 세계화 전략(globalization strategy)을 실현하는 공식화 단계는 현재의 전략적 자세를 SWOT분석 방법에 따라 평가하고, 환경분석을 통해 위험요소를 분석하며, 기업에 소요되는 제자원을 조사·분석한 다음, 경쟁우위를 확립할 수 있는 타당성 평가를 해야 한다. 그 다음에 윤곽의 선택을 위해 전략적 내용의 선택과 보완을 거쳐 가치관을 결정하고 전략의 공식화를 확정하는 단계적인 조직형성 과정을 이루어야 한다. 이때 기업가적 구조에서 기능적 구조, 기능적성장, 분권적구조(decentralizedstructure), 분권화성장(decentralized growth), 다국적 구조(multi structure), 그리고 세계화 구조(global structure) 등으로 단계적 조직구조를 변화·확립시켜야 한다.

　세계화를 추진하는 방법으로는 먼저 수출(exporting)업의 형태에서 외국기업의 제품을 생산·판매할 수 있고 상표·상호·면허·특허의 권리를 이전하거나 승인하는 라이선싱(사전면허, licensing)의 방법이 있고, 물적·자본적·인적 합작투자(joint-venture), 매수·취득(M&A), 녹지개발(green-field development), 생산분담소유(production sharing), 턴키운영(turnkey operations), 경영계약(management contracts) 등이 있다.

이러한 세계화 단계와 이에 따르는 조직의 변화과정을 거쳐 세계화를 추진하는 방법이 기업이 해외로 진출할 때 기업의 재무적 위기와 인적·물적 자원의 손실을 줄이고 기업 내적으로 안정을 도모할 수 있으며 궁극적인 기업의 이익을 기대할 수 있다.

동굴의 우상,
잘못된 정보는 화를 부른다

대치하기를 수 년 동안 하게 되면 결국 하루의 승리를 다투게 된다. 이러한 상황에서 벼슬의 록과 백금을 아껴, 적의 정세를 모르는 사람은 어리석기 짝이 없는 일이고, 장수가 해서는 안 될 일이며, 군주에게 도움이 되지 않게 되어 승리의 주인공이 되지 못한다.

*

相守數年, 以爭一日之勝, 而愛爵祿百金, 不知敵之情者, 不仁之至也, 非人之將也, 非主之佐也, 非勝之主也.

이 말은 적과 장기간 대치하게 되면 많은 투자비용으로 승리의 다툼이 하루가 급한 실정인데, 적은 비용을 아끼려고 정보활동을 못해 적의 상황을 모른다면 승리할 수 없다는 뜻이다. 즉, 정보활동을 위한 간첩을 활용하지 못하면 승리할 수 없는 뜻으로 이해되며, 정보활동이 승리에 절대적인 방법임을 강조하고 있는 내용이다.

경영활동에서 기업의 내외적 환경에 관한 자료와 정보는 전략적 계획에 있어 필수요건이 된다. 정보나 자료가 없으면 가상적인 계획으로 실효성도 없고 시간과 노력의 낭비만 커질 뿐이다. 정확한 정보는 계획의 핵심내용이 되며, 대응전략을 세우는데 위험성과 불확실성을 줄일 수 있는 중요한 자료가 된다. 물론 정보활동에 소요되는 비용도 큰 부담이기는 하지만 장기전에 소요되는 비용에 비하면 큰 비용으로 보지 않는 것이 일반적이다.

기업경쟁도 전쟁과 마찬가지로 속전속결 원칙을 택하고 있다. 물론 속전속결의 원칙은 비용의 절감과 노동력에 따르는 노력과 시간의 절약효과를 기대하게 된다. 그런데 경영자가 경쟁상황에서 첩보원의 활동효과와 이에 따르는 정보활동 비용의 중요성을 인식하지 못하게 되면 경쟁은 장기화되어 경쟁비용이 증대되거나 아니면 경쟁에서 패하게 된다. 그러므로 경영자는 정보활동이나 첩보원의 활동효과를 중시하면서 정보활동전략(intelligence activities strategy) 수립에 중점을 두어야 한다.

우리나라의 대기업들은 각각 경제문제연구소와 같은 연구기관을 별도로 개설해서 그곳에서 모든 자료와 정보를 수집하고 분석하여 다양한 대안을 마련하면 그 자료를 갖고 실무자 회의에서 의사결정을 하는 것이 일반적인 현상이고, 이것이 정보의 중요성을 입증하는 사례이다.

정보의 중요성은 국가나 기업에서만 인정하고 있는 것은 아니다. 정보 없이는 어떤 일에서도 의사결정을 하기가 어렵기 때문에 결혼을 할 때나 집을 사거나 건축할 때, 협상이나 물건을 사고 팔 때 등 모든 인간행위 과정에서 정보의 역할을 중시하는 것은 당연한 일이 라고 할 수 있다.

마타하리는
반드시 필요하다

어진 군주와 현명한 장수가 움직이기만 하면 승리하고 남보다 우수한 공을 이루는 탁월한 이유는 정보망을 통해서 걱정을 먼저 알기 때문이다. 먼저 아는 것은 귀신에게 물어서 얻는 것도 아니고 사례를 통해 얻는 것도 아니며 일정한 법칙에 의해 파악되는 것도 아니다. 반드시 정보원을 통해서 적의 정세를 파악해야 한다.

*

故明君賢將, 所以動而勝人, 成功出于衆者, 先知也. 先知者, 不可取于鬼神, 不可象于事, 不可驗于度, 必取于人, 知敵之情者也.

이 말은 군주와 장수는 정보원(간첩)의 정보활동 여하에 따라 승리와 공적이 결정된다는 뜻이다.

경영활동에서도 정보의 중요성이 강조되고 있다. 이처럼 주고받거나 뺏고 뺏기는 과정에서 주체가 누구이고 그 내용은 어떤 것이며 그 내용의 진위는 어느 수준이냐에 따라 정보의 가치가 결정되고 정보비용의 크기가 결정된다.

이렇게 중대한 역할을 하는 정보원이나 간첩의 행위에는 생사를 결정하는 모험과 위험이 따르게 되므로 정보의 가치는 기하급수적으로 커질 수도 있다. 즉, 기업의 치열한 경쟁 없이 상대기업을 정보로 지배하거나 제압한다면 그 비용은 기업경쟁에 예상하였던 경쟁비용의 수준이 된다고 보아도 손해는 없다. 그 이유는 비용은 치열한 경쟁이나 정보경쟁에 소요되는 비용은 같다고 하더라도 시간과 인적·물적 자원의 절약으로 손해가 날 수 없기 때문이다.

물론 정보활동 차원에서 어느 정도의 능력을 갖고 있는 정보원을 어느 수준으로 경쟁국에 보내서 어떤 방법으로 정보를 수집하느냐에 따라 정보의 정확도와 비용의 수준이 결정되므로 정보전은 실전만큼 어렵고 많은 비용이 들게 되어 있다.

그러나 정보는 정보의 진위성에 따라 기업이 흥망을 좌우한다는 말을 명심해야 한다. 우리나라의 신용카드사들의 사례를 보면 우후죽순 격으로 은행이나 대기업에서 카드사를 설립하면서 과당경쟁이 지속되어 신용카드 자체가 사회적인 문제로 대두되는 실정에 이르고 있다. 이렇게 카드사가 경쟁적으로 설립된 이유는 1997년에 카드사의 총매출액이 12조 6천 9백 50억 원이라는 거액의 시장으로 예측됐기 때문이다. 이러한 거래액은 국가예산 못지않은 수준이므로 경쟁에 가치가 있다고 인정한 대기업이나 은행으로서는 카드사를 설립하지 않을 이유가 없었다. 그러나 각각의 카드사나 이를 총괄하는 정부 기관에서는 매출과 수익성 증대의 타당성만을 인정했을 뿐, 이로 인해 발생되는 신용불량자의 양적 증대현상이 자신과 카드사로 하여금 국가경제의 위기상황으로까지 파급될 효과는 예상치 못한 것으로 보인다.

특히 정부 차원에서는 신용 자체에 개념을 무시한 제반제도의 미비로 더욱 혼란을 증대시켰다고 할 수 있다. 결국 신용불량자의 양산으로 고귀한 인명까지 포기하는 사회적 문제가 국가차원에서 해결하기 어려운 상황에까지 이르게 된 것이 현실이다. 이는 정확한 정보로 정확한 의사결정을 하였지만 정보분석 과정에서 장기적인 문제점을 예측하지 못하고 동시에 예측에 따른 대응책을 강구하지 못한 사례라고 할 수 있다.

발전적인 정보를 갖고 운영되는 카드사의 사장을 살인자로 생각하는 현실을 중시할 필요가 있고 또 정확한 정보로 이익목표 달성은 가능하지만 그 이면에서 발생되는 손실에 관한 체계적인 연구의 필요성을 인식할 필요가 있다.

정보원의
다섯 가지 유형

간첩을 이용하는데는 다섯 가지 유형이 있다. 향간(鄕間)이 있고, 내간(內間)이 있으며, 반간(反間)이 있고, 사간(死間), 또 생간(生間)이 있다. 이 다섯 가지 간첩이 활동하는 데에도 적이 그것을 알지 못하니, 이것이 신비스럽고 묘한 방법이며 동시에 군주의 보배인 것이다.

향간은 그 고을에 사는 사람을 쓰고, 내간은 현지의 관리를 이용하며, 반간은 적국의 간첩을 매수하여 역으로 이용하고, 사간은 허위정보를 적군의 간첩에게 정보를 유포시키는 데 이용되며, 생간은 첩보활동 후 돌아와 보고하는데 이용된다.

＊

故用間有五：有鄕間，有內間，有反間，有死間，有生間. 五間俱起，莫知其道，是謂神紀，人君之寶也. 鄕間者，因其鄕人而用之. 內間者, 因其官人而用之. 反間者, 因其敵間而用之. 死間者, 爲誑事于外, 令吾聞知之, 而傳于敵間也. 生間者, 反報也.

이말은 간첩을 이용하는 다섯 가지 간첩의 유형은 신비스럽고 묘한 방법이면서 군주에게 귀중한 보배라는 뜻이다. 즉, 다섯 가지 유형의 정보원의 역할은 적의 정황을 살피는데 매우 중요하다는 뜻으로 이해된다.

원래 남녀노소를 막론하고 정보원이나 간첩행위를 하는 사람들은 그 관리 자체가 조직관리 차원과 별개로 관리되는 특수집단 또는 예외집단에 속한다. 그러므로 관리 자체도 특수관리 또는 예외관리를 하게 되며 그 처우관계도 마찬가지이다. 그리고 간첩으로 이용하는 방법은 주로 매수전략에 따르며 경우에 따라서는 그 국가의 사형수로 수감된 사람 중에서 임무수행시 형을 감하거나 석방해 주는 조건으로 이용되는 것이 일반적인 현상이다. 특히 간첩의 역할은 위험이 따르기 때문에 생명이 길지 못하다.

향간(鄕間)은 현지 주민을 이용할 때 부르는 첩자의 명칭이다. 이들은 적국의 상황을 잘 파악하고 있거나 연결이 가능한 사람이나 현지에 자주 왕래하는 상인과 같은 사람 또는 적국의 현지 주민을 매수하여 간첩으로 쓴다. 이들은 계량적인 정보보다 동향이나 상황 및 환경이나 분위기 및 동태 등을 파악해서 정보를 제공하는 역할을 수행

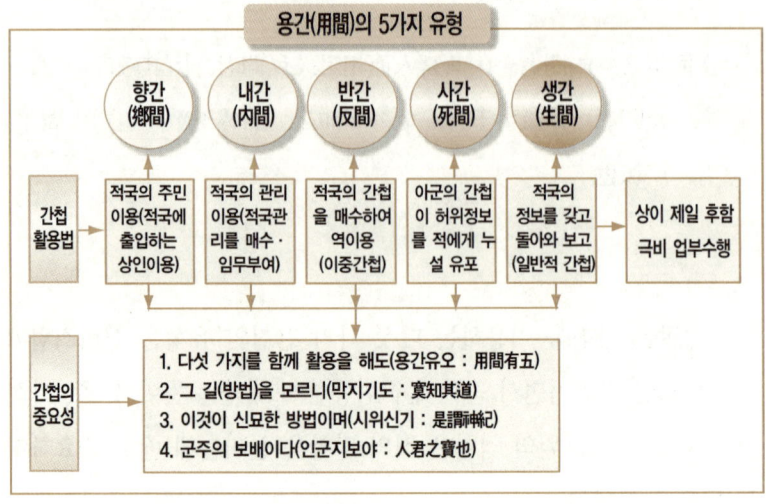

용간(用間)의 5가지 유형

향간(郷間)	내간(內間)	반간(反間)	사간(死間)	생간(生間)

| 간첩 활용법 | 적국의 주민 이용(적국에 출입하는 상인이용) | 적국의 관리 이용(적국관리를 매수·임무부여) | 적국의 간첩을 매수하여 역이용 (이중간첩) | 아군의 간첩이 허위정보를 적에게 누설 유포 | 적국의 정보를 갖고 돌아와 보고 (일반적 간첩) | 상이 제일 후함 극비 업부수행 |

| 간첩의 중요성 | 1. 다섯 가지를 함께 활용을 해도(용간유오 : 用間有五) 2. 그 길(방법)을 모르니(막지기도 : 莫知其道) 3. 이것이 신묘한 방법이며(시위신기 : 是謂神紀) 4. 군주의 보배이다(인군지보야 : 人君之寶也) |

하게 된다. 이러한 유형의 첩보원은 많기 때문에 그 사례 역시 많다.

내간(內間)은 적국의 관리를 매수하여 특수 간첩임무를 부여하여 수행하게 하는 대상자를 일컫는 말이다. 이 내간은 행정과 정치 각 분야에서 국가차원에서 업무를 수행하는 사람을 대상으로 하게 되므로 국가적 기밀을 얻는 이점이 있다. 그뿐 아니라 정보관리 차원에서 확정된 정책이나 행정에 관한 정확한 정보를 입수하기 때문에 그 이용도와 활용의 효과가 크다는 점을 장점으로 지적할 수 있다.

지금도 세계 각 국에서 국가의 중요한 업무를 수행하고 있는 관리자들이 내간의 입장에서 간첩행위를 하고 있는 수와 범위를 알 길이 없는 것이 단점이다. 우리나라의 관리도 예외가 될 수는 없고, 그 수와 범위도 파악할 수 없는 것은 당연한 현실이다. 다만 기업의 경우에는 개괄적인 상황을 예측할 수 있을 뿐이다.

한편 반간(反間)은 적국의 간첩을 매수하여 역으로 간첩임무를 부여하고 수행시키는 대상자를 부르는 첩자의 명칭이다. 간첩의 유형 중에서 반간은 고도의 기술이 요구됨과 동시에 위험도가 이중으로 큰 매우 어려운 역할을 수행하게 되는데, 이들은 생명이 길지 못하다는 현실성을 단점으로 지적할 수 있다. 상대적으로 반간은 첩자의 활동 중에서 가장 뛰어난 거물로, 첩보활동비의 수준도 상당히 높다. 역시 위험한 장사가 소득이 크다는 말을 알 것 같다.

우리나라의 경우도 북한의 간첩이 위장 망명을 했다가 우리나라에서 정보를 수집한 후 얼굴을 위장하고 비행기 편으로 북한으로 돌아간다는 정보를 입수하고 홍콩의 비행장에서 체포한 사례가 있다. 또 우리나라의 전자업체에 근무하는 종업원이 첨단신기술 개발 설계도를 대만에 넘기고, 대만의 첩자가 설계도를 대만과 중국에 팔다 구속 수감된 사례도 있다.

심지어 기업에서 정보교육을 맡은 사원을 상대기업으로 위장취업시킨 후, 정보를 유출시킨 사실을 알고, 그의 죄를 묻지 않고 역으로 경쟁기업의 정보임무를 부여해서 첩보원으로 활용한 사례도 수차례 있었다. 다만 여기서 유의해야 할 사항은 반간은 역할 수행 자체가 가장 어렵고 위험하며 이중첩자라는 신분 때문에 양쪽에서 이용가치가 없다고 인정될 때에는 언제 어디서 어떻게 죽을지 자신도 모르는 큰 위험을 안고 있다는 점이다.

다음으로 사간(死間)은 아군의 간첩에서 허위정보를 알려준 후 적국에 가서 누설이나 유포시키는 첩자를 뜻한다. 허위정보는 결국 밝혀지고, 죽게 되므로 사간이라고 부른다. 사간의 활동은 유언비어의 원천을 추적하지 못하는 방법을 활용하는 것이 원칙이지만 이는 거의 불가능하므로 유언비어 및 허위사실 유포죄로 추방을 당하거나 죽게 된다. 사간은 사회를 혼란시키거나 기업의 경영관리를 악화시키기 위해 근거 없는 허위내용을 유포시켜 간접적인 경쟁효과를 기대하는 데에 그 유용성이 인정되고 있다.

실례로는 건전한 기업에 대해 부도위기 직전이라든가 또는 자금압박으로 기업을 매각하려 한다는 등의 허위사실을 유포시켜 자금압박을 당하게 하거나 어려운 상황으로 모는 경우가 있다. 또 기업의 호재를 악재로 둔갑시켜 허위사실을 유포시키거나 자본시장에서 주가를 떨어뜨리는 경우가 사간의 예가 될 수 있다. 경우에 따라서는 기업이나 국가 간에 사실의 내용과 정반대되는 내용을 유포시켜 사실을 은폐시키는 경우에서 사간의 역할을 이용하기도 한다.

끝으로 생간(生間)은 상대국의 정보를 세밀하게 탐지한 후 돌아와 그 정보를 상세하게 보고하는 목적을 수행하는 간첩을 뜻한다. 기업의 첩자는 원래 생간을 원칙으로 생간의 유용성을 증대시키는 방향에서 정보활동을 하게 된다. 기업의 정보원은 일반적으로 생간의 유형에 속하며 또 생간의 역할을 수행하는 것이 원칙이다. 그러므로 기업의 협력자는 간첩이나 정보원이라고 하더라도 살려서 쓰는 것이 통례이다.

이상의 다섯 가지 간첩 유형은 일반 대중과 상대국의 관리를 협력자로 만들고, 상대기업의 정보원을 역이용하며, 협력자는 살려 쓰라는 간첩의 이용방법을 제시하고 있다. 그러나 오간의 내용을 활용하는 일은 쉽지 않고 또 많은 비용이 들기 때문에 기업에서 활용하는 데에는 한계성이 있다. 하지만 이러한 한계에도 불구하고 기업의 환경이 어렵게 될 가능성이 있으면 부득이하게 활용할 수밖에 없는 것이 사실이다.

기밀의 유지는
목숨과도 같다

전체 군대를 지휘하는 장수의 일 중에서 간첩과 장수만큼 친밀한 것은 없다. 상(賞)은 간첩에게 제일 후하고, 간첩의 일보다 비밀스러운 일은 없다. 장수가 뛰어난 지혜를 갖지 못하면 간첩을 이용할 수 없고, 어질고 의롭지 못하면 간첩을 부릴 수 없으며, 미묘한 곳까지 살피지 못하면 간첩의 진실한 정보를 얻을 수 없다.

제대로 간첩을 쓰기만 하면 간첩이 이용되지 않는 곳이 없다. 그러나 만약에 간첩이 기밀을 보고하지도 않았는데, 그 기밀이 밝혀져 알려졌다면, 간첩은 물론 들은 사람까지 모두 죽어야 한다.

＊

故三軍之事, 莫親于間, 賞莫厚于間, 事莫密于間. 非聖智不能用間, 非仁義不能使間, 非微妙不能得間之實. 微哉！微

이 말은 장수가 극비사항을 다루는 간첩과 밀접한 관계를 맺고 또 포상도 후하게 하는 이유는 유효하고 유용한 정보를 수집하는 수단이기 때문이라는 뜻이다. 그러나 장수는 지혜롭고 어진 인품과 능력이 없으면 간첩을 이용하거나 활용할 수 없다.

원래 기업의 첩자는 조직도나 계층 그리고 관리원칙과 규정과는 상관이 없다. 오직 경영자와 직접관계 하에서 임무를 수행하고 그 임무가 극비사항인 만큼 경영자와의 독대관계에 있다. 이 관계에서 경영자는 예외원칙에 따라 후대하여 친밀감을 갖지 않으면 진실한 정보를 얻기 어렵다. 특히 명철한 판단력이 없으면 정보의 진위판단이 불가능하다. 그러므로 판단력을 갖춘 경영자는 후한 우대를 하고 첩자와의 관계를 돈독히 하여 유용하고 유효한 정보를 얻으려고 한다.

간첩은 잘 이용하면 어느 곳에서나 쓸 수 있지만, 기밀을 공식적으로 발표하지 않은 상태에서 누설이 된다면, 그 간첩은 물론 기밀을 아는 사람은 모두 죽여야 한다. 즉, 정보는 기밀이 원칙이고 공포하지 않는다는 원칙에 따라 간첩의 기밀유지는 생명과 같다는 뜻이다.

경영자는 정보관리 차원에서 냉정해야 하고 동시에 알고도 모르는 체하는 위장된 행동으로 일관해야 하며, 기밀누설자에 대해서는 냉정한 태도가 필요하다. 원래 전쟁에서는 한번 이용한 간첩을 두 번 이용하지 않는다는 원칙을 지키고 있지만 기업은 배반하지 않는다는 전제 하에서 지역별 또는 국가별로 교대로 활용하기도 한다. 따라서 기업에서 정보원을 활용할 때에는 기밀유지전략과 비공개전술을 핵심적으로 활용하게 된다.

장기예측을 위한
정보시스템을 개발하라

무릇 군대가 치고자 하는 장소는 그곳이 성을 공격하는 곳이라 하더라도 사람을 죽이고자 하는 곳이면 반드시 먼저 그 수장과 참모·부관이나 비서·문지기 등의 신상명세를 알아야 한다. 이를 위해서는 반드시 간첩을 보내 탐지해야 한다.

*

凡軍之所欲擊, 城之所欲攻, 人之所欲殺, 必先知其守將, 左右, 謁者, 門者, 舍人之姓名, 令吾間必索知之, 必索敵人之間來間我者, 因而利之, 導而舍之, 故反間可得而用也, 因是而知之, 故鄕間, 內間可得而使也；因是而知之, 故死間爲誑事, 可使告敵；因是而知之故生, 間可使如期. 五間之事, 君必知之, 知之必在于反間, 故反間不可不厚也.

이 말은 공격할 장소가 결정이 되면 반드시 공격 전에 수뇌부의 신상명세를 파악하기 위해 간첩을 이용해야 한다는 뜻이다. 즉, 전쟁 전에 현지 지휘부의 기밀을 사전 파악하여 전략에 이용해야 한다는 뜻으로 이해된다.

후발기업이 선발기업과 경쟁을 시도하거나 선발기업이 후발기업과 경쟁을 하는 과정에서 경쟁의 비용과 노력을 절감시키고 승리를 확신하기 위해서는 정보활동을 이용하거나 강화하는 것이 일반적인 전략이다. 특히 경쟁상대기업의 수뇌부를 위시하여 경쟁에 참여하는 인적자원에 대한 상세한 정보는 대응전략의 방향과 방법을 체계화시키고 구체화하는데 꼭 필요한 자료가 되고 있다.

현대 경영사회에서 기업이나 이해관계자의 정보는 필수 요건화되어 있어 정보입수를 위한 정보전이 실제 기업경쟁 중 가장 우선하는 실정이다.

1995년, 우리나라의 병원들이 진료와 검사 및 치료와 기술장비를 첨단제품으로 대폭 대체하는데 총력을 집중할 때, 국제의료기기와 장비 공급업체에서는 첨단의료기기를 팔면서 동시에 교체의료기기를 저렴한 가격으로 구입한 사례가 있다. 이들은 장기예측을 통한 정확한 정보자료의 분석을 기초로 구입한 중고품은 저개발국으로 수출했고, 1997년 외환위기가 오자 새로 의료기기를 구입한 중소 및 대형급 병원들은 불경기로 인해 자금압박과 수익성 감소에 따른 리스자금의 환급이 어렵게 되자 첨단장비를 헐값으로 처분하거나 아니면 병원을 폐쇄하는 사례도 있었다.

이러한 과정이 붐을 이루게 된 원인은 의료정책이 큰 영향을 미쳤다고 본다. 실례로 MRI 장비의 가격이 수억 대의 고가 제품이기는 하지만 의료보험 수가와는 별도로 개인부담으로 정책화되었기 때문에 중소병원까지 무분별하게 도입을 하게 된 것이다. 병원의 입장에서는 적자생존 원리에 따라 검사비가 30 ~ 40만원이나 됐기 때문에 울며 겨자먹기 식으로 MRI를 도입하지 않을 수 없었다는 얘기다.

이처럼 많은 병원이 도산을 하거나 폐업을 한 이유는 구입 전에 내외적 환경변화의 추세를 파악하지 못했고, 이와 관련된 세부적인 정보를 경시한 것이 절대적인 요인이라고 볼 수 있다.

제조업체도 예외는 아니었다. 일반적으로 제조업체들은 생산능률을 향상시킨다는 명분으로 기존 생산라인을 자동화와 로봇화의 대체를 경쟁적으로 시도하여 1995년에는 거의 70 ~ 80% 수준까지 생산라인을 자동화했다. 그러나 역시 외환위기의 타격으로 공장을 폐쇄하면서 신제품이나 다름없는 첨단시설을 헐값으로 처분해야 했다. 따라서 모든 조직에서는 사전정보의 활용 전략에 대한 중요성을 인식하고 정보활동의 체계적인 방법을 연구하고 배울 필요가 있다고 하겠다.

스카우트하기보다는
인재를 직접 키워라

옛날 중국에서 은(殷)나라가 일어나자 이지(伊摯)는 하(夏)나라에 발탁되어 있었고, 주(周)나라가 일어나자 여아(呂牙)는 은나라에 발탁되어 있었다. 그러므로 영특한 군주와 현명한 장수만이 뛰어난 지혜를 갖춘 자를 간첩으로 삼으면, 반드시 큰 공을 이룬다. 이것은 병의 용병술로서 전군이 그 첩보를 믿고 행동하게 되는 것이다.

＊

昔殷之興也，伊摯在夏；周之興也，呂牙在殷　故惟明君賢將，能以上智爲間者，必成大功.　此兵之要，三軍之所恃而動也

이 말은 영특한 군주와 현명한 장수는 인재발탁에 용병술을 발휘하여 큰 공을 이루게 된다는 뜻이다. 즉, 조직의 책임자는 인재발탁에 리더십을 발휘하는 것이 조직을 성공으로 이끄는 리더십이라고 이해된다.

오늘날은 기업에서 경영자가 가지는 역할과 책임 중 인재육성의 책임이 특히 강조되고 있다. 이는 인재개발과 발탁 그리고 등용문제가 경영자의 핵심과제이면서 기업의 성패를 좌우하는 요건이 되고 있음을 입증하는 것이다.

우리나라의 대기업이 성장한 이유도 이러한 점에 있다고 볼 수 있다. 유능한 인재는 유능하고 성장성 있는 기업에서 스카우트하거나 발탁함으로써 그곳으로 유입되는 것이 사실이다.

우리나라의 기업뿐 아니라 정치를 포함한 모든 조직에서도 이러한 현상은 흔히 볼 수 있고 또 있을 수 있는 현상이다. 대부분의 대기업은 인재육성과 발탁 그리고 등용문제를 효과적으로 이행하였기에 오늘에 이른 것이라고 볼 수 있다. 그 중 육성보다 발탁에 신경을 쓴 기업이 있는 반면, 육성에 중점을 둔 기업도 있기 때문에 장기적인 공헌도의 차이가 발생되고 기업의 조직력에 강약의 차이가 발생하게 된다. 개인적인 견해로는 발탁은 단기적이고 육성은 장기적인 관점이라고 여겨지는데, 조직에 대한 공헌도 역시 발탁은 단기적인 반면, 육성은 장기적인 효과를 볼 수 있다. 그러므로 경영자가 흔히 말하고 있는 내 사람 또는 우리 회사의 보배라는 말은 스카우트보다는 인재육성의 결과에서 나올 수 있는 말이라고 본다.

키워서 쓰고, 교육시켜 이용하며, 훈련시켜 내 사람을 만든다는 말은 그냥 나온 말이 아닌 것이다.

참고문헌

1. 손무 원저, 주형상 역주, 손자 전역, (중국 역대명저 전역총서), 귀주인민출판사, 1995

2. 孫武 原著, 語農 編注, 孫子兵法, 國家出版社, 2003

3. 노태준 역해, 신역 손자병법, 홍신문화사, 1995

4. 노병천 저, 도해손자병법, 도서출판 한원, 1990

5. 유기현 저, 전략경영론, 무역경영사, 2003

KI신서 607
불패의 법칙

지은이 | 유기현

1판 1쇄 인쇄 | 2004년 7월 30일
1판 1쇄 발행 | 2004년 8월 10일

펴낸곳 | (주)북이십일
펴낸이 | 김영곤
책임편집 | 박정혜 · 김은영
영업마케팅 | 안경찬 · 이종률 · 박성인 · 김진갑 · 이희영 · 박진모 · 이연정 · 박창숙
관리 | 이인규 · 이도형 · 고선미
제작 | 강근원 · 이영민

등록번호 | 제10-1965호
등록일자 | 2000년 5월 6일

주소 | 경기도 파주시 교하읍 문발리 파주출판문화정보산업단지 500-11 2,3층 (413-756)
전화 | 031-955-2100(영업), 031-955-2127(기획 · 편집)
팩스 | 031-955-2151
E-mail | book21@book21.co.kr
홈페이지 | http://www.book21.co.kr

값 15,000원
ISBN 89-509-0673-2 13320